우리는 지난 100년 동안 어떻게 살았을까 2

우리는 지난 100년 동안 어떻게 살았을까 2

한국역사연구회 지음

초판 1쇄 펴낸날(1, 2권) 1998년 11월 5일
초판 1쇄 펴낸날(3권) 1999년 11월 1일
전면 개정판 펴낸날 2023년 8월 10일 초판 1쇄
펴낸이 김남호 | 펴낸곳 현북스
출판등록일 2010년 11월 11일 | 제313-2010-333호
주소 07207 서울시 영등포구 양평로 157 투웨니퍼스트밸리 801호
전화 02)3141-7277 | 팩스 02)3141-7278
홈페이지 http://www.hyunbooks.co.kr | 인스타그램 hyunbooks
ISBN 979-11-5741-383-6 04910 ISBN 979-11-5741-287-7 (세트)

편집 전은남 이영림 | 디자인 디.마인 | 마케팅 송유근 함지숙

한국역사연구회

우리는 지난 100년 동안 어떻게 살았을까

| 전면 개정판 |

근대화와 공간 **2**

현북스

전면 개정판을 내며

역사학자들이 역사 대중화의 기치를 내걸고 대중과 소통하던 열정 넘치는 시대가 있었다. 1990년대 치열했던 역사 대중화를 위한 연구 활동과 열정, 그리고 그 성과로 '어떻게 살았을까' 시리즈가 시대별로 잇달아 나왔다. 부담 없이 무겁지 않게 옛사람들의 삶의 이야기를 담은 이 시리즈는 역사 대중화를 선도하여 스테디셀러가 되었다.

그로부터 20년이 넘게 흐른 지금, 역사는 여전히 무겁게 느껴진다. 21세기에 들어서 본격화되었던 역사 전쟁이 국정교과서 파동을 정점으로 잠시 잠잠해졌지만, 교과서 문제는 언제 폭발할지 모르는 휴화산에 가깝다. 하지만 역사 전쟁에서 싸움터가 되는 것은 정치사이지 생활사가 아니다. 그러다 보니 삶의 역사에 관한 관심도 잦아들어 가는 듯하다. 삶의 역사를 놓고는 역사 전쟁이 일어나지 않는다는 사실도 많은 생각을 하게 한다.

삶의 역사를 들여다본다는 것은 그 삶을 살아가는 사람들의 말과 행동에 관심을 가진다는 것을 의미한다. 흔히 생활사라고 하면 사람들의 의식주 또는 사람들을 둘러싼 물질세계를 떠올린다. 또한 삶에 기운을 북돋우거나 삶을 제약하기도 하는 정신세계를 떠올리기도 한다. 하지만 생활사는 그 물질 세계와 정신세계를 빚고 엮어 가는 사람들의 이야기이다.

한편으로 생활사는 과거를 살았던 사람들과 오늘날을 살아가는 현대인을 이어 주는 연결고리이기도 하다. 어떤 점에서는 우리와 너무나 다른 것 같지만, 또 크게 변하지 않는 과거 사람들을 만나는 시간여행이기도 하다. 따라서 생활사는 결코 '작고 시시한' 이야기가 아니다. 그 안에서도 시대적 특징을 고스란히 드러내는 진중한 역사를 만날 수 있다.

첫 번째 책이 발간된 1996년으로부터 26년이 지난 2022년, '어떻게 살았을까' 시리즈는 새로운 개정판으로 다시 세상에 나오게 되었다. 이번 개정판의 기획은 지난 2020년 당시 여호규 회장(고대사분과)의 발의로 시작되었다. 정요근 회원(중세사 1분과)이 기획위원장을 맡고 각 분과 소속의 기획위원들이 내용 구성의 기획과 필자 섭외를 담당하였다. 정동준 회원과 권순홍 회원(이상 고대사분과), 정동훈 회원(중세사 1분과), 박경 회원과 최주희 회원(이상 중세사 2분과), 한승훈 회원과 고태우 회원(이상 근대사분과), 이정은 회원(현대사분과) 등 모두 8명이 기획위원을 맡아 주었다. 전상우 회원(고대사분과)은 간사로서 출판사와의 연락 등을 비롯한 잡다한 실무를 도맡아 처리하였고, 위가야(고대사분과) 회원은 미디어·출판위원장으로서 기획위원회 활동에 최선의 지원을 다해 주었다. 전 김정인 회장(근대사분과)의 배려와 지원역시 이번 개정판 출간에 큰 동력이 되었다.

이번 개정판의 출간과 관련해서는 나름의 복잡한 과정이 담겨 있다. 그 내용을 간략히 기록으로 남기고자 한다. '어떻게 살았을까' 시리즈는 지난 1996년 조선시대 편 1, 2권이 청년사에서 발간된 이래, 1997년에 고려시대

편 1, 2권, 1998년에 고대사(삼국시대) 편이 청년사에서 출간되었다. 이로써 이른바 '전근대 생활사' 시리즈가 총 5권으로 완성되었으며, 2005년에는 5권 모두 개정판이 발간되었다. 한편 '근현대 생활사' 시리즈는 역사비평사를 통해서, 1998~1999년에 《우리는 지난 100년 동안 어떻게 살았을까》라는 제목으로 3권의 책이 발간된 바 있다.

그런데 지난 2020년 청년사의 폐업으로 '전근대 생활사' 시리즈의 출간이 더는 어렵게 되었다. 그러나 다행히도 현북스의 제안으로 새로운 개정판의 출간이 가능하게 되었다. 나아가 역사비평사의 양해를 얻어 근현대 편 3권의 판권을 인수하였고, 이 역시 현북스를 통해 개정판을 발간하기로 하였다. 이에 두 시리즈를 합쳐서 전근대와 근현대의 생활사 모두를 아우르는 '어떻게 살았을까' 시리즈의 '통합' 개정판 출간이 실현되기에 이른 것이다. 이 지면을 통해 역사비평사 정순구 대표에게 다시 한번 깊은 감사의 뜻을 표한다. 아울러 이 과정에서 여호규 전 회장의 수고와 노력이 큰 역할을 하였음은 두말할 나위 없다.

기획위원회에서는 최초 발간으로부터 20년이 넘은 원고를 그대로 실어 개정판을 내기에는 부담이 있었다. 다행히도 검토 결과, 기존의 원고들이 여전히 생명력을 가지고 있다고 판단되어 대부분의 기존 원고를 그대로 싣되, 필자들에게는 필요한 부분에 대한 수정을 요청하여 반영하였다. 한편 기존의 원고에서 다루지 못한 주제 가운데, 그동안 연구가 축적되어 원고 집필이 가능한 사례도 여럿 확인되었다. 그리하여 이번 개정판에서는 기존에 1권이었던 고대사(삼국시대사) 분야를 2권으로 늘리고 기존에 3권이었던 근현대사 분야를 4권으로 늘렸다. 이를 통해 한국사 전체를 아우르는 '어떻게 살았을까' 시리즈를 모두 10권으로 구성하였다. 다만 논의되었던 모든 주제를 원고로 포함하지 못한 점이 아쉬울 따름이다.

기존 원고의 필진 중에는 현역에서 은퇴하여 일선에서 물러난 연구자도 있다. 화살같이 빠른 세월의 흐름을 새삼 느낀다. 새로 추가된 원고는 학계에서 왕성하게 활동하는 40대 전후의 연구자들이 맡아서 집필하였다. 따라서 이번 개정판은 신구 세대를 아우르는 회원들로 필진이 구성된 셈이 된다. 어느덧 한국사학계의 중추가 된 한국역사연구회의 연륜과 위상을 실감하게 하는 대목이다.

책을 처음 낼 때만큼은 아니겠지만, 기존 책의 개정판을 내는 것 또한 결코 쉬운 작업은 아니다. 특히 '어떻게 살았을까' 시리즈는 20년 넘게 스테디셀러로 명성을 쌓은 터라, 개정판의 발간을 추진하는 일은 부담이 작지 않았다. 기존 원고에 비하여 새로운 원고가 많은 편은 아니라서, 독자들의 반응이 어떠할지도 걱정이 앞선다. 하지만 소박하게 한 걸음을 더한다는 태도로 용기를 내어 출간에 이르게 되었다. 출판계의 어려운 상황 속에서도 흔쾌히 출간을 맡아 좋은 책으로 만들어 준 현북스 김남호 대표와 전은남 편집장, 이영림 편집자에게 깊은 감사의 뜻을 표한다.

2022년 1월 한국역사연구회

전면 개정판 근현대 편

머리말

《우리는 지난 100년 동안 어떻게 살았을까》(총3권, 1998~1999년 발간)가
세상에 빛을 본 지 사반세기가 되었다. 그 개정판을 발간하려면 책 제목을
100년이 아니라 120년 또는 125년으로 수정하는 것이 맞을 것이다. 그렇지
만 한 세기를 뜻하는 100년이 갖는 상징성을 고려할 때 과거 제목을 그대로
유지해도 무방하리라는 판단이 든다. '장기20세기'라는 말에서도 보듯이 우
리는 여전히 20세기에 상당 부분 만들어진 체제 속에서 살고 있다.

20세기 들어 화석에너지 체제가 전 세계에 보급되었고, 자본주의의 전 지
구적인 확산과 함께 대량생산·대량소비 체계가 갖춰졌으며 세계 인구는 급
속하게 늘어났다. 제국주의가 쇠퇴하고 많은 나라가 식민지 상황에서 벗어
나면서 국민국가 단위의 세계 정치가 형성되었다. 여성과 어린이, 장애인,
성 소수자가 자기 목소리를 내는 등 사회 전반의 민주화가 진전되었다. 정
보화와 지구화 역시 촉진되었다. 동시에 지난 100년 동안 벌어진 일들은 현
재 급격한 기후변화와 생태계 파괴, 불평등, 혐오의 확산 등 인류에게 많은
과제를 안기고 있다. 한반도의 분단체제는 끝날 기미가 안 보인다.

초판이 나온 지난 20여 년 동안 한국 근현대사 연구에도 많은 변화가 있었다. 국가와 민족, 계급에 놓였던 연구의 무게 중심은 일상생활과 문화, 지역과 인권, 젠더와 생태환경 등으로 옮겨 가고 있다. 해방과 분단 문제에 집중되었던 현대사 연구는 이제 시기적으로 확장되고 있고 현시대의 문제를 해명하는 데도 참여할 것을 요청받고 있다. 이러한 연구 주제의 다변화와 시기 확대를 반영하여 이번 전면 개정판에서는 근현대 편의 권수를 네 권으로 늘렸다. 초판의 구성이 '정치와 경제', '사람과 사회', '삶과 문화'였다면, 개정판은 '존재와 사람', '근대화와 공간', '생활과 경제', '문화와 과학, 생태환경' 등으로 바뀌었다.

1권은 지난 100여 년 한국인의 삶을 풀어 가는 것으로 시작했다. 그중에서도 특히 존재에 주목했다. 존재의 사전적 의미는 현실에 실제로 있거나 주위의 주목을 받을 만한 대상을 뜻한다. 여성, 장애인, 성 소수자, 어린이는 사회적 약자로서, 그들이 권리의 주체로 주목받게 된 것은 최근의 일이었다. 이에 1권에서는 인간으로 존중받지 못했던 사회적 약자의 삶을 먼저 이야기하고자 했다. 한편 한국의 근현대사는 격변의 시대였다. 격변의 시대 속에서 한국인들이 살아온 궤적을 보여 주기 위하여 군인, 지주, 기업가, 농민, 노동자에 주목하고 징병, 징용에 대해 다루었다.

2권은 전통사회에서 근대사회로의 변화, 즉 근대화를 다루었다. 근대화라 하면 '발전' 혹은 '성장'을 생각할 수도 있고, 그 폐해를 떠올릴 수도 있다. 근대화의 '명'과 '암'의 경계가 불분명하고 복잡다단하기 때문이다. 이에 2권에서는 근대화에 따른 삶의 변화를 보여 주는 접경, 시공간, 농촌과 도시, 서울과 지방·지역이 다층적이고 복합적으로 존재하는 '공간'에 주목했다. 100여 년 전 통신판매를 통해서 포도주를 마셨던 지방 사람의 모습에서 오늘날 우리의 삶을 반추할 수도 있다. 사회 구성원 대다수가 농민의 삶을 영위하다가 밤낮이 따로 없는 도시인이 되었고, 이제는 도시와 농촌을 가리지 않는 '디지털 유목민'이 되어 가는 여정을 엿볼 수도 있을 것이다.

3권은 근현대 사람들의 생활문화와 경제활동 변화를 살펴보았다. 초판에서는 시대 변화의 긴 흐름 속에 가족·가문의 위상이나 관혼상제, 교육열과 출세의 기준 등이 어떻게 바뀌어 나갔는지 등을 추적했다. 개정판에서는 이 구도에 합성섬유, 원조물자, 커피, 군 피엑스(PX) 등 구체적인 생활의 소재부터 토지 소유권 변동, 성매매 문제 등 굵직한 사안까지 다루는 원고를 추가했다. 이러한 구성 변화는 20여 년 사이에 생활과 경제에 관한 연구 관심사가 다양해진 결과라고 할 수 있다.

4권은 크게 세 주제의 글들로 구성되었다. 현실 역사의 전개에 거대한 영향을 미친 사회주의와 반공주의부터 개신교, 불교 등 각종 종교·사상의 영역을 다룬 글들이 첫 번째 묶음이며, 스포츠와 가요, 영화를 아우르며 근현대 대중문화를 탐구한 글들이 두 번째 소주제를 이룬다. 세 번째 과학과 생태환경 부문은 최근 피부에 와 닿는 현안으로 부상한 만큼, 기존 원고에 더하여 과학과 환경에 대한 문제의식을 심화할 수 있도록 이 주제를 집중적으로 연구하고 있는 신규 집필자들이 참여했다.

근현대 편 개정판 발간 과정에는 우여곡절이 많았다. 지난 20여 년 한국 사회 변동의 속도와 폭을 고려할 때, 초판 원고의 일부는 그 시의성이 떨어지는 것이 더러 있었다. 새로운 연구자가 집필해야 한다며 원고 게재를 사양하는 기존 필자도 있어서, 초판 원고 중 여전히 생명력이 있었지만 게재하지 못하는 경우도 발생했다. 이러한 어려움과 아쉬움을 남긴 채로 신규 필자 29명을 포함하여 총 60명이 쓴 원고가 모일 수 있었다. 적절한 보답을 해 드리지 못하는 사정을 양해해 주시고 흔쾌히 원고를 보내 주신 필자들께 감사의 말씀을 드린다.

끝으로 개정판 발간에 힘써 주신 분들을 기록으로 남긴다. 발간 기획위원 인 근대사분과의 한승훈 회원과 고태우 회원, 현대사분과의 이정은 회원은 전체 기획과 새 주제 발굴, 필자 섭외 및 원고 수합을 맡아 주셨다. 고대사 분과의 전상우 회원은 계속 지연되는 원고 수합에 인내의 미덕(?)을 발휘하며 마지막까지 편집 실무에 수고해 주셨다. 무엇보다 '어떻게 살았을까' 마지막 편의 새 생명을 불어넣은 현북스 측에 깊이 감사드린다.

2023년 2월 한국역사연구회 근대사분과·현대사분과

책을 내면서

초판 1, 2권 책을 내면서

역사에는 비약이 없다. 역사에서 저절로 이루어지는 일은 아무것도 없다는 뜻이다. 현재 우리 사회에서 일어나는 일은 과거 언젠가에 역사적 연원을 두고 있다. 멀리는 고대사회로부터 온 것도 있지만, 가까이는 지난 100년 동안 이루어진 것도 있다. 우리가 양복을 입게 된 것도, 전기를 사용한 것도, 영화를 보게 된 것도 100년이 안 되는 사이에 이루어진 일이다.

우리는 최근에 일어난 일이라 하여 잘 안다고 여기기도 하지만 생각보다는 최근의 일을 제대로 알지 못한다. 아주 먼 옛날의 역사에 대해서는 관심이 많은 듯하지만, 최근에 일어나는 일일수록 쉽게 잊어버린다. 텔레비전에 나오는 사극에는 관심이 많지만, 우리가 지난 100년 동안 어떻게 살아왔는가는 제대로 알지 못한다.

최근 우리는 국가적 위기 상황을 맞이하였다. 국제통화기금(IMF)의 지원을 받지 않으면 국가부도 사태에 이를 정도가 되었다. 이러한 상황은 갑자기 온 것이 아니다. 적어도 수년 전부터 예고되어 온 것이다. 재벌의 방만한 경영과 봉건군주 같은 생활, 정부 당국자의 해이, 부정부패의 만연 등으로 이미 예고된 일이었다. 그럼에도 불구하고, 세계 11위의 무역대국이니, 경제협력개발기구 가입이니 떠들면서 샴페인을 터뜨리던 때가 불과 1년 전이 아닌가? 국가부도 상황이 다가오고 있다는 사실이 여러 면에서 나타나고 있음에도 불구하고, 그러한 사실을 무시하거나 애써 외면하려고 한 탓에 이러한 상황을 맞고 만 것이다. 모두 역사에 대한 이해와 역사의식이 부족한 탓이다.

우리는 개항 이후 문호를 개방하고, 나름대로 서양의 발달한 문물을 받아들이면서 공업화를 이루고 근대화를 달성하려고 노력을 기울여왔다. 그러나 그러한 노력은 성과를 거두지 못하여, 결국 일본의 식민지로 전락하였다. 그리고 그 때문에 우리는 나라를 잃고 노예와 같은 생활을 할 수밖에 없지 않았던가? 그러한 역사적 전철을 잊어버리고 모래성을 쌓아 올리기에 바빴다. 쌓아 올리기만 하면 다 되는 것으로 생각하였다. 그리고 다 되었다고 춤을 추었다. 1인당 국민소득 1만불 시대의 달성……, 세계 11위의 무역대국……, 선진국으로의 진입…… 등을 외쳐대면서.

우리는 어떻게 살아왔는가? 우리는 지금 어디쯤 와 있는가? 이제 한번쯤 이것을 되돌아볼 때이다. 그것을 바탕으로 우리가 어떻게 살아가야 할 것인가를 다시 다짐해야 할 것이다. 그래야만 지금의 고난을 전화위복의 계기로 삼을 수 있을 것이다. 그러한 반성의 기운마저 없다면 우리는 또 한 번 좌절을 겪고 열강의 경제적 식민지가 될지도 모른다.

이 책은 우리가 지난 100년 동안 어떻게 살아왔는가를 살펴본 것이다. 오늘의 우리가 있기까지 어떠한 변화를 겪어왔는가를 사람과 생활의 측면에서 고찰하였다. 우리는 이 책에서 '근대'를 화두로 삼았다. 근대란 무엇인가, 우리는 근대사회를 이루기 위하여 어떠한 노력을 하였는가, 우리는 근대를 어떻게 건설해왔는가, 근대를 이루려는 과정에서 얻은 것은 무엇이며, 잃은 것은 무엇인가, 그러한 근대화 과정에서 낙오된 사람들은 어떻게 살아가고 있는가 하는 여러 가지 질문을 던져보았다.

우리는 이에 대한 대답을 딱딱한 이론이나 굳어진 제도에서 찾으려 하지 않았다. 아주 구체적으로 살아 움직이는 인간과 그들의 삶의 모습 속에서 살펴보려고 하였다. 먹고, 입고, 일하고, 즐기고, 싸워가는 모습을 그대로 묘사함으로써 그 실상을 생생하게 드러내려고 하였다. 그 생생함 속에서 우리가 어떻게 살아왔고, 현재 어떻게 살아가고 있는가를 찾아보고자 하였다.

이 책을 만들기 위하여 많은 사람들이 노력하였다. 한국역사연구회의 근대사1분과, 근대사2분과, 현대사분과 등 세 분과에서 기획위원이 선발되었다. 기획위원들이 몇 차례의 논의를 거쳐 기획안을 마련하였으며 회원들에게 집필을 의뢰하였다. 주제에 따라서는 회원이 아닌 분들에게 원고 청탁을 하기도 했으며 그분들은 흔쾌히 응해 주셨다. 더욱이 몇 차례에 걸쳐 원고를 수정해 주시기도 하였다. 그분들께 깊은 감사를 드린다. 특히 기획위원들은 2년간 기획안 작성, 원고 청탁 및 교열 등에 헌신적인 노력을 하였다. 오랫동안 끌어왔던 작업을 마무리하는 데는 이들의 노력이 컸다.

이 책은 한국역사연구회에서 그동안 펴낸 '~사람들은 어떻게 살았을까' 시리즈의 완결편이라고 할 수 있다. 그 책들과 함께 읽는다면 한국인의 생활상을 전체적으로 조감할 수 있으리라 여겨진다. 현재 깊이 있는 생활사에 관한 책이 많지 않은 현실에서 좋은 안내서가 될 수 있으리라 기대한다. 끝으로 이 책의 출판을 흔쾌히 맡아 주신 역사비평사의 장두환 사장님께 감사드리며, 아담한 책을 만드느라고 노력하신 단행본팀의 윤양미 님에게도 감사드린다.

1998년 10월 한국역사연구회

초판 3권 책을 내면서

이제 21세기를 눈앞에 맞고 있다. 새로운 밀레니엄을 기념한다는 소리가 여기저기서 드높다. 새로운 시대를 맞기 위해서는 우선 지나간 시대를 돌이켜보며 그 의미를 생각해보는 것이 급선무이다. 그러나 요즘 요란한 밀레니엄 논의에서는 천년은커녕 지난 100년을 차분히 점검하려는 모습조차 찾아보기 힘들다. 그저 눈요깃거리 행사만으로 사람들의 이목이나 끌어보려고 하는 것이 아닌지 걱정스럽다.

물론 우리가 겪은 지난 100년을 점검하는 일은 그리 간단하지 않다. 우리 역사에서 가장 많은 일들이 일어났던 100년이며 온갖 우여곡절로 점철된 100년이기 때문이다. 남들이 수백 년에 걸쳐서 겪은 일들을 우리는 단 100년 만에 겪어야 하였다. 그래서 '압축성장'이니 '돌진적 근대화'니 하는 말들이 나도는 것이다.

그러니 이러한 와중에 살았던 우리들은 어지러울 수밖에 없었다. 역사의 수레바퀴는 20세기 한반도에서 너무나 빠르게 굴러갔다. 이렇게 앞만 보고 달렸던 시대가 바로 20세기였다. 그러나 21세기를 눈앞에 두고 있는 지금

한번쯤은 숨을 돌려 지나온 길을 돌아볼 필요가 있지 않을까?

20세기 우리 역사가 격동의 역사였다고 하지만 그 가운데에도 긴장과 갈등이 가장 첨예했던 곳은 정치와 경제 부분이었다. 전통시대에서 식민지시대를 거쳐 분단시대로 이어지는 동안 외세와의 대결과 계급적 갈등의 도가니 속에서 우리는 살아갈 수밖에 없었다. 그렇기 때문에 우리 근대사는 늘 '주의(主義)'와 '이념'이라 하는 엄숙하게 굳은 얼굴을 하고 있었다. 그러다 보니 가까이 하기에는 무언가 무겁고 부담스러운 것으로 여겨지기 일쑤였다.

그러나 이렇게 엄숙한 정치와 경제도 그 근본을 따지자면 사람들이 꾸려나가는 것이며, 그곳에는 사람들의 생활이 녹아 있는 것이다. 그것은 결코 우리에게서 멀리 엄숙하게 서 있기만 한 것은 아니다. 따라서 이 책에서는 지난 100년 동안 정치와 경제 부문에서 일어난 이러저러한 일들을 사람과 삶이라는 측면에서 짚어보려고 하였다.

근대사회에서 사람들은 여러 가지 통로로 정치와 연관을 맺지 않을 수 없다. 이것은 뭇 민초의 경우도 마찬가지이다. 따라서 이 책에서는 먼저 우리 삶의 여러 장면을 통해서 근대 정치의 모습을 그려보려 하였다. 이어 우리 정치를 이끌어간 여러 인간형들을 살펴보았으며 우리 민족의 자기 정체성을 외국과 외국인이라는 거울을 통해서 들여다보고자 하였다.

지금은 급작스럽게 몰아닥친 경제위기로 말미암아 많이 퇴색되었지만, 경제는 얼마 전까지만 해도 우리가 무엇보다도 자부하던 부문이다. 지난 100년 동안 우리가 겪은 물질적 변화는 가히 경이적이라고 해도 과언이 아니며 그래서 한때 우쭐해 있었던 것이 사실이다. 그러나 그 이면에는 많은 허점들이 도사리고 있었으며 그 뒤안길에 눈물짓는 사람들도 있었다. 이 책에서는 이러한 여러 가지 모습에도 눈길을 돌리고자 하였다.

지난 1998년에 《우리는 지난 100년 동안 어떻게 살았을까》를 간행한 바 있다. 이 책은 세 번째 권으로서 속편에 해당한다. 앞의 책이 근대의 사회와 문화를 생활사라는 방식으로 다루었다고 한다면 이 책은 정치와 경제 부문을 다루었다. 물론 정치·경제 부문의 특성 때문에 글의 결이 앞의 책과는 다를 수밖에 없었다. 그렇지만 기본적인 문제의식이나 생활사라는 접근방법은 앞의 책과 마찬가지이다.

이 책을 만들기 위해서 많은 분들이 애를 썼다. 한국역사연구회의 근대사 1분과, 근대사2분과, 현대사분과 등 세 분과에서 선발된 기획위원들이 여러 차례의 논의 끝에 기획안을 마련하였다. 주로 회원들에게 집필을 의뢰하였지만, 주제에 따라서는 회원이 아닌 분들에게 원고청탁을 하기도 하였다. 청탁에 흔쾌히 응해 주시고 기획위원회의 요구에 따라 몇 차례에 걸쳐서 원고를 고치시느라 애를 쓰신 필자들께 감사드린다. 또한 오랫동안 끌어왔던 작업을 마무리하는 데는 기획위원들의 노력이 매우 컸다. 끝으로 오랜 기간 이 책의 원고를 기다려주신 역사비평사의 장두환 사장님께 감사드리며 책을 만드느라 애를 쓰신 단행본팀 윤양미 님께도 감사드린다.

1999년 10월 25일 한국역사연구회

차례

대한민국우표

1965.
5.1

4.00

식량증산 7개년계획 기념

차례

차례

차례

3. 과학과 생태환경

1부 접경의 생성과 확대

조약의 '뜻밖의' 효과와 마주한 한국인들

해외 이민의 사회사

해방과 함께 나타난 검은 머리의 외국인

북으로 간 지식인

조약의 '뜻밖의' 효과와 마주한 한국인들*

한승훈

수호통상조약과 한국인의 만남

"19세기 후반 한국이 외세와 체결한 수호통상조약은 한국에 불평등했다."

이 문장은 한국인에게 익숙한 명제이다. 한국에 불평등한 수호통상조약 (이하 조약으로 통칭함)의 시작을 연 국가는 일본이었다. 일본은 함대를 이끌고 한국을 무력으로 위협했다. 자신들이 미국, 영국 등에게 당했던 포함외교(Gunboat Diplomacy) 전략을 한국에 그대로 재현했다. 그러면서 일본은 한국에 강화도 조약을 관철시켰고, 6년 뒤인 1882년부터 한국은 미국, 영국, 독일, 러시아, 이탈리아, 프랑스 등과 차례로 불평등 조약을 체결하였다.

열강은 조약을 기반으로 한국에 대한 정치적·경제적 진출을 시도했다. 한국에 있는 외국인들은 치외법권(영사재판권)을 적용받았다. 그 결과 그들

---

* 1897년 대한제국 선포를 전후로 국호를 '조선'과 '대한제국'으로 구분해야 함이 원칙이나, 이 글에서는 가독성을 고려해서 '한국'으로 통일하였다. 다만 조약 이름과 왕조를 서술하는 경우는 '조선'으로 표기하였음을 알려 둔다.

은 민·형사상 불법적인 행위를 해도 한국 법률과 사법당국에 의해서 처벌받지 않았다. 한국은 7.5퍼센트 내외로 책정된 저율의 수입관세율로 만성적인 무역적자에 직면하였다. 한국은 모든 열강에 최혜국 대우를 적용해 줌으로써, 열강은 한국에서 광산을 필두로 중요한 이권을 균점할 수 있었다.

한국에 불평등한 조약이 작동하면서 그 피해는 고스란히 한국인들에게 전가되었다. 1880년대 중반 서울 상인들은 아무런 대비책도 없이 중국 상인 및 일본 상인과의 경쟁에 내몰렸다. 일본으로 쌀이 유출되면서 국내에서는 곡물 부족과 더불어 곡물 가격이 상승했다. 그로 인해 백성들이 겪는 고통이 심해지자, 한국 정부는 방곡령을 통해서 쌀 유출을 억제하고자 했다. 하지만 일본은 조약 위반을 거론하면서 방곡령 자체를 무력화했다. 바다 또한 불평등 조약에서 자유롭지 못했다. 중국과 일본 어선들이 조약을 근거로 한국 근해에 진출함으로써, 한국 어부들의 삶 또한 어려워졌다. 한편 일본은 치외법권을 근거로 명성황후 시해사건을 일으킨 자국민 시해범들의 사법처리를 전담하였으며, 결국 일본의 사법당국은 증거불충분 등의 논리를 내세우면서 그들을 석방하였다. 이상과 같이 한국이 체결한 조약은 한국에 불평등하게 작동했던 것이다.

그렇다면 19세기 한국이 열강과 체결한 조약은 모든 한국인에게 불평등하게만 작동하였을까? 물론 조약 자체에는 한국인들을 불평등하게 대우하는 요소가 있었지만, '모든' 한국인에게 조약이 '불평등하게만' 작동했다고는 단언할 수 없다.

근대 시기 한국인이 마주했던 조약은 누군가에게 경제적인 이익을 실현하는 기회가 되었다. 평양에 본점을 둔 한국 상인 중에는 제물포에 지점을 둠으로써, 개항장을 통한 무역에 참여하기도 했다. 실제 조약 체결에 관여함으로써 특정 사업을 독점한 한국인도 있었다. 어느덧 한국인 상점에는 요사스러운 서양 품목들이 한국인의 소비를 자극하면서 상품 진열대를 차지하게 되었다.

한국인들은 조약의 '거중조정' 조항이 한국의 독립을 유지시켜 줄 것으로 믿었다. 하지만 '거중조정' 조항은 '알선' 이상의 효과를 가져오지 않았다. 그런데 조약의 대표적인 불평등 요소인 치외법권이 일본에 의한 한국의 국권침탈을 고발하는 여론을 조성하기도 했다. 즉 19세기 후반 한국이 외세와 체결한 조약에는 한국인에게 불평등한 요소도 있지만, 그렇지 않은 측면도 있으며, 불평등하게 보았던 내용들이 뜻밖의 효과를 가져오기도 했던 것이다. 이에 이 글에서는 조약의 '뜻밖의' 효과와 마주한 한국인들을 이야기하고자 한다. 미리 말해 두지만 '뜻밖의' 효과가 조약의 불평등한 요소를 희석시키는 것은 아니다. 조약의 뜻밖의 효과를 조우한 한국인들의 모습을 통해서 궁극적으로 한국인들의 다양한 삶을 복원할 수 있는 계기를 이루고자 한다.

고종의 통치자금을 보장한 홍삼의 수출 금지 규정

1882년 5월 한국은 미국과 조약을 체결(이하 조미조약)하였다. 그 해 6월 영국, 독일과도 조약을 체결했다. 그 조약들은 모두 조미조약과 동일했다. 그 조약을 주선한 청의 북양대신 이홍장의 요구에 따른 결과였다. 한국 측도 그 조약에 만족했다. 한국 측이 희망했던 관세자주권이 조약에 명시되었으며, 한국의 수입관세율을 10퍼센트 이하(생필품)와 30퍼센트 이하(사치품)으로 규정했기 때문이다. 해당 규정들은 영국 등의 강압으로 관세자주권을 상실한 채 5퍼센트라는 저율의 관세율을 수입품에 적용하고 있었던 청국과 일본보다 유리했다. 그런 이유로 한국은 1882년에 체결한 수호통상조약을 비준하고자 했다.

하지만 영국이 조약 비준을 거부하였다. 한국과 체결한 조약을 비준한다면 청과 일본이 그 조약을 빌미로 영국에게 조약개정을 요구할 것을 우려했기 때문이다. 결국 영국은 1882년 한국과 체결한 조약의 비준을 거부하고, 1883년 11월 한국과 새로운 조약(제2차 조영조약)을 체결하였다. 조약 체결을 주도한 주청 영국공사 파크스(H. S. Parkes)는 동아시아에서 시행 중인 조약의 내용을 조약 초안에 집약하였으며 그 내용 대부분을 한국에 관철시켰다. 그 결과 한국은 동아시아 조약체제에 완벽하게 편입되었다.

그런데 파크스가 조약 체결 과정에서 한국 측의 뜻을 꺾지 못한 부분들이 있었다. 그것이 바로 한국의 수출 품목에 관한 규정이었다. 구체적으로는 홍삼 수출에 관한 것으로 세칙에는 홍삼의 수출을 금지하고 있었다.

제2차 조영수호통상조약의 세칙
중간에 "홍삼의 수출을 금지한다(The exportation of Red Ginseng is prohibited.),"라는 문구를 확인할 수 있다. (국립중앙도서관 소장 〈朝英通商條約〉(古貴0234-2-10))

그런데 홍삼의 수출 금지는 제2차 조영조약에만 있지 않았다. 한국은 조미 조약의 조인 직전에 홍삼 수출을 금지하는 내용을 조약문에 반영하고자 했으며, 그 뜻을 관철시켰다. 그리고 제2차 조영조약의 세칙에도 홍삼 수출을 금지한다는 내용을 삽입시켰다.

당시 해외 시장에서 경쟁력이 있었던 상품은 홍삼이 유일하다시피 했다. 한국산 홍삼은 약효가 뛰어나기로 유명했다. 특히 한국산 홍삼이 아편 해독에 특효가 있다는 소문이 더해지면서 중국 시장에서 홍삼의 인기는 대단했다. 1866년 1월 청의 뉴좡(牛莊)의 해관장 맥퍼슨(A. Macpherson)은 서해에서 산동 지역의 중국 상인들과 한국 상인들 사이에 전개되는 홍삼 관련 밀무역을 상부에 보고하기도 했다. 그 보고서에는 한국 상인들은 면제품을 주로 샀으며, 중국 상인들은 그 대가로 홍삼을 받고자 한 사실을 전하고 있다.

이상의 이유로 파크스는 한국 정부가 유일하게 시장 경쟁력이 있었던 홍삼의 수출을 금지한 조치를 이

關仁川一港各色米糧概行禁止運出紅蔘一項
朝鮮舊禁出口美國人如有潛買出洋者均查拏
入官仍分別懲罰
第九款
凡砲位鎗刀火藥鉛丸一切軍器應由朝鮮官自
行来辦或美國人奉朝鮮官准買明文方准進口
如有私販查貨入官仍分別懲罰
第十款
此兩國官貟商民在彼此通商地方居住均可僱

조미수호통상조약 제8관 일부
중간에 "홍삼은 조선에서 예로부터 수출을 금하고 있다. 미국 사람이 몰래 사서 해외로 내가는 자가 있을 경우에 모두 조사 체포하여 관에 몰수하고 분별하여 처벌한다(運出紅蔘一項, 朝鮮舊禁出口, 美國人如有潛買出洋者, 均查拏入官, 仍分別懲罰)."는 문구를 확인할 수 있다.(국사편찬위원회 전자사료관 제공)

해하지 못했다. 파크스의 궁금증을 해결해 준 이는 북양대신 이홍장이었다. 제2차 조영조약 체결 직후인 1883년 12월 이홍장은 파크스를 만났다. 그 자리에서 이홍장은 조선 국왕이 홍삼의 해외 판매를 독점함으로써 수익을 창출하고 있음을 전하였다. 홍삼에 40~50퍼센트의 수출 관세율을 부과해도, 조선 국왕에게 현재의 독점적인 판매로 얻는 수익을 보장해 주지 못한다는 이야기도 덧붙였다. 즉 조약에서 규정한 홍삼 수출 금지는 고종의 홍삼 전매권을 보장하기 위한 조치였던 것이다.

고종은 홍삼 판매를 사실상 독점하였다. 특히 1884년부터 고종은 직접 홍삼 무역에 관여함으로써 홍삼 판매에 따른 수출 대금을 확보해 갔다. 당시 홍삼 무역은 연행사행이 다니는 육로를 통해서 진행되었다. 그 이유는 수출 과정에서 관세 해택을 보기 위함이었다. 실제 1883~1885년 육로로 수출하는 홍삼의 관세는 15퍼센트였다가 한국의 요청으로 1885년 12월부터 홍삼의 관세를 10퍼센트로 인하하였다. 그리고 1888년 청은 속방 한국에 은혜를 베푼다는 명목으로 홍삼에 면세를 허용하였다. 즉 고종은 관세 인하 및 면세 해택 속에서 육로를 통해서 홍삼 전매를 독점하였으며, 그 과정에서 막대한 자금을 확보할 수 있었다.

그렇다면 고종은 홍삼 전매에서 발생하는 자금을 어떻게 사용했을까? 일단 고종은 홍삼 전매를 주도하기 전인 1881년에 인삼세의 수익 대부분을 국왕의 친위군인 무위소에 배정하였다. 이를 통해 취약한 왕권을 강화하고 군대의 서구식 근대화를 추진하였다. 홍삼의 전매가 본격화된 1884년 이후로는 무기 구매, 청에 빌린 차관의 상환 등에 홍삼 판매 대금이 활용되기도 했다.

고종의 홍삼 전매와 관련해서 주목할 부분은 측근 민영익의 존재이다. 1886년 홍콩으로 건너간 민영익은 고종의 비자금을 관리하였는데, 그 비자금의 상당 부분은 홍삼 무역으로 확보했을 가능성이 크다. 고종은 홍삼의 판매 수익을 은밀하게 홍콩에 예치하고 이를 민영익에게 관리하도록 함으로써 외세 및 국내 반대 세력들의 눈을 피해서 은밀하게 각종 정책을 추진할 수 있는 기반을 마련한 것으로 보인다. 그 대표적 사례는 박정양의 초대 주미공사 파견이었다.

1887년 한국은 청의 반대를 무마하고 박정양을 미국으로 보냈다. 박정양은 미국으로 가기 전에 홍콩에 들러서 민영익을 만났다. 그 자리에서 어떠한 이야기가 오갔는가는 분명하지 않다. 다만 1889년 주미한국공사관의 참찬관으로 있었던 알렌은 민영익에게 서신을 보냈다. 그 서신에서 알렌은 주미한국공사관의 자금난을 전하고 이를 해결하기 위한 방안으로 건물 매입을 제안하였다. 즉 민영익을 통해서 홍콩에 예치된 고종의 비자금을 주미한국공사관 운영에 활용하고자 했으며, 이 사례를 보노라면 2년 전 박정양은 민영익으로부터 미국 주재에 필요한 각종 운영비 및 활동비를 받았던 것으로 추측할 수 있다.

1904년 러일전쟁을 전후로 일본이 한국 침략을 본격화하자, 고종은 밀사외교를 통해서 이를 극복하고자 했다. 1907년 이준, 이상설, 이위종, 헐버트를 헤이그 평화회의의 특사로 파견한 사례는 대표적이다. 고종이 열강을 대상으로 밀사외교를 전개할 때, 홍콩 등에 예치된 비자금을 활용한 것으로 보인다. 다만 고종이 홍삼 전매로 확보한 비자금의 비밀스러운 성격상 그 자금의 용도 및 향방은 여전히 묘연하다. 다만 확실한 것은 고종이 한국이 체결한 조약에서 "홍삼의 수출 금지" 규정을 관철시킴으로써, 은밀한 통치 자금을 확보했다는 데에 있다.

《대한매일신보》의 반일 언론활동의 버팀목이 된 치외법권

1905년 11월 을사늑약의 소식이 알려졌다. 한국인들은 분노했다. 조야에서는 군대를 동원해서 을사늑약을 관철시킨 일본의 행위를 비판하고, 을사늑약을 주도한 5대신의 처벌을 주장하는 상소가 잇따랐다. 민영환과 조병세는 자결로써 을사늑약에 저항하였다. 장지연은 〈시일야방성대곡〉이라는 제목의 사설을 《황성신문》에 게재함으로써, 을사늑약의 부당성을 한국인들에게 널리 알리고자 했다.

일본은 한국인들의 저항을 그대로 두지 않았다. 특히 《황성신문》을 무기한 정간시키고 〈시일야방성대곡〉이 실린 신문 일체를 압수함으로써, 한국사회에 확산되는 을사늑약 반대 여론을 차단하고자 했다. 그런데 일본 측의 신문 압수가 무색한 일이 벌어졌다. 11월 27일 《대한매일신보》의 영자지인 《Korea Daily News》에 〈시일야방성대곡〉을 영어로 번역한 전문이 실렸다. 《대한매일신보》는 〈시일야방성대곡〉의 영어 번역본을 통해서 한국인의 분노와 저항을 국제사회에 알림으로써 일본을 당혹스럽게 만들었던 것이다.

사실 《대한매일신보》는 을사늑약 자체만을 부정적으로 보지 않았다. 1904년 9월 《대한매일신보》는 한글판과 영문판에 각각 〈한국에서 일본의 위력(Japan's Influence in Korea)〉이라는 제목의 사설을 6일 동안 게재하였다. 이 사설을 통해서 《대한매일신보》는 일본의 대한정책을 침략으로 규정하고 이를 비판하였다.

　반일여론을 조성하는《대한매일신보》는 일본에게 눈엣가시 같은 존재였다. 하지만 일본은《황성신문》에 했던 것처럼《대한매일신보》의 발행을 막을 수 없었다. 바로《대한매일신보》의 사주 베델(Bethell, E.T. 한국명 배설)이 한국에서 치외법권을 적용받는 영국인이었기 때문이다. 치외법권에 따르면 한국과 한국을 보호국화한 일본은 베델을 처벌하고《대한매일신보》에 제재를 가할 수 없었다. 영국의 법률과 사법당국만이 베델을 수사하고 처벌할 수 있었다. 그런 이유로 러일전쟁기 일본은 영국 측에 베델의 처벌을 요청하기도 했으며, 영국은 군율에 의거해서 베델을 한국에서 추방시킨다면 이를 묵인하겠다는 뜻을 전하기도 했다. 하지만 러일전쟁이 끝나면서 영국은 베델에게 군율을 적용시킬 수 없다는 뜻을 일본 측에 전하였다. 아울러 베델은 영국 법률에 적용을 받는 영국인임을 각인시켰다.

　베델은 을사늑약의 불법성과 일본의 한국보호정책을 비판하는 기사를 계속해서《대한매일신보》에 게재하였다. 1907년 1월 16일자 신문에는 고종이 런던의《Tribune》지의 더글러스 스토리(Douglas Story)에게 전달한 밀서를 사진 형태로 지면에 수록하였다. 그 사진에는 고종의 어새까지 더해지면서 생생함을 보여 주기도 했다. 그 밀서에는 고종이 을사늑약에 동의하지 않았다는 내용과 더불어 일본이 한국의 내정을 부당하게 간섭하고 있다는 사실을 전하였다.

　1907년 7월 헤이그 특사사건의 여파로 고종이 강제로 퇴위되었다. 일본은 정미 7조약을 통해서 한국의 내정에 본격적으로 개입하였으며, 그 과정에서 대한제국의 군대가 해산되었다. 그러자 한국인들은 의병을 조직해서

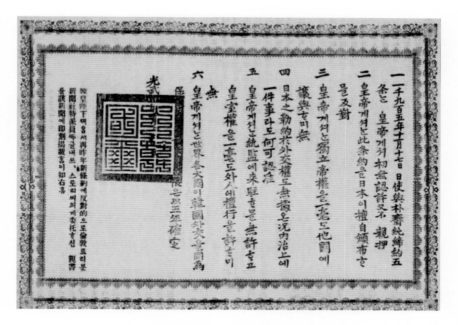

《대한매일신보》 2면(1907년 1월 6일)

격렬하게 일본에 저항하였다. 《대한매일신보》는 한국인들의 저항을 기사화
했을 뿐만 아니라, 의병의 활동 또한 긍정적으로 평가하는 기사를 신문에
실었다. 여타 신문에서 의병의 무장투쟁을 부정적으로 기술했던 사례와는
확연히 달랐다.

결국 1907년 10월 통감부는 서울 주재 영국영사관에 치안 방해 혐의로 베
델을 고발하였다. 10월 14일 서울의 영국 영사관은 베델에 대한 재판을 개
시하였다. 그 재판에서 영국 측은 베델에게 근신 6개월과 벌금 300파운드를
부과함으로써 일본의 손을 들어주었다. 베델은 일단 몸을 낮추면서 사태를
관망하였지만, 그대로 가만히 있지 않았다. 1908년 3, 4월 《대한매일신보》

에서는 한국의 외교고문 스티븐스 저격 사건을 보도하였는데, 그 보도의 초점은 일본의 대한정책의 불법성을 지원한 스티븐스(D.W. Stevens)를 비판하고, 장인환과 전명운이 그를 저격한 행위를 정당하다고 평가한 데에 있었다.

그러자 통감부는 〈신문지법〉을 개정하였다. 개정된 법에 의거해서 통감부는 외국인이 한국에서 발행하는 신문이 "치안을 방해하거나 풍속"을 어지럽힐 경우 처벌할 수 있는 근거를 마련하였다. 그리고 영국 측에 치외법권에 의거해서 베델을 처벌해 줄 것을 재차 요구하였다.

베델과 《대한매일신보》도 가만히 있지는 않았다. 1908년 5월 9일자 국한문판 신문과 5월 10일자 순한글판 신문에 〈본보와 신문지법의 관계〉라는 제목의 논설을 게재하였다. 그 논설에서는 당국이 〈신문지법〉을 통해서 언론의 자유를 제한한 사실을 비판하였다. 이어서 새로 개정된 내용에 의거해서 영국 국적의 베델이 사주로 있는 《대한매일신보》도 〈신문지법〉에 적용을 받도록 한 조치를 다음과 같이 반박하였다.

> 본 기자는 한국에 있어 치외법권 아래 있는 당당한 대영국신민이라. 우리 대영국법을 명령에 촉법되지 아니하는 때는 영업의 자유와 언론의 자유는 그 권리가 스스로 있는고로 이것을 조금도 염려치 아니하였더니, 심하다 한국 당국자들의 불법한 행위여. 본보의 발매와 반포를 금지하는 데까지 이르렀으니 어찌 놀라도 탄식할 자가 아니리오. 이같이 부당한 억측의 압제를 행함은 국제 간에 영업의 자유와 언론의 자유를 침해하고 정의인도를 무시함이어니와……
>
> 〈본보와 신문지법의 관계〉, 《대한매일신보》 1908년 5월 9, 10일자 논설)

특히 베델은 본인이 한국에서 치외법권을 적용받는 영국인임을 부각시켰다. 영국 법률이 언론의 자유를 보장하고 있음을 강조하면서, 통감부가 신문지법의 개정을 통해서 《대한매일신보》에 제재를 가함으로써 언론의 자유를 침해하려는 시도를 비판하였다. 베델은 본인이 치외법권을 적용받는 대상임을 강조함으로써, 궁극적으로 영국의 법률에 의해서 《대한매일신보》의 발간을 계속해서 보장받겠다는 뜻을 밝힌 것이다.

하지만 베델의 바람과는 달리 영국은 동맹국 일본의 한국 보호통치를 지지하였다. 의병 봉기의 원인이 《대한매일신보》에 있다는 통감부의 주장을 받아들였다. 의병 봉기가 일본의 침략적인 정책에서 비롯되었다는 베델의 주장은 받아들여지지 않았다. 결국 영국 영사재판 당국은 베델에게 3주간 상하이 형무소에서 금고형을 수행하고, 근신 6개월 및 벌금 4,000만 환을 추가로 판결하였다. 그리고 《대한매일신보》가 계속해서 반일 기사를 보도할 경우 베델의 한국 추방을 집행하겠다는 뜻을 밝혔다.

영국이 사실상 일본의 손을 들어주자, 통감부는 그때를 놓치지 않았다. 《대한매일신보》와 베델, 그리고 양기탁에게 국채보상금 횡령 혐의를 씌웠다. 베델은 무고를 주장하면서 상하이에서 영사재판을 진행하였다. 1908년 12월 베델은 재판에서 승소함으로써 횡령 혐의에서 벗어났다. 1909년 1월 베델은 《Korea Daily News》를 통해서 반일 여론을 조성하고자 했다. 하지만 재판 등으로 심신이 지친 베델은 더 이상 반일 논조의 신문을 발행할 수 없었다. 결국 그는 1909년 5월 서울에서 사망하였다.

베델은 한국에 오기 전에 일본 고베에서 무역을 했던 상인이었다. 전문적인 언론인도 아니었다. 그렇기에 1904~1909년간 한국에서 언론 활동은 베델의 전체 인생사를 보노라면 어색한 순간일 수도 있다. 하지만 그는 《대한매일신보》를 통해서 일본의 한국 침략을 통렬히 비판하였다. 그런 이유로 수많은 한국인들은 베델의 장례식에 참여하였다. 한국인에게 불평등하게 작동했던 치외법권이 베델의 반일언론을 보장했다는 사실은 아이러니할 수 있지만, 한국인들은 일본의 한국 침략에 대항해서 자신들과 함께 싸운 고마운 외국인으로 베델을 추모했던 것이다.

통신판매로 와인을 구매할 수 있게 된 한국인

200여 종이 넘는 와인들이 진열대에 있다. 진열대에는 와인의 이름에서부터 원산지, 당도, 산도, 바디 등이 표기되어 있다. 진열대를 오가는 사람들은 스마트폰으로 바삐 검색하면서 무슨 와인이 평이 좋은지 즉석에서 알아본다. 내가 선택한 와인이 인터넷 혹은 다른 곳보다 싼 가격에 파는가의 여부도 확인한다. 그러고는 와인을 들고 계산대로 간다.

한국에서 어색하지 않게 볼 수 있는 풍경 중 하나이다. 와인 전문매장, 대형 마트, 백화점에서만 와인을 살 수 있는 시절은 지났다. 와인의 성지로 떠오른 동네 슈퍼마켓들도 있다. 동네 편의점에도 10여 종의 와인이 주당들을 기다리고 있다. 굳이 대형 마트나 백화점에 가지 않아도 와인을 사기란 어렵지 않은 일상이 되었다.

자유무역협정(FTA: Free Trade Agreement)은 한국인들이 손쉽게 와인을 살 수 있게 했다. 2003년 한국은 칠레를 시작으로 세계 각국과 FTA를 체결하였다. 2023년 1월 현재 한국은 18건의 FTA가 발효 중에 있으며, 그 결과로 칠레를 비롯해서 프랑스, 이탈리아, 미국, 호주, 뉴질랜드 등에서 수입되는 와인들은 FTA에서 규정된 관세율을 적용받는다. 해당 국가들에서 수입되는 와인의 관세율이 대부분 0퍼센트라는 점을 고려한다면, FTA는 한국인들이 저렴(?)하게 외국산 와인을 구매할 수 있는 조건들을 충족시켜 주고 있는 셈이다.

그렇다면 오늘날과 비슷하게 한국인들이 시장(마트)에서 자유롭게 와인을 구매할 수 있었던 기원은 언제인가? 100여 년 전 FTA와 비슷한 성격을 갖는 수호통상조약의 체결과 밀접한 관계를 맺는다. 1882년 5~6월 한국은 미국, 영국, 독일과 차례로 수호통상조약을 체결했다. 그 조약의 제5관에는 "사치품과 기호품인 양주·여송연(呂宋煙)·시계와 같은 것들은 시장가격에 근거하여 100분의 30을 초과하여 세금을 징수할 수 없다."고 규정하였다. 양주에 포함되는 와인은 30퍼센트 이하의 관세를 부과하도록 정했던 것이다.

앞에서 언급한 바와 같이 영국이 1882년에 한국과 체결한 조약의 비준을 거부했다. 그리고 1883년 11월에 한국과 영국은 새로운 조약(제2차 조영조약)을 체결했다. 그 조약에서는 200여 품목의 관세율을 세부적으로 정하였는데, 와인의 수입관세율은 10퍼센트였다. 당시 대다수 품목의 수입관세율이 7.5퍼센트였던 것을 보노라면, 와인의 관세율은 높은 편이었다.

그런데 와인의 관세율에 변화가 생겼다. 1886년 한국과 조약을 체결한 프랑스는 와인의 관세율을 7.5퍼센트로 낮추었다. 그 결과 한국에 들여오는 와인의 수입관세율은 최종적으로 7.5퍼센트가 되었다. 사치품으로 시작한 와인의 관세율이 이제는 일반 품목의 관세율을 적용받는 상품이 되었던 것이다.

어느덧 개항장과 서울을 비롯한 상점의 진열대에는 외국에서 온 물건들이 채워지기 시작했다. 처음에는 한국에 온 외국인들이 주요 고객이었지만, 점차 한국인들도 외국산 물건들을 찾기 시작했다. 그런 관점에서 1901년 6월 《황성신문》에 실린 광고는 이목을 끈다. 그 광고는 서울에 위치한 구옥상전(龜屋商廛)에서 낸 것이다. 구옥상전에서는 이번에 포도주, 맥주, 밀감주(오렌지 주스), 우유, 목과(과일), 가베당(커피용 각설탕), 전복 등을 많이 들여왔으니, 모두들 와서 구입하라는 내용의 광고를 게재한 것이다.

그날 구옥상전의 광고에서 눈길을 끄는 대목은 포도주와 맥주의 배치이다. 포도주와 맥주가 주요 물품의 처음과 끝을 장식하고 있다. 그 배치로 단언할 수 없지만, 적어도 한국인들에게 포도주와 맥주가 어색하지 않은 수입 주류 중 하나로 자리하지 않았을까 하는 생각이 든다.

▌《황성신문》 광고(1901년 6월 19일)

당시 한국인들은 포도주를 어떻게 샀을까? 개항장이나 서울을 비롯한 대도시에 위치한 수입 상품을 취급하는 상점에서 와인을 구입할 수 있었을 것이다. 지방에 사는 사람들은 서울, 혹은 개항장에 갔거나, 아니면 서울이나 개항장 등에 다녀온 사람을 통해서 포도주를 접했을 가능성이 크다. 지금처럼 동네 편의점 등에서 살 수 있는 품목은 아니었을 것이다.

그렇다고 지방 사람들이 서울 등에 가지 않더라도 와인을 살 수 있는 방법이 없는 것은 아니었다. 1910년 이후의 일이긴 하지만 지방 사람들에게는 통신 판매법이 있었다.

특별광고
▲최신 통신판매
놀라지 마시오. 지방에 계신 여러분이여
겨우 1전 5리의 통신비를 보내면 많은 여비와 번잡함을 제외하고 능히 서울에서 가장 싼 물품을 얻을 수 있는 기묘한 방법이 있으니, 이는 구미 각국에서 유행하는 통신판매법이오……

《대한매일신보》1910년 1월 20일자 광고

서울 종로에서 무역을 하는 한양상회에서 낸 광고이다. 한양상회는 "지방에 계신 여러분들"에게 놀라지 말라면서 통신판매법을 소개하였다. 구미 각국에서 이미 시행 중이라면서 통신판매의 장점을 강조하였다. 한양상회에서는 무료로 상품목록을 보내 준다고 말하기도 했다. 지방 사람들이 상품목록만 보고 통신판매법으로 상품을 구매할 수 있도록 편의를 제공한 것이

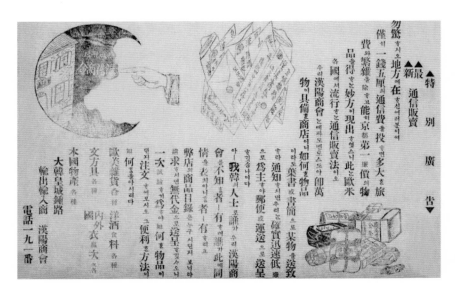

▌《대한매일신보》특별광고(1910년 1월 20일)

다. 마치 오늘날 인터넷 사이트에서 상품 구매를 결정하고 택배 서비스로
상품을 받는 것과 거의 유사하다고 볼 수 있다.

한양상회는 주요 판매품으로 구미에서 생산한 잡화와 더불어 양주를 가
장 우선순위로 두었다. 양주에는 맥주와 더불어 포도주가 포함되어 있을 가
능성이 크다. 얼마나 많은 한국인들이 통신판매법을 통해서 와인 등을 구매
했는가는 확인할 수 없다. 남연군 묘 도굴(1868)을 단행했던 오페르트가
1880년에 저술한 《금단의 나라: 조선기행(A Forbidden Land : Voyage to the
Corea)》에 따르면 그때 한국인들은 그 어떤 술보다 샴페인과 체리브랜디를
즐겼다고 한다. 오페르트는 한국인들이 백포도주, 브랜디, 그리고 독주를
꺼리지는 않았지만, 떫은맛을 지닌 적포도주를 선호하지는 않았다는 기록

을 남겼다. 그렇다면 1910년대 한국인들은 여전히 적포도주보다는 샴페인을 비롯한 다른 종류의 술을 좋아했을까? 아니면 개항 이후 30여 년이 지난 만큼 적포도주의 떫은맛에 적응했을까?

한승훈 _건국대 글로컬 캠퍼스 교양대학 조교수

해외 이민의 사회사

신주백

이민은 사회적 기득권이나 생활 속에서 체득한 사회문화적 감각을 접어 두고 전혀 다른 환경에서 보다 나은 삶을 개척하려는 새로운 출발이다. 이 민이라는 사회적 현상은 이민자를 살았던 곳에서 밀어내는 구조적인 이유 가 있기 때문이며, 이주자가 가려는 곳 역시 그들을 끌어당기는 유인 요소 가 있기에 나타난다.

우리 민족의 해외 이주도 마찬가지여서 방출 요인 측면에서 볼 때, 이민 사는 1910년과 1945년을 한 획으로 나눌 수 있다. 1910년 일제에 나라를 빼 앗기면서부터 다양한 지역에 대규모 해외 이주가 있었다. 이때는 이민의 중 요한 동기가 경제적 궁핍과 식민지배라는 정치적 현실과 밀접히 연관되어 있었다. 그 때문에 해외 이주는 민족운동이 국외 지역에서 연이어 전개될 수 있었던 기반이기도 하였다. 1945년은 우리가 해방된 해이자 동시에 민족 의 분단이 시작된 해이다. 이후 대한민국은 미국 중심의 세계 질서에 편입 되었다. 이때부터 우리 민족의 해외 이주는 '아메리칸 드림'을 실현하려는 이민으로 상징된다고 말할 수 있다.

국외로 이주하는 한인 행렬
만주와 시베리아로 떠나는
이 행렬은 본격적인 민족 이
산의 시작이었다. (독립기념관
한국독립운동사 연구소 제공)

고향을 떠나는 사람들

19세기 들어 조선 농민은 삼정문란과 관리의 가렴주구, 개항 이후 물밀
듯 밀려오는 자본주의 상품경제의 침투로 시달리고 있었다. 19세기 후반 압
록강과 두만강에 인접한 만주와 시베리아 일대는 청과 제정러시아 정부의
통치력이 강하게 미치지 않았으며, 중국인과 러시아인 거주자들조차 보기
드문 곳이 많았다.

청은 1872년에 동변도 지방, 1881년에 간도 지방 즉 동만주 지방을 각각
봉금(封禁)에서 해제하였다. 한인의 만주 이주는 이때부터 본격화하였다. 이
주 초기에는 아침에 강을 건너가 농사를 짓고 저녁에 돌아왔지만 점차 봄에
건너가 가을에 돌아오는 방식으로 변해 갔다. 그러다가 점차 가족이민이 늘
어나면서 이주자들은 동변도 지방과 동만주 지방 일대에 정착하였다. 이민
자들의 출신지로는 압록강에 인접한 동변도 지방에는 평안도 출신자가, 두
만강에 인접한 동만주 지방에는 함경도 출신자가 많았다.

1900년 들어 제정러시아가 만주를 침략하면서 청과의 국경 일대는 긴장
상태에 빠져들었다. 하지만 청은 동만주 지방이 베이징에서부터 먼 변방이
어서 신경을 쓸 겨를이 없었으므로 통치를 안정시키는 데 필요한 재정을 마

련하는 방안을 새롭게 모색해야만 하였다. 청은 한인을 이주시켜 그들로부터 세금을 징수하여 군대 운영에 필요한 재정을 조달하려 하였다. 이때부터 동만주 지방에 이주한 조선인은 중국에 귀화를 하지 않고도 공동으로 자본을 투자하여 귀화한 한인의 소유로 등기를 하는 '전민제도(佃民制度)'를 이용하여 안정된 소유권을 확보할 수 있었다.

동만주 지방의 한인 이주는 이즈음부터 급격히 늘어났다. 그러면서 한인에 대한 통치 문제를 놓고 대한제국과 청 사이에 대립이 일어났다. 하지만 1905년 을사조약을 계기로 대한제국의 외교권이 일본에 박탈되면서 동만주 지방의 이주한인 문제는 중일간의 외교 현안으로 대두되었다. 1909년 '간도협약'은 그 결과 체결된 국제조약이다. 이 조약은 한국병합으로 가기 위해 일본이 반드시 정리해야 하는 제1순위 과제였다. 간도협약 체결 두 달 전인 1909년 7월 일본 정부는 '적당한 과정'을 거쳐 한국을 병합하기로 결정하였다. 이에 따라 국내의 마지막 남은 무장 저항 세력인 호남 의병을 탄압하고자 '남한대토벌작전(9.1.~10.30.)'을 수립 집행하였고, 이와 동시에 9월 4일에 간도협약을 체결함으로써 안팎의 최대 걸림돌을 제거한 것이다.

간도협약에 따르면 일본과 중국은 두만강을 중국과 조선의 국경으로 정하기로 했다. 또 중국은 한인에게 거주권, 토지소유권, 재산소유권을 부여하기로 합의하였다. 이즈음부터 만주 지역 한인사회의 중심지로 동만주 지방이 부각되었다. 1921년에 이르면 전체 재만한인 49만여 명 가운데 60퍼센트 조금 넘는 31만여 명의 사람이 동만주 지방에 거주하였다.

한편 함경도 지방의 사람들이 1860년경부터 시베리아지역으로 가족이민을 시작한 이후 1908년까지 4만 5,000여 명에 이르는 한인이 이주하였다.

이주한인은 몇몇 사금(砂金)채취 노동자를 제외하면 대부분 농업에 종사하였다. 제정러시아 정부는 한인이 미개척지를 개간하는 조건으로 그들의 장기체류를 허락하였다. 제정러시아 정부는 설령 한인이 농토를 개간했다 하더라도 귀화하지 않는 한 한인의 토지 소유를 인정하지 않았다.

1908년 현재 귀화한 한인은 1만 6,000여 명, 미귀화한 한인은 2만 9,000여 명이었다. 미귀화 한인은 소작인으로서 열악한 생활을 강요당했으며, 소작지를 놓고 한인 간의 경쟁이 점차 치열해지면서 소작 조건도 더욱 나빠졌다. 이에 비해 귀화한 한인은 광활한 미개척지를 제정러시아 정부로부터 불하받아 지주로서 사회경제적인 안정을 찾아갔다.

시베리아에 거주하는 한인은 사금채취나 농업에 종사하는 사람들이 많았기 때문에 시베리아의 여러 곳에 흩어져 살았다. 그들은 한곳에 정착하여 마을을 이루고 조선에서와 같은 가옥구조와 전통양식을 보존하였으며 항일의식을 품고 있었다. 실제 블라디보스토크의 교외를 벗어난 산록에 건설된 신한촌(新韓村)이란 마을에는 동네 입구에 3·1운동을 기념하여 '3월 1일 문'이 세워졌다.

'카레이스키'의 수난

1914년 제1차 세계대전이 일어나자 제정러시아 정부는 일본을 자극하지 않기 위해 자국에 있는 한인단체를 모두 해산시켰다. 이 무렵 민족주의운동 계열의 항일운동자들은 대부분 만주나 상하이 등지로 이동하였다. 이후 1917년 사회주의 정권이 들어서면서 우리나라 최초로 사회주의 계열의 민족운동이 시베리아 지역에서 시작되었다.

시베리아 일대에 거주하는 한인의 삶을 크게 바꾸어 놓은 전환점은 1937년 중앙아시아로의 강제 이주였다. 스탈린은 한인이 일제에 협력하지 못하도록 한다는 명분으로 18만의 시베리아 거주 한인을 강제 이주시켰고, 이때를 전후로 한인에게 '일본의 첩자' 또는 '반소(反蘇)·반당(反黨)분자'라는 누명을 씌워 2,000여 명의 한인을 숙청하였다.

한인은 자신의 세간도 챙겨 가지 못한 채 억제할 수 없는 설움과 고향에 대한 그리움을 억누르며 목적지도 모르는 기차를 타야 했다. 당시 대학생이었던 정상진은 김동환의 〈손톱으로 새긴 노래〉라는 시가 자신의 심정을 그대로 대변한다고 느끼며 수없이 되뇌었다고 한다.

벽은 말할 줄 모르고 나는 말을 못하네 / 종일토록 두 벙어리 마주 앉았으니 / 죽었음인가 살았음인가 / 하늘과 땅은 이렇게 있다거늘 / 소낙도 치고 벼락도 울거늘 / 나는 다만 때만 오면 하고 / 맨주먹만 쥐었다 폈다

위생시설이 제대로 갖추어져 있지 않은 기차에서 한 달가량 머물며 목욕도 하지 못했으므로 피부병이 번져 수많은 허약자, 노인, 어린이들이 목숨을 잃어야만 하였다. 한인은 기차가 서면 옷이나 천에 싼 시체를 아무 데나 묻었다. 어떤 이는 밤에 매장해 그 후 다시 그곳을 찾을 수 없어 허탕치고 눈물을 뿌려야만 했다.

거의 사막지대나 다름없는 중앙아시아 여러 곳에 내버려진 '카레이스키'들은 토막집을 짓는 것부터 시작해서 완전히 새로운 삶을 개척해야만 했다.

그들은 가장 자신 있는 논농사를 짓기 위해 자신들의 손으로 깊은 수로를 파는 등 중세 유럽의 농노와 다름없는 생활을 강요당하면서도 상부상조하는 전통으로 집단농장을 만들어 갔다. 카레이스키들은 피눈물 나는 성실성과 생활력을 인정받으며 300여 명의 '사회주의 노동영웅'을 배출하기도 하였다. 그들은 1952년까지 거주제한을 받아 자식들의 고등교육에 많은 지장을 받기도 했지만 구소련의 소수민족 가운데 두 번째로 높은 교육열을 자랑했다.

그러나 한인은 강제 이주와 스탈린의 폭압 정책으로 인해 민족의식과 민족문화를 계승·발전시키지 못하였다. 일부 한인이 과거의 전통 의식에 집착하는 예도 있었지만, 1937년 강제 이주 후에 우리말과 글의 사용을 중단해야 했으므로 대다수는 그것을 잃어버렸다. 소수민족으로서의 자기 정체성을 상실해 버린 것이다.

'복지만리'의 환상

1910년 일제에 나라를 빼앗기면서부터 만주 이민은 급격히 늘어 갔다. 매년 평균 1만 3,000여 명가량 되던 이주자들은 1910년과 1919년을 전후한 시기에는 3만여 명으로 급증하였다.

한인의 이주 양상은 세 차례 바뀌었다. 첫 번째 계기는 1910년대 후반 들어 재만한인에 의해 만주 내륙 깊숙한 곳의 차가운 물에서도 논농사를 할 수 있게 된 점이었다. 논농사가 확대됨에 따라 남만주 지방의 일부(장춘, 길림, 반석)와 북만주 지방(하얼빈, 영안, 요하, 주하)으로 한인이 이주할 수 있었다. 압록강과 두만강에 인접한 곳이 아닌 더 북쪽으로 정착지를 찾아 나선 것이다. 이들 지방에 이주한 한인은 쌀농사 경험이 풍부한 조선의 남부지방 사람들이 많았다.

두 번째 계기는 1925년 이후 장쭤린[張作霖] 펑톈[奉天]군벌의 강력한 압박·구축 정책이었다. 펑톈군벌은 재만한인이 귀화를 하지 않으면 가옥소유권, 거주권, 심지어 소작권조차 인정하지 않았다. 더구나 1920년대 중반경에 이르면 새로운 재만한인의 거주도 승인하지 않는 경우가 많았다. 그리하여 다시 국내로 귀환하는 사람이 더 많았으며, 압박과 구축이 가장 심했던 동변도 일대를 피해 북만주 지방으로 이주한 사람도 많았다.

펑톈군벌이 이주한인을 대상으로 압박·구축 정책을 실시한 데는 재만한인을 앞세운 일제가 만주를 침략하고 있다는 시선과 깊은 연관이 있었다. 실제 일제는 귀화한인을 통해 땅을 사들이는 경우가 많았으며, 한인이 모여 사는 곳에는 어김없이 영사관이나 주재소를 설치하는 등 중국의 주권을 침해하는 행위를 서슴지 않았다. 일제는 1916년 기존의 국적법을 수정하여 미국, 대만, 사할린에 거주하는 일본인들의 귀화를 인정하면서도 조선인들의 국적이탈만은 인정하지 않았다. 이에 따라 귀화한인은 사실상 무국적 상태에 빠져 어느 사람으로부터도 자신의 권리를 보호받을 수 없는 상태가 되었다.

이에 대해 정의부, 참의부, 신민부 그리고 조선공산당 만주총국 등 한인단체는 귀화운동을 적극 전개하여 1929년까지 10만여 명이 귀화하였다. 귀화운동은 귀화한 한인에게 공민권을 주고, 재만한인만의 특수한 교육권을 인정하며 한인 사무에 관한 중국 측의 행정을 한인단체가 보조한다는 내용의 자치권을 얻기 위한 합법성 쟁취운동이었다. 귀화운동은 중국 정부를 항일운동에 끌어들이려는 활동이자 일제의 간섭과 압박에서 벗어나 항일운동의 기반을 튼튼히 하려는 대중운동이었다.

한인의 생활에 커다란 영향을 끼친 세 번째 계기는 1931년 만주사변과 1932년 '마지막 황제' 푸이[傅儀]를 국가원수로 한 만주국의 성립이었다. 일제는 조선에 일본인을 이주시키고 대신 조선의 과잉인구를 만주로 유출하여 사회를 안정시키는 한편, 만주국 통치에 조선인을 동원하고자 동아권업주식회사나 만선척식주식회사를 통해 대규모 집단이민을 추진하였다. 일본은 '국책이민'을 내세우며 추진한 이주사업의 목적을 더욱 선명하게 부각하기 위해 이들을 이주민이라 부르지 않고 개척민이라 불렀다. 개척민을 식량증산과 대소(對蘇)전쟁이란 국방의 일부를 담당하는 사람으로 간주했기 때문이다.

개척민은 1944년까지 6만 9,000여 호에 35만 명가량 이주하였다. 그들은 1910~1920년대 이주자들과 달리 항일의식을 강하게 품고 있지 않았다. 오히려 일제의 통제 정책에 순응하며 생활 안정에 몰두하는 사람들이었다. 그들은 모집이란 형식을 빌려 조선총독부가 각 도에 할당한 사람이었다. 그러므로 개인이 스스로 결정하는 통상의 이민과 다른 강제동원의 하나였다고 볼 수 있다. 개척민의 이주가 전쟁 상황과 밀접히 연관될 수밖에 없는 이유가 여기에 있다. 실제 1944년 개척민은 3,000여 호에 불과했다. 일본 본토와 태평양 방면에 병력을 집중하며 몰두해야 했던 일제로서는 북쪽에 있는 만주로 국책이민을 계속 추진할 여력이 없었다.

만주 지역 이주자에 대한 매우 특징적인 일제의 대책 하나가 집단부락 설

만주 이주민 가족
오른쪽에서 두 번째가 문익환 목사이다. 북간도에서 독립운동가 문재준 목사의 아들로 태어난 그의 삶 역시 뿌리 뽑힌 식민지 백성의 전형이었다.

치이다. 집단부락은 집단이민자뿐 아니라 산악지대에 흩어져 사는 한인, 그리고 항일반만 유격운동이 활발한 지방에 거주하는 사람들을 강제로 한곳에 모은 집단 거주지였다. 일제는 집단부락의 외곽을 성벽처럼 둘러싸고 주민들이 농사지을 때도 직장인들처럼 출퇴근 시간을 엄수하도록 통제하였다. 집단부락 주민 사이에 연대 책임제를 실시하여 서로를 견제하고 감시하게 했다. 그래서 만주 전역에 걸쳐 최대 500만 명가량을 수용한 집단부락은 사실상 수용소나 마찬가지였다.

다른 한편 일제는 펑톈군벌과 달리 만주 지역 한인을 '2등'민족으로 치켜세우며 일부를 만주국의 하급관료로 채용하는 등 만주국 통치의 보조 수단으로 이용하였다. 또한 일제는 1937년부터 재만한인을 '만주국인' 또는 '선계(鮮係) 일본인'으로 부르며 한인에게 환상을 심어 주는 한편, 전시동원체제를 강화하고 식민지 조선에서 벌이고 있던 황민화 정책을 추진하였다. 이즈음 만주 지역 한인은 조선인으로서의 민족적 정체성을 상실할 위기에 직면하게 되었다.

현해탄을 건너서

1910년 2,500여 명에 불과했던 재일조선인은 이전 시기와 달리 취업을 목적으로 하는 이민이 1911년부터 본격화하면서 1919년 2만여 명, 1922년 6만여 명, 1925년 13만여 명, 1936년 69만여 명, 1938년 80만여 명으로 급격히 늘어 갔다. 일본으로의 이민은 만주·러시아로의 이민과 달리 일본 자본주의 내부의 유인 요인이 조선에서의 방출 요인보다 더 컸다. 제1차 세계대전 당시부터 일본 경제는 군수 붐을 타고 급격히 성장하면서 부족한 노동력을 조선으로부터 충당하였다. 그런데 전쟁이 끝나자 일본 경제가 만성불황에 시달렸으므로 일본 정부는 다시 조선의 값싼 노동력으로 불황을 타개하려고 하였다. 이를 제도적으로 뒷받침한 것이 1922년 12월의 '자유도항제'였다.

1910~1920년대 일본으로 이주한 사람 대부분은 농촌의 과잉인구였으며 생계를 위해 돈을 벌고자 건너갔다. 가족이민이 대부분이었던 만주나 시베리아 이주자와 달리 일본 이주자는 개별 이주가 많았다. 그들 가운데 다수는 공장이나 공사장에서 노동자로 일하는 남성이었으며, 농촌과 산간 지역에 거주하던 만주와 시베리아 이주자와 달리 대부분 도시에 거주하였다. 출신 지역을 보면 만주와 시베리아 지역 이주자는 평안도와 함경도 등 북부조선 출신자가 많은 데 비해 일본에 이주한 사람의 약 80퍼센트는 전라도와 경상도 출신이었다.

민족적 계급적 약자로서의 재일조선인은 타향살이의 외로움을 달래고 생활에 필요한 것을 교환하며 자신들의 권리를 보호하고자 점차 마을을 형성하였다. 일본인들이 이주한인에게는 세를 내놓지 않았을 뿐더러 최저임금을 받으며 연명하고 있는 이들로서는 이러한 집세를 감당할 능력조차 없었기 때문이다. 조선인들이 모여 사는 마을은 하천부지나 공사장 그리고 토지 소유 관계가 불분명한 국유지 등 주로 일본인들이 살 수 없는 곳에 형성되었다. 허름한 집만이 모여 있는 마을이었지만 재일조선인에게 이곳은 일본 속의 한국으로 별세계였다.

일본에서는 1920년대 후반부터 1930년대 초에 걸쳐 군부의 목소리가 커지면서 군사부문이 강화되어 갔다. 군수산업의 비중이 더 커지면서 지금까지 주요 대도시에 운집해 살았던 재일조선인들은 점차 홋카이도나 규슈 같은 산업지대로 퍼져 나갔다.

1937년 중일전쟁, 1941년 아시아 태평양전쟁 등으로 전쟁에 동원되는 일본인이 더욱 늘어났다. 전쟁이 확대되면서 산업노동력이 부족해지자 1942년 2월 '반도인 노동자 활용에 관한 대책'을 공포하고 조선인을 강제로 징용하여 군수산업을 유지하였다. 전쟁 말기까지 관알선, 모집, 징용이란 이름을 빌린 강제동원으로 150만 명의 조선인이 대부분 석탄광산·토건업·금속 공업에 투입되어 인간 이하의 삶을 강요받았다.

전쟁 말기 240만 명에 달하던 재일조선인은 자신을 통제하기 위한 관제 조직인 협화회(協和會)의 거미줄 같은 조직망에 철저히 묶여 있었으며, 정신적으로는 일본인보다 더 일본인다운 황국신민으로서의 자격을 갖추도록 강요받았다. 그 결과 일본에서 자란 소년소녀들 가운데 천황폐하의 적자란 말만 들어도 가슴이 설레는 정신구조를 가진 사람도 적지 않았다.

1945년 8월 우리는 나라를 되찾았다. 일본과 만주 등지에 거주하던 많은 이주자가 고국으로 돌아왔다. 재일조선인의 경우 1945년 8월 현재 240만

명 가운데 175만 명이 6개월 이내에 일본 정부의 무관심 속에서 생명의 위험을 무릅쓴 채 크고 작은 배를 타고 귀환하였다. 잔류한 사람들은 1945년 10월 좌익 성향의 재일본조선인연맹을 결성하였다. 하지만 고국의 민족분단은 재일조선인 사회에도 영향을 끼쳐 1946년 10월 친일파와 우익 성향의 사람들이 모여 별도로 재일본조선거류민단(나중에 재일본 대한민국거류민단)을 결성했다. 분단으로 인한 좌우대결과 한국전쟁 그리고 이승만 독재를 피해 약 5만 내지 10만 명의 정치난민이 일본으로 이주하였다. 이때를 제외하면 한국인의 대규모 일본 이주는 없었다.

현재 재일조선인 가운데 이민 제1세대는 10퍼센트에 불과하고, 2~3세대가 다수를 차지하고 있다. 재일조선인은 주로 도쿄·오사카 등 태평양 연안의 대도시에 살고 있으며, 홋카이도와 규슈지방에 거주하는 사람들의 분포가 현격히 줄어든 경향은 식민지시기와 대비되는 거주 양상이라 할 수 있다. 대도시에 거주하는 재일조선인은 '국적조항'에 의한 차별 때문에 주로 자영업에 종사하는 경우가 많다.

재일대한민국민단의 2016년 통계에 따르면, 일본에 거주하는 한국적(籍) 또는 조선적인 사람은 48만여 명이며, 이 가운데 조선적이 3만 2,000여 명이다. 조선적이란 1947년 외국인등록령에 따라 재일조선인을 외국인으로 간주한 일본 정부가 국적란에 편의상 국적 대신 출신지를 기재하면서부터 현재까지 그것을 유지하고 있는 사람을 의미한다. 사실상 무국적 상태와 다르지 않다. 48만여 명 가운데 6할이 넘는 30만여 명이 '특별영주자'였다. 특별영주자란 일제강점기 때부터 일본에 거주한 제1세대와 그 후손들에게 부여된 법적 지위를 말한다. 특별영주자를 제외한 재일조선인을 불법체류자까지 포함해 뉴커머로 범주화하고 있다. 통상 뉴커머는 일정 기간마다 일본 정부에서 체류연장 허가를 받아야 한다. 이렇듯 구성이 복잡하므로 재일조선인을 부르는 명칭도 재일동포, 재일한국인, 재일조선인, 재일코리안으로 다양하다. 어떤 명칭을 사용하느냐에 따라 자신의 정체성을 드러낸다고 말할 수 있다.

사탕수수농장의 땀방울

1880~1890년대 만주와 시베리아 지역의 이민자가 주로 농민층이었다면, 같은 시기 일본과 미국에 건너간 사람들은 조선왕조의 상층에 속하는 사람들이 주류였다. 전자에 해당하는 사람들의 선택이 고통에서 벗어나려는 몸부림이라면, 후자의 선택은 엘리트들이 희망을 품고 찾아 나선 경우라 할 수 있다.

1883년 말 16명의 조선인이 일본에 체류한 이후 1910년에는 2,500여 명으로 늘어났다. 김옥균 등 망명정객도 일부 존재했으나 그들 대부분은 유학생이었다. 이광수와 최남선처럼 일본에서 근대적인 학문을 배운 유학생 가운데 일부는 귀국하여 친일논객으로 사회 여론을 주도하기도 하였다.

같은 시기 한국인으로서 미국 땅에 첫발을 디딘 사람은 1883년 구한말 외교사절로 미국을 방문한 민영익 등 8명이었다. 정치망명으로 시작된 미주로의 이민은 서재필, 안창호 등의 정치가와 유학생들을 끌어들였지만 재미한인의 다수는 이런 부류의 사람이 아니었다.

미국 이민은 1903년 102명의 노동이민단이 갤릭호를 타고 하와이에 도착

한 이후 1905년까지 7,000여 명의 노동자가 하와이에 도착하면서 새로운 변화가 일어났다. 한인 노동자들의 대규모 이주는 1860~1870년대의 중국인 노동자, 1880~1890년대의 일본인 노동자로 이어지는 하와이 사탕수수 농장 노동자의 계보를 잇는 것이었다. 하지만 일본 정부는 1905년 을사조약 이후 한인 노동자들이 일본인 노동이민의 경쟁 상대가 되지 않도록 이들의 하와이 이민을 전면 금지하였다.

대부분 선교사를 통해 이민회사에 소개된 인연으로 인해 하와이 사탕수수농장에 취업한 노동자들은 기독교인이 많았다. 그들의 대다수는 총각이나 홀아비였다. 노동자들 가운데 일부는 고향에 대한 그리움과 외로움을 달

미국 이민 노동자들
미국 캘리포니아주의 과수원에서 농장 일꾼으로 일하는 조선인들로 앞줄 왼쪽에서 두 번째가 안창호이다.

래고자 도박이나 도벽 등 흐트러진 생활 태도를 보이거나 거친 행동을 하는 등 심리적인 안정을 찾지 못하는 사람들이 많았다. 그래서 정착하지 못한 사람 가운데 약 1,000여 명은 이후 귀국하였다.

단신 남성 중심의 불안정한 상황은 '사진(寫眞)결혼'을 통해 어느 정도 해소되기 시작했다. '사진부인'은 1910년에서 1924년까지 1,066명이나 되었다. 사진결혼이 많아지면서 하와이 한인 사회는 점차 안정되어 갔다.

아메리칸 드림

1945년 8·15 이후 한국인들이 가장 선호한 정착지는 미국이었다. 하지만 1만여 명에 불과하던 재미한인 사회는 독립이란 이념적 구심점을 상실하면서 급격히 해체되어 갔다. 이후 재미한인 사회는 새로 이주한 이민으로 확대되었다. 미국 이민사는 1965년을 전후로 큰 획을 그었다.

1965년 이전에는 한국전쟁 과정에서 파생된 '전쟁부인'과 '전쟁고아'들이 주로 이주하였다. 이들은 1950년부터 1965년 사이에 미국으로 이주한 1만 5,000여 명 가운데 80퍼센트를 차지할 정도였다. 이미 해체된 재미한인 사회는 새로운 이주자들이 정신적인 상처를 치료하며 민족적 정체성을 찾는 데 그다지 도움을 주지 못하였다. 이 때문에 전쟁고아들은 10대를 지나면서 점차 민족적·인종적 주체성에 대한 의문과 갈등에 휩싸이는 경우가 많았다.

1965년 이후 한국인의 미국 이주는 주로 가족 초청 이민의 형태로 진행되었다. 미국 사회에서 1950~1960년대를 거치며 여러 방면에서 인종차별을

철폐하는 제도적인 개선이 이루어지고 있었다. 1965년에 개정된 미국의 '이민과 귀화에 관한 법령'은 이러한 사회적 흐름에 따라 이루어진 획기적인 이민정책으로 과거 서유럽인들에게 유리한 국가별 할당제를 폐지하고 가족관계와 직업기술에 따라 선별하는 제도였다. 아메리칸 드림을 향한 본격적인 이주는 이때의 이민법 개정으로부터 시작되었다.

2018년 외교통상부의 집계에 따르면 재미한인은 255만 명가량 된다. 그들 가운데 90퍼센트 이상이 새로운 이민법에 따라 이주한 이민 1세대 또는 1.5세대의 사람들이다. 이민법 이후 이주한 사람의 대다수는 가족초청 이민자들이었다. 21세기 들어 캘리포니아주가 있는 미국 서부지역의 재미한인 숫자가 계속 늘어나고 있다. 이에 비해 9·11사건 이후 동부지역의 재미한인 수는 꾸준히 줄어들고 있다. 아메리칸 드림을 실현한 박찬호와 류현진 투수를 영입한 팀이 로스앤젤레스에 있는 다저스(Dodgers) 구단인 것도 '코리아타운'을 중심으로 수많은 한인이 서부지역에 모여 살고 있기 때문이다. 더구나 서부지역의 집값이 동부지역과 비교해 저렴한 데다 한국과의 지리적 거리감에서 서부지역이 더 가깝게 느껴지기 때문일 것이다.

재미한인 사회에서 제1세대 또는 제1.5세대가 여전히 높은 비중을 차지하는 이유의 하나는 미국 본토에 한인이 이주한 역사가 상대적으로 짧은 이유도 있지만, 한국경제가 급속히 발전하고 있는 와중에도 더 나은 생활수준을 갈망하고 영어 습득을 비롯해 자녀교육을 위해 이주자의 상당수가 미국을 이민지로 선택했기 때문이다. 그래서 미국 이민자의 상당수는 한국에서 어느 정도 생활기반이 있거나 고등교육을 받은 사람들이었다.

유럽문명 중심의 미국 사회에서 소수민족인 한인이 자신의 사회경제적

깨어진 '아메리칸 드림'
1992년 5월 2일 교민 10만여 명이 모인 '한인타운 재건단합대회' 장면이다. LA폭동 당시 경찰력은 백인 부자촌을 우선시하고 한인촌을 방관했다. 백인 주류사회에 합류했다는 믿음과 흑인·중남미계에 대한 우월감이 송두리째 깨어지는 순간이었다.

지위를 향상시키는 데는 많은 어려움이 따르고 있다. 그러나 한인은 이민 연한이 비교적 짧음에도 불구하고 전체 이주한인의 3분의 1 이상이 자영업(청과상, 주유소 등)에 종사하는 등 왕성한 경제활동을 벌여 백인보다 높은 연평균 소득을 기록하고 있다.

재미한인의 생활력은 흑인들의 견제를 받기도 해 1992년 LA흑인폭동의 희생양이 되기도 하였다. 또한 한인은 자녀교육에도 많은 노력을 기울여 최근 고등학교 졸업자 가운데 80퍼센트 이상이 대학에 진학하고 있다. 하지만 이들에 대한 민족문화교육, 한글교육은 이민 1세들의 많은 노력이 있었지만 큰 성과를 거두지 못하고 있다.

해외 한인의 현주소

2020년 재외동포재단의 통계에 따르면 해외 거주 한인은 750만 명가량이다. 이들 가운데 지역 거주자로는 390만 명가량이 거주하는 동아시아가, 국가별로는 290만 명가량 거주하는 미국에 가장 많이 정착해 있다. 새로운 사회에서 더 나은 삶을 살아 보고자 이주한 사람들은 이제 자신이 선택한 사회의 구성원으로서 뿌리를 내려야 했다. 그 과정에서 각 정착지들의 고유한 문제에 부딪힐 수밖에 없었다. 가령 재일조선인들은 '국적조항'으로 상징되는 차별철폐 문제에 맞서야 했다. 재미한인은 백인 중심의 사회에 적응하며 자기 언어와 문화를 간직하면서 한·흑 갈등을 극복해야 했다. 중국의 조선족들은 강한 흡인력을 갖고 있는 한족(漢族)문화를 극복하며 최근 급격히 사회문제화된 '코리안 드림'의 상처를 아물도록 해야 했다. 또한 구소련에 거주하는 한인은 연방해체와 시장경제, 민족차별의 현실에 적응해야만 했다.

이렇게 해외 거주 한인 각자가 구체적인 문제를 극복하는 과정은 자신과 고국을 분리시키는 과정이자 그 사회의 일원으로 뿌리내리는 과정이다. 동시에 이 과정은 정치 경제 등의 분야에서 남북관계의 개선과 통일에 도움을 주는 과정이기도 하다. 두 과제를 실현하기 위해 노력하는 과정에서 민족의 분단으로 분열된 각지의 해외 한인 사회를 하나로 묶어 내는 효과도 얻을 수 있을 것이다. 이렇게 되면 각 지역의 이주한인 사회는 현지의 국민이면서 동시에 한민족으로서의 동질성과 정체성을 확보하는 데 유리할 것이다.

신주백 _독립기념관 한국독립운동사연구소 소장

해방과 함께 나타난 검은 머리의 외국인

송하연

인종주의의 장벽 아래에서 결혼하기

2018년에 방영된 드라마 〈미스터 션샤인〉의 주인공 유진은 구한말 부모를 여의고 미국인 선교사의 도움을 받아 어린 나이에 미국으로 건너갔다. 성장 후 미국의 군인이 된 그는 조선과 미국이 수교를 맺으면서 미군의 지휘관으로서 조선으로 돌아온다. 조선의 사람들은 그를 두고 조선인의 얼굴을 한 미국인을 뜻하는 '검은 머리의 외국인'이라고 불렀다.

그런데 '검은 머리의 외국인'은 조선이 일제로부터 해방된 직후에도 존재했다. 1945년 9월 미군이 한반도 이남에 주둔하기 시작하면서 1948년 8월 정부가 수립되기 전까지 우리는 미군정기, 즉 주한미군이 점령하는 기간을 거쳐야 했다. 주한미군 내에는 '미스터 션샤인'의 유진처럼 검은 머리의 외국인들이 다수 있었다. 이들은 유진이 두려움과 경외의 대상이 되었던 것과 다르게 한민족의 후예로서 조선의 환영을 받았다. 또 영어와 한국어가 능통하여 미군 내에서 주로 통역을 담당했다. 주한미군 내 검은 머리의 외국인들은 누구이고, 한국에서 어떤 경험을 했을까?

1902년 하와이 사탕수수농장으로 노동이민이 시작되면서 하와이를 비롯한 미주 지역에는 한인 집단이 형성되었다. 초창기 노동이민자 중에는 미혼 남성, 즉 "청년 홀아비"들이 다수 존재했다. 이들의 혼인과 가정생활을 장려하면서 사진결혼 제도가 생겨났다(웨인 패터슨 저, 정대화 역, 2003, 《하와이 한인 이민 1세: 그들 삶의 애환과 승리(1903~1973)》, 들녘). 이들의 혼인과 가정생활을 장려하면서 사진결혼 제도가 생겨났다. '사진결혼'은 주로 중매쟁이를 통해 미국에 사는 예비신랑과 조선의 예비신부가 사진으로 선을 보고, 서로 마음에 들면 신부가 조선에서 미국으로 이동하여 결혼하는 방식이었다. 조선에서 예비신랑의 사진 한 장만 믿고 찾아오는 신부들을 '사진신부'라고 하였다. 사진신부들이 건너오기 시작하면서 조선인들은 가정을 이루고, 아이를 낳았다. 이 아이들이 바로 재미한인 2세대인 셈이다. 재미한인 2세대는 이민자 신분인 부모와 달리 속지주의에 따라 미국 국적을 가진 한국계 미국인이 되었다. 이들 중 일부가 제2차 세계대전 이후, 주한미군으로서 한국에 들어왔던 것이다. 주한미군 내 한국계 미국인들은 부모의 나라인 한국에서, 한국의 여성과, 한국식으로 혼례를 치르고, 아이를 낳았다. 그리고 아내와 아이를 데리고서 미국으로 돌아갔다. 이들은 왜 한국에 왔고, 다시 한국을 떠난 것일까?

한국계 미국인들은 미국에서 태어나 자신의 부모들과 달리 언어나 문화로 인한 장애가 적은 편이었지만, 그들에게는 넘기 힘든 장벽이 있었다. 바로 '인종주의(Racism)'라는 견고한 벽이었다. 인종주의란 타자의 '행위'가 아니라 '속성'에 근거해 타자를 분류하고, 측정하고, 가치 매기고, 증오하고, 심지어 말살하는 서양 근대의 이데올로기다(염운옥, 2019, 《낙인찍힌 몸》, 돌베

개). 인종주의의 입장을 가진 미국의 백인들은 자신들을 상위 인종 집단으로 여기며 본질적으로 미국에 속한 시민이라고 믿는다. 이들은 흑인, 아시아인과 같은 인종적으로 다른 개인과 집단에게 낙인을 찍고 거리를 둔다.

한국계 미국인들 앞에 세워진 인종주의의 장벽은 개인의 삶에 막대한 영향을 미쳤다. 특히 제2차 세계대전을 전후하여 한국계 미국인들은 결혼 상대를 찾기가 매우 어려워졌다. 그 이유는 첫째, 1920년대부터 미국으로 이민해 오는 아시아인이 줄어들었고, 재미한인 1세대나 그의 후손인 한국계 미국인들의 수도 현저히 줄었다. 이에 대해서는 미국에 아시아인이 들어오게 된 경위와 이민이 중단되게 된 배경을 살펴볼 필요가 있다. 19세기 후반 미국의 캘리포니아에서 금광이 발견되었다. 일명 캘리포니아 골드러시(California Gold Rush)가 시작되면서 아시아인, 특히 중국인들이 금광 노동자로 일하고자 대거 미국으로 이주하였다. 이들은 먼저 들어온 백인 집단보다 낮은 임금을 받으며 일해야 했지만, 그 수가 많아지면서 오히려 백인을 비롯한 미국인들에게 위협감을 주었다. 중국인들에 대한 경쟁의식과 혐오는 1882년 중국인 배척법(Chinese Exclusion Act)이 제정되어 중국인들의 입국을 막는 결과를 낳았다.

중국인들의 유입이 중단되자 이 자리를 일본인들이 차지했고, 일본인의 수 역시 급증하였다. 중국인과 마찬가지로 일본인도 혐오의 대상이 되었고, 결국 1924년 이민법(Immigration Act of 1924)이 제정되면서 일본인 이민이 연 246명까지만 허용되면서 사실상 중단된다. 당시 일본의 지배 아래 있었던 조선인도 미국으로의 이민이 중단되었다. 사진결혼제도 역시 중단되어 조선으로부터 결혼을 통해 미국으로 이민 오는 것이 거의 불가능해졌다. 1924년까지 주로 사진결혼제도를 통해 결혼을 해 왔던 조선의 이민자들은 미국의 다른 종족들과 결혼할 수밖에 없게 됐다.

둘째, 미국에 만연해 있던 인종주의와 백인우월주의로 인해 백인과 비백인의 결혼, 이른바 인종 간 결혼은 법적으로 금지됐다. 미국에서는 남북전쟁과 재건 시기가 종식되면서 각 영역에서 인종 분리의 짐 크로 체제(Jim Crow Law: 1876~1965)가 형성되었다. 짐 크로 체제 아래에서 인종 관련 법과 문화는 노예에서 해방된 흑인을 백인으로부터 '분리하되 동등하게 대우한다(Segregation but equal)'는 슬로건 아래 합법적으로 차별하였다. 흑인은 백인으로부터 공간적, 문화적으로 분리되었으며 결혼하는 것도 금지됐다.

흑인뿐 아니라 비백인 인종에게도 차별은 적용됐다. 이미 17세기부터 메릴랜드(Maryland)를 비롯하여 미국 일부 주에서 백인과 비백인의 결혼을 금지하기 시작했고, 19세기 중반 이후에 들어서면 미국의 남부와 서부를 중심으로 3분의 2 정도의 주들이 백인과 흑인 및 기타 비백인으로 분류된 인종 사이의 결혼을 불법행위로 간주했다. 아시아계 이민자의 주류를 형성했던 중국인과 일본인은 미국 서부의 인종 간 결혼 금지법에서 백인과 결혼할 수 없는 몽골리안(Mongolian)으로 분류되었다. 물론 이 체제는 미국의 주마다 상이했지만, 아시아계 이민자가 가장 많았던 미국 서부 주에서 실시됨에 따라 한국계 미국인들에게도 적용되었던 것이다. 1920년대를 전후하여 인종 간 결혼을 허용하는 주로 이동해서 아시아계 미국인과 결혼한 뒤 돌아오는 백인 여성들의 사례가 종종 있었지만, 이들은 비정상으로 취급되는 등 사회로부터 비난을 샀다.

그렇다고 해서 한국계 미국인이 백인이 아닌 타 종족과 결혼하는 것은 현실적으로 어려웠다. 하와이를 비롯하여 미주 본토에는 반(反) 아시아적 편견이 만연했기 때문이다. 또 한인들 역시 자신들이 인종차별의 희생자였음에도 불구하고 다른 인종들을 차별하고, 같은 한인끼리 결혼할 것을 고수했다. 정리하면 1920년대부터 미국에서 아시아계 이민이 금지됨에 따라, 한인사회에 새로운 인원이 충원되기 어려워졌다. 또 인종 간 결혼 금지법으로 인해 한인은 타 종족과 결혼할 수 없었다. 그 때문에 1920년대 후반부터 결혼 상대자를 찾을 수 있는 범위가 현저히 좁아졌다. 비주류 종족인 한국계 미국인이 인종주의의 장벽 아래에서 결혼하기란 점점 더 어려워지고 있었던 것이다.

해방된 조선에 미군(美軍)으로 나타난 '검은 머리의 외국인'

제2차 세계대전이 발발하자 미국 정부는 1940년 9월 군대를 증설하기 위해 21~35세의 남성을 대상으로 12개월 동안 군에 복무하도록 하는 징병제를 실시하였다. 1941년 일본이 진주만을 습격하자 미국은 징병 연령을 18세에서 37세로 확대하였고, 전쟁과 징병제 앞에서는 인종이나 계급을 막론하고 전장으로 투입되었다. 미국은 징병제를 통해 증설한 군대를 종전을 전후하여 유럽을 비롯한 세계 각지에 파견하였다. 한국계 미국인도 예외는 아니어서 징병 대상이 되거나 자발적으로 미군에 입대하기도 하였다. 그리고 이들 중 일부가 주한미군에 배정받았다. 1945년 9월 인천에 상륙한 미군은 빠르게 한반도 남부를 점령했다. 한국계 미국인들로서는 아마 부모의 나라에 처음 발을 디딘 셈이었을 것이다. 해방된 조선에 조선인의 얼굴을 가진 미국인이, 이른바 '검은 머리의 외국인'이 나타난 것이다.

그런데 미군의 구성원들은 주둔하면서 현지인들과 밀접한 관계를 맺게 되었고, 그중에는 현지 여성과 결혼하게 되는 일도 많아졌다. 본래 미국은 1921년 할당이민법을 제정하여 국가별로 미국에 들어오는 이민자의 수를 제한하고 있었다. 이어서 1924년 이민법으로 개정되면서 이민자의 수를 더 축소한다. 이 법이 바로 앞서 언급하였듯이 일본인의 이민을 사실상 중단시켰던 1924년의 이민법이다. 유럽의 여성과 결혼하는 미군 사병이 늘어나자, 1945년 미국은 '전쟁신부법(War Brides Act)'을 제정했다. 미군의 유럽 출신 백인 배우자들에게만 할당 외 이민, 곧 결혼을 통한 미국으로의 이주를 허용한 것이었다.

제2차 세계대전 이후에는 일본을 비롯하여 아시아에 주둔하고 있는 미군들도 현지인과의 결혼을 허가해 줄 것을 요청하기 시작했다. 1947년 6월에는 일본에 주둔하고 있던 미군 병사 14명이 "영국 독일 불란서 여자와는 결혼할 수 있으면서 일본 여자와는 결혼 못 하는 이유는 무엇"이냐며 일본 여성과의 결혼을 허가해 달라고 투서할 정도였다. 그러나 미군 측은 "미국의 현재 이민법에 있어서는 일본인의 입국을 제한하고 있다. 또 일본에서 만기된 미 군인에게는 무한정 일본에 거주할 수 있는 권리가 부여되고 있지 않다. 그러므로 미군과 일본 여자와의 결혼 결과는 영원한 이별에 이르게 된다."라고 답변해 왔다(《조선일보》 1947년 6월 5일). 이 시기 미군이 주둔지에서 아시아인과의 결혼 및 군 복무 기간이 만료된 이후 함께 귀국하는 것이 불가능하였다. 유럽인 배우자와 달리 미군의 아시안 배우자에게 입국이 허용되지 않았던 것이다.

이러한 차별적 대우는 인종주의적이라는 지적과 그에 따른 불만을 일으켰고, 전쟁신부법은 개정될 수밖에 없었다. 1947년 7월 개정에 따라 미군의 배우자에게만 인종적으로 부적격(racially inadmissible)한 상태라 할지라도 미국으로의 입국을 허용했다. 아시아인 출신 미군 배우자에게 비할당 이민이 허용되었던 것이다. 미국으로 입국하는 길이 열리게 되자 미군과 결혼하여 이주하는 한인 여성이 하나, 둘 나타나기 시작했다. 같은 해 8월에는 "정동예배당", 즉 정동제일교회에서 미군과 한인 여성 "10여 쌍"의 결혼이 있을 정도였다(《동아일보》 1947년 8월 27일).

그동안 주한미군 출신 남성과 한인 여성의 결혼은 백인 또는 흑인 미군 남편과 한인 여성 아내로 구성된 부부의 이미지가 존재했다. 그런데 1947년 전쟁신부법 개정 직후 한인 여성과 결혼한 미군은 주로 한국계 미국인들이다. 주한미군의 경우 주둔지에서 결혼하게 되면, 신랑의 재산, 증인 및 군목의 추천 등 일정한 요건을 갖춘 뒤 혼인허가신청서(Application for Permission to Marry)를 제출하였다. 상부로부터 혼인허가서(Permission to Marry)를 받으면, 결혼식을 올리고 그 후 혼인보고서(Report of Marriage)를 제출하였다.

필자는 혼인허가신청서 등 결혼 관련 서류 중 1948년 작성된 38건을 분석했다. 이를 종합해 보면, 당시 미국인들은 주로 같은 미국인, 특히 같은 인종끼리 결혼하고자 했다. 한인 여성과 결혼하고자 했던 사람들은 거의 한국계 미국인 남성이다. 한국계 미국인들은 인종주의의 장벽을 넘으려 하지 않고, 그 테두리 안에서 결혼하고자 동일 종족인 한인 여성을 찾아 결혼하고자 했던 것이다.

한인 여성과 결혼하기 위한 결혼허가신청서가 제출되기 시작하자, 미군 측은 미군의 한인 여성과의 결혼에 대한 조건을 도출해 냈다. 이를 위해 한국, 미국, 일본의 결혼에 관한 법과 관습이 혼용됐다. 미군 측은 한국의 혼인 문화와 일제가 제정해 놓은 법령을 바탕으로 미국의 혼인 법령을 참고했던 것이다. 결혼이 성립되기 위해서는 먼저 신랑이 미국의 법에 따라 결혼할 수 있는 능력(capacity)을 가져야 했다. 또 신부가 될 한인 여성은 한국의 관습에 따라 자신이 속한 가정과 혼주(婚主)의 동의를 얻어야 했다. 마지막으로 1912년 일제가 제정한 조선민사령(朝鮮民事令)에 따라 혼인신고 절차가 이행되어야만 법적으로 유효한 결혼이라고 보았다. 이 시기 미군이 한인과 결혼하기 위해서는 한국의 관습 및 일제의 법적 요건까지 충족시켜야 했던 것이다. 미군이 한국계 미국인과 한인 여성의 결혼 조건을 설정하는 과정은 한국과 일본, 나아가 미국의 결혼에 관한 관습과 법이 혼용되고 있는 모습을 보여 준다.

인종 간 결혼 금지의 대안 ─ 동일 종족의 국제결혼

그렇다면 이렇게 까다로운 조건에도 불구하고 미군 내의 한국계 미국인 남성들이 한인 여성과 결혼하고자 한 이유는 무엇일까? 그 이유는 첫째, 백인우월주의로 인해 백인과 비백인의 인종 간 결혼이 어려웠기 때문이다. 이들이 대안으로 찾은 것은 이른바 동일 종족의 국제결혼 형태였다. 앞서 살펴보았듯이 미국은 1920년대부터 아시아계 이민을 받지 않는 등 반아시아적 편견이 만연해 있었고, 짐 크로 체제로 인해 종족 간 결혼은 금지되어 있었다. 한국계 미국인들이 제출한 결혼허가신청서에는 주한미군의 군목

(chaplain)이 직접 쓴 추천서가 있다. 내용으로는 "미국에 존재하는 인종주의의 장벽(racial barriers)으로 인하여", 한국계 미국인 남성이 군복무를 마치고 미국으로 돌아간 뒤에는 자신의 배우자로 미국인이면서 백인 여성을 찾아내는 것은 어려울 것"이기 때문에, 한인 여성과의 결혼신청을 꼭 허락해야 한다는 것이다. 주한미군의 내부 구성원도 한국계 미국인 앞에 놓여 있던 인종주의적 장벽의 현실을 인식하고 있었던 것이다. 한국계 미국인들은 주한미군으로 한국에 들어왔을 때 동일 종족인 한인 여성과 결혼함으로써 인종 간 결혼을 피할 수 있었다.

둘째, 하와이를 비롯하여 미주 본토에 만연해 있던 반(反)아시아적 편견 때문이다. 한국계 미국인들은 백인과 결혼하는 것이 금지되어 있는 것은 물론, 백인이 아닌 타 종족과 결혼하는 것도 현실적으로 어려웠다.

셋째, 인종주의가 내재화함에 따라 한국계 미국인들도 타 인종과의 결혼을 받아들이기 어려웠다. 또 한인들 역시 자신들이 인종차별의 희생자였음에도 불구하고 다른 인종들을 차별하고, 같은 한인끼리 결혼할 것을 고수했다. 이와 같은 이유로 인하여 한국계 미국인들은 인종주의의 장벽을 넘으려 하지 않고, 그 테두리 안에서 동일 종족인 한인 여성을 찾아 결혼하고자 했다고 볼 수 있다. 한국계 미국인은 비록 국적을 소유하고 있었지만 그 인종이라는 측면으로 인해 미국이라는 국민국가의 틀 안에서 타자로 취급됐다. 결국 이들은 주한미군으로서 한국에 들어왔을 때, 미국의 인종주의의 장벽 안에서 미국으로 한인 여성을 들어오게 하는 기존의 방식과 달리 자신들이 직접 한국으로 이동하여 결혼하는 나름의 대안을 찾아낸 것이었다.

그동안 미군과 한인 여성의 결혼에 관해서는 백인 또는 흑인과 한인 여성의 조합으로만 인식되는 경향이 있었다. 이와 같은 관점은 미군과 한인 여성의 결혼 양상을 단편적으로만 보게 한다. 그러나 미군과의 한인 여성의 결혼은 초기에 인종주의의 장벽으로 인해 동일 종족의 국제결혼 형태였다. 이후 점차적으로 인종 간 결혼이 확대되기 시작했다.

해방 이후 주한미군 내 한국계 미국인과 한인 여성의 혼인은 미국의 인종주의가 개인의 삶에 어떤 영향을 미쳤는지 여실히 보여 준다. 애초에 인종이라는 개념은 비과학적이고 구성된 것에 불과하다. 그러나 인종주의 개념은 문화와 제도에 각인되어 있었고, 이미 국적을 불문하고 사람들에게 내재화하였다. 이로 인해 인종주의는 한 개인의 결혼부터 이주까지 삶에 막대한 영향을 미쳤다.

송하연 _이화여대 사학과 박사과정

북으로 간 지식인

홍종욱, 장문석

우리글로 학문을 펼친 진단학회

교통과 통신이 발달하여 세계가 가까워질수록 우리 말과 글로 된 학문과 지식의 소중함을 느끼게 된다. 우리 말과 글에 관심을 가지고 배우려는 외국 사람도 늘어나니 가슴이 뿌듯하다. 그런데 외국 사람과 만나 이야기를 나누다 보면 북한과 남한이 같은 말과 글을 쓰냐고 묻는 이들이 종종 있다. 우리로서는 너무 뻔한 이야기라 오히려 당혹스럽지만, 사정을 모르는 이들이라면 궁금할 법하다. 언론에 나오는 북한 소식은 핵무기 개발과 같은 날이 선 이야기가 대부분이지만, 그러고 보면 이 땅 북녘에는 우리와 같은 말과 글로 삶의 희로애락을 나누고 세상에 대한 지식을 탐구하는 사람들이 살고 있는 것이다.

그렇다면 북한의 학문과 문화를 이끌던 지식인은 어디서 온 누구였을까. 남과 북이 정치적으로 갈라선 지 오래다 보니 얼핏 먼 곳 일처럼 느껴지기도 하지만, 남북 두 나라의 사회와 문화를 가꾼 지식인들은 실은 같은 교실에서 공부하고 같은 학계에서 교류하던 선후배이자 동료였다. 식민지시기

진단학회 창립을 알리는 신문 기사
《동아일보》 1934년 5월 9일

일본의 지배에 맞서 울분과 희망을 함께 나누던 이들이 해방과 한국전쟁을 거치면서 남과 북으로 흩어졌다. 남북 분단은 학문과 지식의 분단이기도 했다.

식민지 조선의 1934년, 우리 문화와 역사 연구조차 일본인이 좌지우지하던 시절에 일군의 역사학자, 언어학자, 문학자, 민속학자가 모여 진단학회를 결성하고 한글로 된 학술지 《진단학보》를 발간했다. 진단학보는 "어느 사회의 문화든지 그것을 진실하게 정확히 검토 인식하고 또 이를 향상 발달함에는 그 사회에 태어나 그 풍속 관습 중에서 자라나고 그 언어를 말하는 사람의 노력과 열성에 기대함이 더 큰 까닭"이라고 창간의 이유를 밝혔다.

진단학회를 주도한 이는 역사학자 이병도였다. 그는 일본의 명문 와세다 대학에서 공부했고 본인이 원한다면 일본 학계 주류에 낄 만한 인물이었지만, 진단학보를 발간한 뒤로는 더는 일본어로 논문을 쓰지 않았다. 《진단학보》는 무엇보다 우리글로 근대적인 학술 논문을 쓰는 토대를 마련함으로써 오늘날 한국어에 기반한 인문학을 일굴 수 있게 한 원점이다. 진단학회에는 민족주의자뿐 아니라 사회주의자도 함께 했다. 경성제대 출신의 마르크스주의 경제학자 박문규가 발기인의 한 사람이었고, 회원 가운데는 같은 경성제대 출신의 마르크스주의 역사학자 김석형과 박시형도 있었다.

식민지시기 중앙 아카데미 구상과 해방 공간의 조선학술원

1936년 1월, 백남운은 전문학교, 학회, 신문사 등에 산재해 있는 한국인의 학술 역량을 결집하여 중앙아카데미를 창설하자고 제안했다. 백남운은 식민지 조선을 대표하는 마르크스주의 경제학자로서 연세대학교의 전신인 연희전문학교 경제학 교원이었다. 백남운은 1933년에 《조선사회경제사》를 내어 식민주의 역사학의 타율성론과 정체성론을 극복하고 민족의 역사를 주체적이고 발전적으로 그리고자 했다. 중앙아카데미 창설 제안은 민족국가의 뒷받침이 없는 식민지 상황을 민간 역량의 결집을 통해 극복하려는 시도였지만, 실현되지는 못했다. 1938년에 백남운은 이른바 연희전문 적화 사건에 연루되어 체포되고 학교에서도 쫓겨났다. 1942년에는 조선어학회 사건으로 이극로, 최현배 등이 감옥에 갇혔다. 조선총독부가 우리 말과 글 자체를 식민 지배에 대한 위협으로 받아들였음을 상징하는 사건이다.

해방에서 겨우 하루가 지난 1945년 8월 16일에 백남운을 위원장으로 하여 조선학술원이 창립되었다. 학술원은 이미 식민지시기에 한국인의 중앙 아카데미 창설을 구상한 백남운 덕분에 신속히 조직을 갖출 수 있었다.

조선학술원은 좌파와 우파 지식인을 망라했다. 마르크스주의 경제학자로서 해방 직후 조선공산당의 외곽단체인 조선과학자동맹 위원장을 맡은 박극채는 "세계에 자랑할 만한 조선어의 정확한 표현 방법이 과학적으로 완비된 것은 조선어 학자 제현의 헌신적 노력의 결정"이라고 추켜올리고, 진단학회에 대해서도 "조선 사학가의 특수 연구에 의해 조선사의 과학적 분석이 진전"되었다고 평가했다. 같은 8월 16일에 진단학회도 재건되었다. 그리고 식민지시기에 진단학회를 주도한 이병도는 조선학술원의 역사철학부장을 맡았다.

국대안 파동과 대학 교수들의 월북

식민지 조선에서 아카데미즘의 중심은 경성제국대학이었다. 경성제대는 윤일선이 1년간 의학부 조교수를 지낸 것 말고는 전임 교원 전부가 일본인이었고, 학생도 3분의 2가량이 일본 사람인 일본인 중심의 대학이었다.

해방 이튿날인 8월 16일 백남운을 위원장으로 한 대학자치위원회가 조직되어 학교를 접수했다. 미군정 학무국은 김성수 등이 주도한 조선교육위원회의 추천을 받아 학부장을 임명했다. 대학자치위원회도 미군정과 교섭하면서 교원 인사 등에 영향을 미쳤다. 1946년 6월 학무국은 이공학부 교수 도상록을 파면했다. 학부장 승인 없이 공금을 사용했다는 이유였다. 도쿄제대 출신 물리학자 도상록은 교수회의 결의에 따른 합법적 지출이었다고 주장했지만, 미군정은 제국대학 이래 전통인 교수회 중심의 '대학 자치'를 인정하지 않았다.

1946년 7월에 미군정은 국대안, 즉 국립대학설립안을 발표했다. 경성제국대학을 이은 경성대학에 여러 관립전문학교를 통합하여 국립대학을 설치하는 국대안은 교수회를 인정하지 않고 대학 자치를 부정하는 내용이었다. 국대안 비판의 포문을 연 것은 교토제대 출신으로 법문학부 교원이었던 박극채였다. 그는 "파쇼화의 일로를 밟은 일본에서까지라도 대학에 있어서의 연구의 자유, 학문의 자유, 학생의 자치, 교수 임명 해임의 교수회에 의한 결정 등은 최근까지 확립"되어 있었다며 대학 자치를 요구했다.

1946년 8월에 미군정이 국립 서울대학교 설립을 강행하자 국대안 반대 운동은 서울대학교 내부뿐 아니라 다른 학교에까지 번졌다. 동맹휴학은 대학을 넘어 중학교까지 번져 참여한 학교 수가 57개에 달했고 시위 참가자는 4만여 명에 이르렀다. 학생과 교수의 동맹휴학에 미군정이 휴교 조치로 맞서면서 갈등이 격화되었다. 이윽고 1947년 5월에 교수회의 권한을 일부 인정하는 수정 법령이 공포되었다. 이후 제적된 학생들이 복적되면서 국대안 반대 운동은 잦아들었다. 그러나 국대안 파동을 거치면서 많은 대학 교수들이 국립서울대학교를 떠나 북의 김일성종합대학으로 옮기게 된다.

국립서울대학교와 김일성종합대학은 '일란성 쌍생아'

북한에서도 1946년 5월에 대학을 세우기 위한 창립준비위원회가 만들어졌다. 식민지시기에 대학은 서울에 있는 경성제국대학 하나뿐이었고, 고등교육 기관인 전문학교도 대부분 서울에 집중되어 있었다. 따라서 평양에는 대학 교원으로 일할 인재가 절대 부족했다. 남쪽의 인재를 불러 모으는 데는 도쿄상과대학을 나와 보성전문학교에서 경제학을 가르치다 식민지 말기에 고향인 평양으로 돌아와 사업을 하던 김광진이 큰 역할을 했다. 김광진은 인재 유치 특명을 띠고 1946년 1월 중순에 서울로 내려와 백남운을 만나 지식인의 월북 문제를 논의했다. 이후 백남운은 김광진이 돌아가는 길에 동행하여 1월 25일경 평양을 방문한 뒤 말일쯤 서울로 돌아와 곧 학자·기술자의 이북 파견을 실행에 옮겼다.

　1946년 10월 1일에 한글학자 김두봉을 초대 총장으로 하여 김일성종합대학이 개교했다. 국대안 파동 속에 국립서울대학교가 개교한 때는 같은 해 10월 15일이다. 남과 북이 경쟁하듯 국립대학 설립을 추진했음을 알 수 있다. 1947년 1월 현재 김일성종합대학 전체 교원의 이름, 소속, 임명일 등을 확인할 수 있는 자료가 전한다. 당시 김일성대는 의학부, 철도공학부, 이학부, 농학부, 법학부, 문학부, 공학부 등 7개의 학부로 이루어져 있었는데, 서울대 이공학부에서 파면당한 도상록이 이학부장을, 국대안 비판의 포문을 열었던 박극채가 문학부장을 맡은 것이 확인된다. 김광진은 법학부장을 맡았는데 임명일이 1946년 8월 1일로서 같은 자료에 실린 235명 중 가장 빠

┃ 한국전쟁 중 김일성종합대학을 방문한 김일성과 백남운
(박병엽, 《김일성과 박헌영 그리고 여운형》, 선인, 2010.)

르다. 대학 설립 과정에서 김광진이 중심적인 역할을 맡았음을 미루어 짐작할 수 있다. 창립 과정과 교원 구성을 볼 때 서울대와 김일성대는 '일란성 쌍생아'였다고 할 수 있다.

김일성대 문학부 교원 가운데는 경성제대 출신이 많이 눈에 띈다. 특히 고광학, 김득중, 김석형, 김수경, 신구현, 이명선, 최학선은 1934년에 예과에 입학한 제11기 동기들이다. 1937년 법문학부 선과생으로 입학한 박시형도 이들과 동기다. 이들은 대부분 법문학부 비밀 독서회에서 함께 활동했다. 김석형, 김수경, 신구현, 이명선은 조선어학회 사무실을 드나들며 이극로에게 맞춤법 통일안에 따른 철자법을 배웠다. 김득중, 김석형, 박시형은 비밀조직인 '조선 공산주의자 협의회' 활동을 하다 1945년 3월에 함흥 형무소에 투옥되기도 했다. 식민지시기에 경성제대에서 맺은 교유 관계가 북의 김일성종합대학까지 이어진 셈이다.

학문을 일으키기 위해서는 사람도 중요하지만 책도 필요했다. 1950년 갑작스레 한국전쟁이 터지자 서울대학교 도서관 장서와 규장각 도서를 포함한 귀중본은 방치됐다. 서울대를 점령한 북한 인민군은 국보급 문화재인 규장각 귀중본을 비롯한 서울대 도서관 장서를 평양으로 옮기려 했다. 9월 28일 서울 수복 당시 인민군은 서울대 도서관에 있던 규장각 도서를 트럭으로 수송하다가 미군 폭격으로 의정부에 두고 가기도 했다. 규장각 도서를 확보하는 데는 실패했지만, 창경궁 장서각에 있던 조선왕조실록 적상산 본은 북한으로 반출돼 김일성종합대학 도서관으로 옮겨졌다. 남한에는 정족산 본과 태백산 본이 남았으니 결과적으로 남북이 조선왕조실록을 나눠 가진 셈이다.

숙청된 사람들, 남은 사람들

대학 교원뿐만 아니라 다수의 정치가, 문화인도 북을 택했다. 건국 초기 북한에는 빨치산계, 남로당계, 연안계, 소련계 등 다양한 정치 세력이 공존했다. 지식인들은 정치나 경제의 건설 방향은 물론 역사 서술이나 문학 창작을 둘러싸고 진지한 논쟁을 벌였다. 그러나 점차 김일성 유일 체제가 강화되면서 다른 생각을 지닌 이들은 탄압을 받게 된다. 1953년에 박헌영이 체포된 것을 시작으로 남로당계 숙청이 벌어졌다. 경성제대 제2기생으로 식민지시기 사회주의 운동에 투신했고 북한 정권에 참여해 각각 외무상, 농림상, 사법상 자리에 올랐던 이강국, 박문규, 최용달도 정치 무대에서 사라졌다. 임화, 이태준을 비롯한 문인들도 숙청되었다. 김연수의 소설 《일곱 해의 마지막》(2020)에는 체제를 찬양하는 시 창작을 거부하다 함경남도 삼수로 쫓겨난 백석과 권력 편에 섰지만 결국 자신도 숙청당한 한설야의 삶이 잘 그려져 있다. 1956년 8월 전원회의 사건을 계기로 연안계와 소련계도 숙청당한다. 이즈음 역사학자 최창익, 이청원 그리고 경제학자 윤행중 등도 학계에서 사라진다.

정권 중추에 머물면서 북한의 학문을 이끈 이들도 많았다. 일찍이 식민지시기에 중앙아카데미 구상을 밝히고 해방 직후 조선학술원을 주도한 백남운은 북한의 최고 학술기관인 과학원 원장에 올랐다. 백남운은 《조선사회경제사》 이래 견지한 한국사를 주체적이고 발전적으로 그리려는 입장에서 1950년대 삼국시기 사회구성에 관한 논쟁 등에도 적극적으로 개입했다. 연구 내용과 경력에서 볼 때 백남운은 한국 학문의 해방과 분단을 상징하는 인물이었다. 식민지시기 최현배와 함께 조선어학회를 주도하였던 이극로의 행보

또한 한국 학문의 분단을 상징한다. 그는 사전 편찬을 위해 사람이 필요하다
는 김두봉의 편지를 받고는, 남쪽에는 최현배가 있으니 자신은 북쪽으로 가
겠다는 말을 남기고 월북하였다고 한다. 이극로는 최고인민위원회 상임위
원회 부위원장, 조국평화통일위원회 위원장 등을 맡는 동시에 북한의 언어
정책을 총괄하면서 북한의 표준어라고 할 '문화어'를 다듬기 위해 노력했다.

김일성종합대학 창립에 중요한 역할을 한 김광진은 김일성대와 과학원에
적을 두고 경제사 연구에 힘썼다. 1965년 5월에 김광진은 부인 왕수복과 함
께 판문점을 찾아 남측 기자들과 환담하기도 했다. 식민지시기 김광진은 경
제학자로 고려대학교의 전신인 보성전문학
교 교원으로 지낼 당시 시인 노천명과 염문
이 떠돌기도 했다. 경성제대 교수 아베 요시
시게[安倍能成]가 김광진을 조선에서 제일 남
자답게 잘생겼다고 '미스터 코리아'라고 불
렀다는 이야기 역시 전한다. 부인 왕수복은
평양 기생학교 출신 가수로 식민지시기에
잡지 《삼천리》가 실시한 인기투표에서 1위
를 할 정도로 일세를 풍미한 스타였다.

<板門店에나온 金과王여인>

"李蘭影씨가作故했다니…"

板門店에 나타난 北傀女歌手

김광진과 왕수복은 남한에도 기억하는 사
람들이 많은 유명인 부부였다. 이들은 북한
체제의 우위를 선전하려고 판문점을 방문했
을 것이다. 왕수복은 남한 기자를 앞에 두고
옛 동료이자 〈목포의 눈물〉로 유명한 가수

**김광진의 판문점 방문을 알리는
신문 기사**
《동아일보》1965년 5월 11일)

이난영이 사망한 데 대해 애도를 표했다. 김광진은 규슈제대를 졸업하고 연세대 교수로 재직하며 한국 경제학계를 이끌던 최호진을 "내가 직접 가르친 사람"이라고 부르면서 안부를 전해 달라고 말했다. 최호진은 김광진의 보성전문 시절 제자였다. 그 밖에도 김광진은 보성전문 동료 교원이자 대한민국 제헌 헌법 초안을 기초한 유진오와 평양고보 동기로 조선일보 기자인 홍종인에 대해 이야기를 늘어놓았다. 김광진의 판문점 방문은 식민지 아카데미즘의 남북 분단을 상징하는 에피소드였다.

우리 말과 글을 일구다

1952년 10월 북한의 과학원이 설립되었다. 초대 원장은 홍명희였고, 제2대 원장은 백남운이었다. 과학원 설립과 동시에 최고의 학술적 권위를 가진 원사 10명이 임명되었다. 김두봉(언어학), 홍명희(문학), 백남운(경제학), 박시형(역사학), 최삼열(화학), 김지정(수학), 리승기(화학), 도상록(물리학), 최명학(의학), 계응상(농학) 등이었는데, 이들 대부분은 월북 지식인이었다. 그 밖에 김광진(경제학), 도유호(고고학) 등 15명의 후보 원사가 임명되었는데 역시 절반 이상이 월북 지식인이었다. 북한의 학술과 문화를 일군 대표적인 지식인의 면면을 살펴보자.

김두봉은 1940년대 중국 연안에서 조선독립동맹을 이끈 혁명가였으며, 주시경의 수제자로서 《조선말본》(1916)을 펴낸 언어학자였다. 북한에서는 김일성종합대학 초대 총장을 지냈고, 조선어문연구회를 조직하여 '조선어 철자법' 제정 등을 주도하였다. 아울러 북한의 어문 정책에서 빼놓을 수 없는 이가 김수경이다. 경성제대 출신으로 소쉬르의 언어학을 공부한 김수경은 언어의 천재라고 불렸다. 김수경은 김일성대 교원으로 있으면서 《조선어문법》(1949)을 펴내는 등 북한의 어문 정책 수립에 핵심적인 역할을 했다. 남북의 언어학자는 주시경과 조선어학회라는 하나의 뿌리를 공유했다.

홍명희의 아들인 홍기문은 김일성대 교원 등을 지내면서 조선어학·한문학·역사학 분야에 걸쳐 방대한 학문적 성과를 남겼다. 1960년 홍기문이 번역한 《박지원 작품선집 1》은 박지원 번역 선집으로는 남북을 통틀어 가장 앞선 것이었다. 이 책은 뛰어난 한문 독해력을 바탕으로, 원문에 대한 충실성, 작품 선정의 비평적 안목, 성실한 주석과 학술적 엄격함 등을 갖춘 번역서였다. 이 책 이후 남한에서 간행된 박지원 번역서는 작품 수나 번역 수준에서 한동안 이 책의 성과를 넘지 못했고, 오히려 이 책의 영향을 받은 흔적이 확인된다. 또한 홍기문은 한국전쟁 중에 북으로 가져간 조선왕조실록 번역 사업을 이끌었다. 그 결과 북한은 1975년부터 1991년까지 총 400책으로 《리조실록》 번역본을 간행하는데, 이는 남한보다 완간이 앞선 것이었다.

경성제국대학 영문과를 졸업하고 한국전쟁 중에 월북한 임학수는 김일성대에서 영문학 교원으로 근무했다. 1960년대 북한에서 간행한 《세계문학선집》 제1권은 임학수가 번역한 《일리아스》(1963)였다. 이 책은 그가 1940년 임화가 경영한 학예사에서 출판한 《일리아스》를 바탕으로 해서 새로 서문을 부쳐 간행한 것이다. 임학수의 《일리아스》는 식민지 조선의 세계문학 번역 성과가 번역자의 월북과 함께 북으로 건너가서 북한의 세계문학 성과로 재편되는 과정을 보여 준다.

영화감독 봉준호의 외할아버지로 유명한 소설가 박태원 역시 한국전쟁

▎박태원과 그가 번역한 《삼국연의》와 《삼국지》

중 북을 선택했다. 박태원은 식민지시기에 잡지에 삼국지를 연재했지만 미
완으로 그쳤다. 해방 이후 그는 최현배의 아들이자 정음사 사장인 최영해의
권유로 삼국지를 새로 번역하지만 두 권을 간행하고 중단되었다. 월북 이후
박태원은 비로소 《삼국연의》 전 6권(1959~1964)을 번역하는 데 성공했다.
《삼국연의》는 모종강 본을 바탕으로 하여 한시를 모두 번역하고 친절한 주
석을 단 완역본이었다. 한편 남한에서는 최영해가 박태원이 번역하지 않은
부분을 자신이 번역하여 《삼국지》 전 10권을 정음사에서 간행하였는데
(1954), 이 책은 남한에서 널리 읽혔다. 박태원이 북한에서 완역한 《삼국지》

가 한국에서 정식으로 간행된 때는 2004년이었다. 임학수의《일리아스》와 박태원의《삼국지》번역은 식민 지배와 해방, 남북 분단과 교류라는 격랑을 헤쳐 갔던 문학 작품의 사연과 생명력을 잘 보여 준다.

식민주의 역사학 극복과 내재적 발전론

경성제대에서 역사학을 공부한 박시형은 과학원 역사연구소 초대 소장으로서 북한의 역사학을 이끌었다. 박시형은《조선토지제도사(상·중)》(1960·1961)에 이어《광개토왕릉비》(1966) 등을 내면서 고대사로 연구 영역을 넓히고, 동명왕릉과 안학궁 발굴 그리고 단군릉·동명왕릉·왕건릉 정비를 주도했다. 아울러〈발해사 연구를 위하여〉(1962)와《발해사》(1979)를 통해 발해사 연구를 개척한 공이 크다. 박시형은 첫째, 발해가 고구려를 계승한 국가라는 점을 밝히고, 둘째, 한국사의 정통성을 고조선−부여−고구려−발해에서 찾았는데, 이는 그대로 북한 학계의 공식적인 입장이 되었다. 특히 발해가 일본에 보낸 국서에서 발해왕이 스스로를 '고려국왕'으로 밝힌 점 등을 들어 발해 지배층의 고구려 유민설을 확립했다. 1980년대 전반까지 발해사 연구에서는 남북을 통틀어 박시형이 독보적인 위치를 지켰다.

박시형의 경성제대 동기인 김석형 역시 북한 역사학계를 대표하는 학자로 활동했다. 김석형은 다양한 분야에 걸쳐 뛰어난 업적을 남겼지만, 그 가운데서도 삼한·삼국 분국설은 한국사 연구에 한 획을 그은 사건이었다. 김석형은〈삼한 삼국의 일본 렬도 내 분국(分國)들에 대하여〉(1963)를 집필한 뒤 이를 보충하여《초기 조일 관계 연구》(1966)를 펴냈다. 김석형은 일본 역사학의 움직일 수 없는 정설이었던 임나일본부설, 즉 4~6세기에 야마토 정권이 한반도 남부를 지배했다는 주장을 정면으로 반박하고, 거꾸로 한반도의 삼국이 일본 열도에 식민 국가를 건설했다는 이른바 분국설을 제시했다.

분국설은 일본은 물론 남한 학계에도 큰 충격을 주었다. 1979년에 발행된 우리 고등학교 교과서에도 가야 항목에 "일본 지역에 진출하여 식민지를 건설"했다는 분국설의 영향을 받은 서술이 등장했다. 연세대 교수 김용섭은 "자세와 가치관이 달라지면 임나일본부가 있다 없다가 문제되는 것이 아니라, 우리의 삼국시대나 그 시대의 일본에는 도리어 우리나라의 분국이 있었다는 결론이 나온다."고 주장했다. 서울대 교수 한영우는 "일본인들이 신념

경성제대 동기들
왼쪽부터 신구현, 김수경, 박시형, 김석형, 정해진.(김수경 유족 소장, 이타가키 류타 제공)

처럼 믿어 온 한국에 대한 우월 감정의 뿌리가 근본적으로 잘못되어 온 것을 시정하는 계기를 마련한 공적은 매우 크다."고 평가했다. 김석형은 임나일본부설을 정립한 경성제대 교수 스에마쓰 야스카즈[末松保和]의 제자였다. 분국설은 해방된 조선의 역사학이 낡은 식민주의 역사학을 비판한 상징적인 사건이었다.

식민지시기 좌파 역사학자 사이에서는 노예제 유무를 둘러싸고 논쟁이 있었다. 세계사의 보편적 발전 법칙을 중시하여 한국사에도 노예제가 있었다고 주장하는 백남운에 맞서, 김광진은 아시아적 특수성을 중시하여 한국사에는 노예제가 없었다고 주장했다. 1950년대 중반 북한에서 노예제 논쟁이 벌어졌을 때 김광진은 역시 노예제 결여론을 주장했다. 그러나 북한 역사학계는 세계사의 보편적 발전 법칙을 중시했고, 논쟁은 고조선이 노예제 사회였다는 결론을 내었다. 이후 김광진의 연구도 일국사적 발전단계론을 확립하고자 하는 북한 역사학의 방향에 보조를 맞춰 갔다.

김광진은 《정다산의 경제 사상》(1962)에서 정약용을 '반봉건적 혁명 사상가'이자 '탁월한 경제 사상가이며 애국적인 정치 활동가'라고 평가했다. 나아가 〈우리나라 계몽사상의 발생에 관한 몇 가지 문제〉(1963)에서는 실학자들을 "1884년의 갑신정변을 계기로 하여 일어난 우리나라 부르주아 혁명운동을 사상적으로 미리 준비한 선구자들"로 자리매김했다. 실학자에서 개화파로 이어지는 근대 사상의 계보를 선구적으로 제기한 내재적 발전론의 사상사적 버전이라고 할 수 있다. 김광진은 자본주의 맹아론을 집대성한 《조선에서 자본주의적 관계의 발전》(1973, 공저)을 펴내기도 했다. 북한의 내재적 발전론 연구는 남한 학계에도 큰 영향을 미쳤다.

비날론에서 원자력까지

일본 교토대학에서 박사학위를 받은 인재였던 이승기는 서울대학교 공과대학 학장을 지내다 한국전쟁 때 월북했다. 이승기는 식민지시기 자신의 연구를 계승하여 합성섬유 '비날론'을 개발했다. 비날론은 미국에서 개발한 '나일론'에 비견되었다. 북한에 풍부한 석회석과 무연탄이 원료였기 때문에 생산비가 적게 들고 내구성이 좋다는 장점도 지녔다. 김일성의 전폭적인 지원 아래 1961년에 함흥시에 2·8 비날론 공장을 설립하여 본격적인 생산이 이루어졌다. 같은 해 이승기는 공산주의권의 노벨상으로 불리는 레닌상을 받았다. 시대의 흐름에 밀려 1994년 2·8 비날론 공장은 가동이 중단되었고, 1996년 이승기는 사망했다. 김정일 시대 들어 2010년에 2·8 비날론 공장 재가동을 기념하여 함흥에서 10만 군중대회가 열렸다. 김정일이 직접 참가한 이 행사는 김일성 시대의 영광을 재연하고자 하는 정치적인 의도를 담고 있었는데, 북한 정권에서 비날론이 큰 의미를 지녔음을 엿볼 수 있었다.

서울대에서 밀려난 뒤 북을 택한 도상록은 김일성대와 과학원 설립에 핵심적인 역할을 했다. 1950년대 도상록은 김일성대 핵물리강좌 강좌장에 더불어 과학원 핵물리연구실 실장을 맡았다. 1956년에 모스크바 근교에 십여 개 사회주의 국가가 참여하는 '합동 원자핵 연구소(JINR)'가 설립되었다. 북한은 창립 멤버였는데 도상록이 대표로 파견되었다. 이

| 이승기와 비날론을 기념한 북한 우표

후 북한은 소련의 도움으로 연구용 원자로와 입자가속기를 설치했고, 1960년대 평안북도 영변과 박천에 원자력연구소를 설립했다. 도상록은 '북한 핵물리학의 아버지'라고 불린다.

지식인 가족도 피하지 못한 이산의 슬픔

지식인도 학자이기 전에 인간이다. 모두 누군가의 아들딸이고 많은 이가 다시 누군가의 남편, 아내며 또 자식을 둔 어머니, 아버지이기도 하다. 20세기 한반도를 할퀸 식민 지배 그리고 전쟁과 분단은 많은 가족에게 이산의 슬픔을 안겼다.

언어학자 김수경은 평양의 김일성대 교원 관사에 거주했다. 역사학자이자 경성제대 동기인 김석형의 이웃이었다. 김수경의 처 이남재와 김석형의 처는 이화여전 동기생이기도 했다. 딸과 아들 합쳐 넷을 두고 행복하게 살던 1950년에 한국전쟁이 일어났다. 김일성대 교원 다수가 인민군에 종군했다. 김수경도 남하하는 인민군을 따라 남쪽으로 파견되었다. 인천상륙작전으로 허리가 잘린 인민군은 각지에서 고립되면서 대열이 흐트러졌다. 김수경은 홀로 떨어져 후퇴가 늦어졌고, 김수경의 처는 북에서 남편을 기다렸다. 다른 김일성대 교원들이 다 돌아왔지만 김수경은 오지 않았다. 남편이 남쪽에 남았다고 판단한 처는 아이들을 데리고 월남하여 부산에 자리를 잡는다. 가족과 엇갈려 뒤늦게 평양으로 돌아온 김수경은 역시 홀로 가족을 기다리다 결국 다른 이를 만나 새로 가정을 꾸렸다.

1956년 8월 전원회의 사건으로 혁명가이자 언어학자였던 김두봉이 숙청되었다. 김두봉과 가까웠던 김수경도 한동안 연구 일선에서 물러나야 했지만, 다시 복권되어 학자로서 활발하게 활동할 수 있었다. 남쪽에 떨어진 처 이남재는 학교 교사를 하며 어렵게 네 자식을 모두 대학까지 보냈다. 남편과 아버지를 그리던 가족은 김수경과 재회를 기대하면서 캐나다로 이민을 갔다. 여기저기 수소문 끝에 북의 김수경과 캐나다의 가족은 편지를 주고받을 수 있었다. 그리고 1988년 차녀 혜영이 베이징을 방문하여 학회 참석차 중국을 찾은 김수경과 극적인 상봉을 이뤘다. 1998년에는 캐나다 시민권자가 된 처 이남재가 북한을 찾아 김수경과 재회했다. 김수경은 48년 만에 만난 처에게 그리고 캐나다에 있는 자식들에게 자신의 선택에 대해 용서를 빌고 가족의 건강과 행복을 바라는 마음을 전했다. 김수경은 2000년에, 그리고 처 이남재는 2019년에 각각 평양과 토론토에서 숨을 거두었다.

**북에서 재회한 김수경과 이남재(1998),
김수경이 처에게 쓴 편지(1988)의 일부**
(김수경 유족 소장, 이타가키 류타 제공)

연구년으로 미국을 찾은 일본인 연구자 이타가키 류타[板垣竜太]가 캐나다 대학에서 한국어를 가르치던 차녀 혜영을 우연히 만남으로써 김수경 가족의 작지만 큰 역사가 발굴되었다. 2013년 일본 교토의 도시샤 대학에서는 김수경의 차녀 혜영, 차남 태성이 참석한 가운데 언어학자 김수경의 업적과 그 가족의 파란만장한 역사를 되짚어 보는 심포지움이 열렸다. 할머니, 할아버지가 된 두 자식이 연단에 나와 평생 남편과 아버지에 대한 그리움을 삭이며 살아야 했던 가족 이야기를 담담하게 이어갈 때, 객석을 가득 메운 이들은 일본인, 한국인 할 것 없이 모두 눈시울을 적셨다.

냉전을 넘어 화해와 교류로

분단의 장벽 아래로 더디게나마 화해와 교류의 기운이 움텄다. 냉전의 끄트머리인 1980년대 중후반 남북 모두에서 잊혀진 시인 정지용이 돌아왔다. 1980년대 중반 북한에서는 정치적으로 논란의 여지가 없는 작가들이 해금되는데 정지용은 그중 한 사람이었다. 1987년부터 간행 중인 북한의《현대조선문학선집》은 정지용의 작품을 여럿 실었으며, 문학사는 정지용의 아름다운 우리말 구사에 주목하였다. 1988년 남한에서도 월북을 이유로 긴 시간 작품 출판을 금지하였던 작가들을 해금하였고, 정지용은 해금작가의 첫 자리에 놓았다. 1989년 남한에서는 정지용의 시 〈향수〉에 곡을 붙인 노래가 발표되었고, 많은 시민들은 이토록 아름다운 시를 이제야 즐길 수 있게 되었다며 감격스러워했다. 1953년 한국전쟁 휴전을 기준으로 한다면 35년 만의 복원이었다. 그런데 정지용은 월북한 것이 아니라 한국전쟁 중 안타깝게 죽음을 맞이했다는 사실이 2000년대에 들어서야 알려졌다. 아름다운 작품을 남긴 한국의 대표적 시인이 남북의 적대 가운데 망각된 사실은 분단이 가져온 희비극이었다. 그리고 남북은 비슷한 시기에 정지용의 시를 다시 읽기 시작하였다.

미소 냉전이 끝나고 베를린 장벽이 무너지면서 독일이 통일된 이후 다시 수십 년이 흘렀다. 식민지시기를 함께 보냈던 분단 1세대 지식인은 이미 대부분 세상을 떠났지만, 그 후배, 제자들은 꾸준히 교류를 모색하고 있다. 식민지시기 조선어학회의 전통을 이은 남북의 언어학자는 2005년부터 함께 '겨레말 큰사전'을 펴내기 위한 활동을 이어 오고 있다. 역사학자들 역시 남북역사학자협의회를 만들어 개성 만월대 유적을 공동 발굴하는 등의 성과를 올렸다. 2007년부터는 단군에서 3·1 운동에 이르는 '남북역사용어사전'을 편찬하는 사업을 시작했다. 남북은 냉전으로 갈라져 있으면서도 같은 말과 글로 저마다의 학술과 문화를 일궈 온 이웃이다. 식민지에서 남북한의 오늘로 이어지는 지식인의 해방과 분단의 역사를 되돌아보며, 가장 가까운 이웃인 남북이 서로 유무상통하는 공존과 화해의 날이 찾아오기를 기대해 본다.

홍종욱 _서울대 인문학연구원 부교수

장문석 _경희대 국어국문학과 조교수

2부 시공간의 근대화

근대적 시간의 등장

철도가 바꾼 조선의 20세기

통신과 전화가 바꾼 세상

우리가 잊고 살던 반나절의 역사, 밤의 역사

근대적 시간의 등장

황병주

닭울음에서 전자시계까지

요즘 K팝 아이돌 가수들의 신곡 발표는 금요일이다. 그 이유는 미국 빌보드 차트 집계가 목~금요일의 실적을 기준으로 하기 때문이라고 한다. 주요한 올림픽 경기 시간은 미국 시간대에 맞춰지는 경우가 일반적이다. 미국 메이저 방송사들의 중계권료의 힘이라고 한다.

시간이 돈과 권력에 의해 조정되는 일들은 어제오늘의 일이 아닐 것이다. 국내를 넘어 글로벌 기업이 된 삼성재벌의 총수 이건희는 경영권 승계 이후 1993년 프랑크푸르트에서 이른바 '신경영'을 선언했다. 이 자리에서 그는 '마누라와 자식만 빼고 모든 것을 바꿔라'라는 슬로건을 내걸었고 곧 '조기출퇴근제'를 실시했다. 총수의 말 한마디로 직원과 가족을 합해 수십만의 사람들이 어느 날 갑자기 하루의 생활 리듬을 변화시켜야만 했다. 총수가 던진 한마디 말의 위력도 위력이지만 '시간'이 그렇게 조정과 통제의 대상이 된다는 사실은 우리 사회의 한 단면을 드러내 준다.

이러한 결정에 대해 이렇다 할 문제 제기는 없었다. '시간의 효율적 활용'

이라는 대명제는 누구도 부정하기 힘들다. 근대적 시간의식과 시간리듬은 우리 사회에서 '당연한' 것으로 받아들여지고 있다. 오늘날 우리는 시간과의 전쟁을 치르기라도 하는 듯이 살아간다. 공적 시간에서 개인의 스케줄까지 모든 활동이 짜인 시간표에 따라 움직인다. 만약 이 시간표에 적응하지 못하는 사람이 있다면 그에게는 인생 낙오자, 사회 부적응자란 딱지가 붙고 말 것이다. '시(時)테크'를 넘어 '초(秒)테크'란 신조어가 나올 정도다. 이러한 우리 시대 시간관념은 도대체 어떻게 생겨난 것일까?

신여성의 상징 손목시계
반지, 핸드백과 함께 손목시계는 신여성임을 상징하는 중요한 장신구였다. 손목시계의 보급은 개개인을 세분화된 시간리듬 속으로 끌어들였다.

시간은 우주의 근본원리와 맞닿아 있는 것이라 여겨져 철학 또는 자연과학에서도 중요한 문제로 다루어진다. 그러나 여기에서는 시간의 역사적 의미를 다루고자 한다. 근대적 시간의식의 역사적 형성 과정을 살펴봄으로써 근대사회의 특징과 성격을 파악할 수 있을 것이다. 닭 울음소리를 듣고 잠에서 깨던 사회와 전자시계의 기계음을 듣고 일어나는 사회는 분명 다른 사회임에 틀림없다.

전통시대의 시간관념

우리 사회의 과거와 현재의 1년 단위 역법은 기본적으로 그리 다르지 않다고 할 수 있다. 1년이 열두 달로, 한 달이 대략 30일로 구분되어 반복된점은 과거와 현재가 동일하다. 단지 양력과 음력이라는 차이가 있을 뿐이다. 그러나 그 차이도 알고 보면 그리 크다고 할 수는 없다. 전통적 역법은음력인데, 달의 주기에 따른 것으로 알려져 있다. 그러나 엄밀히 말한다면태음·태양력(순태음력에 29일 또는 30일의 윤달을 간간이 끼워 넣음으로써 태양력을 가미하여 계절의 변화에 맞추려고 한 역법)을 말하는 것이다. 절기도 음력에따른 것이 아니라 지구의 공전주기에 기준한 것이므로 태양력에 따른 것이다. 하루는 12간지에 맞추어 12시간으로 구분해 쓰는 것이 일반적이었고 고려시대와 조선시대 초기까지 쓰인 선명력(宣明曆)에서는 1일을 100각(刻),1각을 84분(分)으로 정하여 쓰기도 했다.

그러나 공식적인 역법과 시간리듬은 일반인의 실제 삶 속에서는 그리 중요하게 취급되지 않았을 것이다. 농촌 마을에 살고 있는 대부분의 사람들은해가 뜨고 지는 것에 따라 하루의 삶을 살았다. 달력이 없어도 농민들은 오랜 경험으로 농사철을 파악할 수 있었고 전통시대는 '시간에 대한 거대한 무관심'으로 특징된다고도 한다.

전근대 농경사회에서 시간은 전국적 통일성과 집중성을 가지기 힘들었다. 각 지방마다, 마을마다, 계층에 따라 서로 상이한 시간리듬과 주기에 따라 생활했다. 예컨대 농촌과 어촌, 산간마을과 평지의 시간리듬이 달랐고상인과 농민의 시간감각이 동일할 수는 없었다. 공적 시간은 사적 시간으로거의 침투하지 못했으며 표준시라는 개념은 성립하기 힘들었고 정확한 시각을 몰라도 일상생활에는 별다른 지장이 없었다. 이렇게 느슨하고 완만하며 분산적인 시간리듬은 전국적, 전 세계적 표준시 체계에서 분초를 다투는 현대사회의 일상생활과 비교하기 힘들 정도로 다르다. 즉 전근대 사회는 아직 시간이 사람들의 삶을 촘촘하게 지배하지 못하는 상태였다.

일반적으로 농경이나 유목사회에서 시간은 미래를 향해 일직선으로 나아가는 것이 아니라 순환한다고 생각되었다. 즉 순환적인 농경과 유목의 성격에 따라 시간의식은 이에 규정되었다. 조선 후기에 정착되었던 5일장도 이러한 순환적 시간관념과 연관될 수 있다. 순환적 시간의식은 불교의 윤회사상과도 어느 정도 맞아떨어졌을 것이고 유교에서 말하는 극기복례(克己復禮)와도 통한다. 인생이란 그렇게 돌고 도는 것이고 바람직한 사회의 모습은 미래에 있는 것이 아니라 과거의 요순시대에 있는 것으로 여겨졌다.

따라서 당시의 사람들은 미래에 대해 고민하기보다는 현재가 과거와 다르지 않게 반복되기를 바랐는지도 모른다. '더도 말고 덜도 말고 한가위날만 같아라'라는 말은 이러한 순환적 시간리듬에 따른 세계관을 잘 보여 준다. 농민들이 보수적이라는 점은 이러한 시간관념과 알게 모르게 관련이 있을 것이다.

순환적 시간관념은 곧 질적인 시간관념과 통한다. 예컨대 소의 날이나 개의 날처럼 12간지를 통해 그날의 성격, 곧 질이 정해져 있다는 것이다. 그래서 한 사람을 시간적으로 파악할 때도 우리 민속에서는 생년·월·일·시의 사주를 모두 기록한다. 매 해도 띠 동물로 상징되며 '쥐띠는 잘 산다', '말띠 여자는 팔자가 사납다' 등의 질적 인식을 보여 준다.

질적 시간관념은 좋은 날과 나쁜 날 등과 같이 선·악 개념과 연결되어 일상의 삶을 규정하였다. 길일을 택한다는 것은 곧 나쁜 날(시간)을 피하고 좋은 날(시간)을 선택한다는 것으로서 매일 매순간이 동일한 의미를 지니지 않았다. 우리가 '일진(日辰)이 사납다'라고 말할 때 일진이란 곧 12간지의 어느 날을 뜻하는 것을 보아도 이러한 시간관념이 깊이 뿌리내려 있음을 알 수 있다.

이러한 시간관은 모든 시간이 동질적이라고 보는 근대적 시간관념과는 매우 다르다. 그 시간 속에 살아가는 인간 또한 이질적이었다. 전근대 인간은 동질적 시간 속에 존재하는 '평등한 개인'이 아니라 이질적인 시간에 의해 규정되는 불균등한 운명 속에 살아가는 존재였다. 요컨대 자신이 태어난 특정 시간(사주)에 의해 자신의 운명이 이미 결정된 상태로 태어났다고 믿는 사람이 많았다.

자본주의, 시간을 만드는 공장

우리나라에 근대적 시간측정법, 근대적 시간관념이 나타난 것은 서양의 역법과 시간개념이 도입되면서부터였다. 1896년 1월 1일부터 태양력을 채택했는데, 1주일 단위의 시간리듬을 나타내는 7요일제는 대한제국《관보》에 1895년 음력 4월 1일부터 나타나고 있다. 물론 천주교의 도래와 함께 신자들 사이에서는 훨씬 이전부터 요일제를 사용했다. 1890년대 중반의《독립신문》에는 24시간제에 따른 기사 내용도 보인다.

그러나 이 시기에 바로 서양의 역법이 일반화되었다고 보기는 힘들다. 식민지시기 학교와 공장의 확대, 철도와 우편·전신망 등 교통·통신의 발달과 같은 사회적 변화를 거치면서 근대적 시간의식, 시간리듬이 정착되었다고 할 수 있다. 특히 학교교육과 공장의 확대는 근대적 시간리듬을 전파하는 주요한 매개였다.

자본주의는 근대적 시간의식과 시간리듬을 만들어 낸 가장 중요한 요소였다. 자본주의적 노동과정은 최대한의 생산성을 위해 고도로 정확한 시간 측정과 동작관리를 추구했다. '동작관리', '시간관리'로 유명한 테일러주의와 컨베이어 벨트로 상징되는 포드주의는 이러한 변화의 산물이었다. 노동 현장에서 '라인을 탄다'는 말은 공장의 생산시간리듬에 노동자 개개인의 신체리듬을 맞춰야 한다는 표현과 다름없다. 결국 사람이 기계를 조종하는 것이 아니라 기계가 사람을 조종하게 되는데, 기계는 시간에 의해 지배된다.

식민지시기에 이루어진 공업화는 노동자계급의 양적 팽창을 초래하여 1940년대 초반에는 80만 명에 육박했다. 또한 일제에 의해 징용 등으로 동원된 숫자는 60만~150만 명에 달했다. 동원 노동자들은 대부분 기숙사 생활을 했다. 일제는 기숙사제를 통해 기상에서 취침까지 노동자의 하루생활을 빈틈없이 통제했다. 대체로 기숙사 생활은 기상 – 옥내외 청소 – 국기게양 – 궁성요배 – 신궁요배 – 식사 – 출근 – 퇴근 – 식사 – 일본어 학습 – 작법 및 일본풍습 학습 – 취침 등의 순서로 짜였다. 일체의 생활이 공장의 생산을 위해 계획·관리되었고 노동과정의 시간관리는 노동자의 전체 삶 속으로 확장되었다.

식민지시기의 농촌노동자들은 근대적 공장을 기피했다고 한다. 일본인들은 그 이유를 비교적 자유롭게 일할 수 있는 농촌노동에 익숙해진 노동기호 때문이라고 분석하였다. 그래서 일본인들은 출근카드, 사이렌 등 다양한 장치를 동원해 노동자들에게 근대적 시간규율을 강제하려 했지만 결근과 지각이 다반사로 이루어졌다. 결근, 지각에 대해 엄격한 징벌이나 벌금 조항이 시행되기도 했다.

대규모 면방직공장에서는 통근노동자의 기숙사제도가 일반화되어 여성노동자의 70~80퍼센트가 기숙사 생활을 했다. 이들은 대부분 한울타리 안에 있는 작업장, 기숙사, 식당이라는 제한된 공간에서 규칙적인 시간표에 따라 움직이는 죄수 같은 존재가 되었다. 당시 신문지상에는 여공들의 '탈출' 기사가 심심치 않게 눈에 띈다. 공장은 '탈출'해야 될 '감옥'이 되었던 것이다.

공장은 근대적 시간 의식과 리듬을 노동자들의 신체에 각인시키는 '시간공장'이었을 뿐만 아니라 인근 지역의 시간리듬까지 공장을 중심으로 조정, 통제하였다. 공장의 출퇴근 시간은 그 지역의 '표준시'가 되었고 모든 생활은 이 시간에 종속되었다.

이러한 근대적 시간의식, 시간리듬은 기본적으로 순환적 시간관념과 대비되는 직선적 시간관념이다. 서구에서 직선적 시간관의 발전은 기독교와 밀접히 관련된다. 기독교에서 말하는 천지창조와 최후의 심판은 시간이 순환하는 것이 아니라 기원과 종말을 갖는 것으로 파악됨을 의미한다. 기독교적 시간관은 근대과학과 만나면서 되돌이킬 수 없는 시간관으로 굳어졌다. 시간은 무진장 반복되는 것이 아니라 '금쪽'같이 쓰이는 것, 한 번 지나가면 다시는 되돌이킬 수 없는 것으로, 과거로부터 미래로 흐르는 절대적인 것이 되었다.

근대적·자본주의적 시간관의 또 다른 특징은 시간이 동질적 시간으로 파

악되는 점이다. 좋은 시간, 나쁜 시
간이 있는 것이 아니라 모두 같은 시
간으로 간주되며 따라서 양적으로
표시할 수 있게 된다. 이에 따라 자
본주의에서는 특정 노동시간에 대
응하는 형식으로, 시간을 화폐로 계
산할 수 있게 되었다. 시간의 절약
은 돈의 절약이고, 시간의 낭비는
돈의 낭비가 된 것이다. 이제 시간
은 돈이 되었다. 그것은 지나가는

제사공장의 여공들
시간관리는 공장의 효율적인 노동통제를 위해
도입되었다. 이후 불과 얼마 지나지 않아 생활
곳곳에 영향을 미치게 되었다.

것이 아니라 돈처럼 쓰이는 것이었다. 이렇게 시간을 화폐로 표시할 수 있
게 된 데는 시계가 있음으로 해서 이루어질 수 있는 일이기도 했다.

시계 속에 갇힌 시간

윤봉길은 거사를 수행하려고 떠나기에 앞서 김구와 만나 새로 산 시계를
김구의 헌 시계와 바꾸었다 한다. 생의 가장 절박한 시점에 시계가 등장한
다. 오늘날에도 결혼식에서 시계는 중요한 예물로 취급된다. 쿠엔틴 타란티
노 감독에게 황금종려상을 안긴 영화《펄프 픽션》에서 시계는 의미심장한
소품으로 등장하여 제1차 세계대전을 거쳐 베트남 전쟁으로 이어지는 전쟁
과 폭력으로 얼룩진 미국사를 상징한다.

시계의 진정한 가치는 그 재료가 금이냐, 다이아몬드이냐에 있지 않다.

그것의 진정한 의미는 근대적 시간이 작동할 수 있도록 하는 필수 불가결한 요소라는 데 있다. '시간은 금이다'라는 격언은 시계 산업으로 유명한 스위스에서 나왔다 한다. 시계가 멈추면 근대적 시간도 멈춘다. 시계는 눈에 보이지 않는 시간을 가시화한 장치이다. 애초 중세 유럽의 시계에는 초침·분침과 문자판이 없었으나 근대로 접어들면서 오늘날의 시계 모양으로 완성되었다. 근대적 시계는 시간을 똑같이 나눌 수 있는 것으로 만들었고, 시간은 시계에 새겨진 숫자 간의 거리로 표시되는 동질적 양이 되었다. 이를 통해 일체의 자연적 리듬과 분리된 시간, 곧 기계적 시간, 시계시간을 만들어내게 된 것이다. 시계에 의한 기계 시간은 이제 인간의 노동을 분할하고 재구성할 수 있게 되었다.

우리나라에서는 구한말과 식민지시기를 거치면서 본격적으로 기계시계가 해시계 등의 자연시계를 대체하기 시작했다. 그러나 그때까지 시계는 고가품에 속하였고 보통사람들이 소유할 수 있는 물건은 아니었다. 당시 시계는 전량 수입품이었으며 해방 후에도 주요 밀수품이었다. 우리나라에서 근대적인 시계 생산이 시작된 때는 1959년 시계가 조립 판매되면서부터였다. 시계 생산은 1970년대에 본격화되어 1984년에는 생산량이 1,000만 개를 초과하였고, 1988년에는 5,000만 개를 돌파하였다. 정확한 통계를 확인할 수는 없지만 대략 1960~1970년대를 통해 시계의 대중화가 이루어졌다고 할 수 있다.

시계의 보급과 관련해 주목해야 될 것은 손목시계다. 이전까지 대부분의 시계는 청각만을 대상으로 하든지 시각과 함께 청각을 강조하는 것들이었다. 그러나 손목시계는 거의 시각만을 대상으로 한 시계이다. 이제 시간은 수동적으로 들리는 것이 아니라 능동적으로 보아야만 하는 것이 되었다. 즉 개개인은 시계를 항상 휴대하고 스스로 매 순간마다 시간을 확인하면서 분·초 단위까지 세분화된 시간리듬 속에서 살아야만 하게 되었다.

학교 종이 땡땡

전근대 농경사회에서 시간은 주어진 것이었고 자연적으로 확인되는 것이었다. 그러나 근대사회에서 시간은 학교에서 배우고 익혀야 하는 것이다. 자본주의 사회가 요구하는 시간리듬과 시간의식은 훈육과 교육, 체벌과 포상을 통해 정신뿐만 아니라 신체에 깊숙이 각인해야 하는 것이 되었다.

학교에서는 1년 단위, 학기 단위는 물론이고, 1주일·하루 동안의 세밀한 시간표가 짜이고 학생들은 이 시간표에 따라 움직여야만 한다. 개인 선택의 여지는 있을 수 없고 공적인 시간리듬에 자신의 신체리듬을 강제적으로, 나아가서는 자율적으로 조정해야만 한다. 그 적응 여하에 따라 신체적 형벌과 함께 '개근상'이라는 이름으로 포상이 이루어졌다.

이제 학생은 내일의 학습을 위해 '일찍 자고 일찍 일어나는' 건전한 가정생활을 해야만 되었고 학교의 시간규율은 가정까지 확장된다. 아이들은 '새나라의 어린이는 일찍 일어납니다. 잠꾸러기 없는 나라 우리나라 좋은 나라'를 부르며 '잠꾸러기'는 국가와 사회로부터 추방되어야 마땅하다고 훈육되었다. 어른들은 "새벽종이 울렸네 너도 나도 일어나 새마을을 가꾸세"를 들으며 근대적 노동·시간규율을 체화하도록 훈육·강제되었다.

구한말부터 시작된 공식 학교교육은 식민지시기를 통해, 특히 1920년대

식민지시기 보통학교 조회
여수공립보통학교의 조회 장면이다. 훈시와 하루 일정 전달로 채워지는 조회는 학생들에게 달갑지 않은 근대적 시간 훈련의 시작이었다.

를 전후해 꾸준히 확대되었다. 식민지 말기에 가면 보통학교 취학률이 50퍼센트에 육박하고, 해방 후 1947년 5월 말에는 초등학생 수가 200만 명을 넘어섰고 1950년대에는 90퍼센트 이상의 취학율을 보여 준다. 의무교육화된 학교교육을 통해 근대적 시간관념과 리듬이 전 사회적으로 확산될 수 있게 된 것이다.

시간을 지배하는 자가 세상을 지배한다

1945년 8월 15일 정오, 일본 천황 히로히토의 항복 방송은 제2차 세계대전의 종전과 함께 한국의 해방을 알려 주었다. 히로히토의 방송은 지배의 종식, 패배를 알리는 방송이었지만, 사람들을 동시에 라디오에 귀를 귀울이게 만든 근대적 시간은 승리하고 있었다.

근대적 시간은 전세계를 단일한 시간으로 통합한다. 이전까지 국가별로, 지역별로 상이한 시간이 존재했지만 이제는 전 세계가 동일한 시간, 즉 표준시에 따라 움직이게 되었다. 우리나라에서도 전국적으로 동일한 시간이 적용된 것은 철도의 확충과 전신, 신문·라디오 등 매스컴의 발달에 근거했다. 각 지역의 시간은 기차시간을 중심으로 통일되었으며 전국적으로 퍼져 있는 철도역의 시계는 공식적인 시간을 알려 주는 상징이 되었다. 지금도 모든 주요 역사(驛舍)에서 가장 높은 곳에 위치하는 것은 시계탑이다. 대부분의 역전 약속 장소는 '시계탑'으로 결정되며 가장 확실하고 절대적인 '시간약속'의 기준처럼 여겨진다.

또한 근대적 시간은 사회 구성원 개개인의 시간리듬을 파괴하고 철저하게 권력의 시간리듬 속으로 편입시킨다. 우리나라에서는 1945년부터 1982년까지 통행금지가 실시되었으며 또한 1948~1960년, 1987~1988년 사이에는 일광절약시간제(summer time)가 실시되기도 했다. 그러나 권력은 강제적으로 개개인의 시간리듬을 재편, 지배하는 것만이 아니라 과학적으로 조사, 분석하여 유용하고 생산적인 시간리듬을 만들어 내고자 한다. 즉 시간의 효율적 활용이라는 생산적이고 진보적인 시간관념을 생산하고 전 사회 구성원에게 배우고 따를 것을 훈육한다.

예컨대 1981년부터는 '국민생활 시간 조사'가 이루어지고 있다. 이 조사는 "국민들의 생활시간을 과학적으로 측정, 분석함으로써…… 학문연구 그리고 제반 국가정책 수립을 위한 기초자료로서" 활용한다는 취지 아래 "성별·연령별·직업별·학력별·지역별로 교차분석"을 거쳐 하루 24시간을 15분 단위로 나누어 분석한다. 조사 범위는 수면, 식사 등의 기초 생활부터 신변 잡일, 일, 학업, 취사, 청소 심지어 동사무소 가기 등의 가사, 개인적·사회적 교제·휴식, 각종의 여가활동, 이동 등 거의 모든 사회적·개인적 생활시간에 걸쳐 있다. 국민들의 일거수일투족이 동작관리·시간관리의 대상처럼 여겨진다.

이렇게 근대적 시간은 지식에 의해 과학적으로 조사·분석되어 통제·관리·조작 대상이 된다. 이러한 지식·권력의 미시적 시간통제와 관리·지배는 우리에게 '과학적' 또는 '효율적'이란 말로 다가오며 저항이 아니라 따르고 배워야 될 것으로 여겨진다. 시간관리가 곧 자기관리이며 자기 계발의 기초가 된다. 남들보다 우수한 '스펙'을 쌓고 경쟁력을 키우는 핵심은 곧 남들보다 효율적인 시간활용이 된다.

'장밋빛 80년대' '대망의 21세기' 등등으로 표현된 미래에의 희망은 시간리듬을 지배하는 권력이 어떻게 사회를 동원하는가를 보여 준다. 미래 시간을 담보로 현재 시간을 지배하고자 하는 권력은 그 미래와 현재 시간의 간극을 '국민의 자발적 노력'으로 채우고자 한다. 보이지 않는 시간처럼 권력의 지배는 우리들의 시야로부터 사라져 간다.

통금해제를 환영하는 포장마차
통금해제로 말미암아 삶의 모습이 많이 바뀌었으며 역설적으로도 우리의 시간을 권력이 지배하고 있었음을 느끼게 하였다.

근대적 시간은 이제 형벌로도 확장된다. 전근대 사회에서는 징역형이란 개념과 제도가 없었다. 구금은 단지 판결이 나기 전까지 일시적인 것에 불과했고 감금은 제도화되지 않았다. 춘향이는 징역형을 받은 것이 아니라 참수형을 위해 잠시 구금된 것이었다. 그러나 근대사회의 가장 일반적인 처벌 방식은 징역형이다. 일정한 '시간' 동안 인간을 특정하게 설비된 공간에 감금하는 것이 곤장, 태형 등의 신체형을 대신한다. 개인이 처분할 수 있는 '시간'을 압수하여 국가가 강제적으로 관리하는 '시간' 속에 배치하는 것이 주요한 '처벌'이 된다는 것은 시간규율을 통해 권력이 개인을 어떻게 통제·관리하는가를 보여준다.

'코리안 타임'의 진실

한때 '코리안 타임'이란 말이 유행한 적이 있었다. 우리의 불철저한 '시간관념'을 빗댄 말이다. 도대체 왜 그러한 신조어가 나왔을까? 시간관념이 없기로는 중남미가 더하다고 하지 않는가? 한편 우리나라는 '사탕을 깨물어 먹는 유일한 나라'라고 하고 외국인이 가장 먼저 배우는 한국말은 육두문자와 함께 '빨리빨리'라는 얘기도 있다. 그만큼 우리 사회의 시간리듬이 빠르고 철저하다는 것을 보여 주는 예라고 하겠다.

또한 우리 사회에서는 특급, 특송, 특배를 넘어 로켓배송까지 등장해 물류의 핵심이 시간 압축이 되었고 심지어는 시계바늘이 한 바퀴 도는 데 12시간이 아니라 60분으로 설정해 놓은 '특수시계'를 사용할 것을 주장하기도 한다. 왜 이러한 시간관념이 나타나게 되었을까?

코리안 타임은 미군정시기에 나온 듯한데, 그 이후 의도적으로 확산된 말일 가능성이 크다. 즉 철저한 근대적 시간규율·시간리듬을 전 사회적으로 관철하는 것이 필요했던 사회적 지배세력은 자연적 리듬에 길들여진 전국민을 대상으로 일종의 '부정의 캠페인'을 전개한 것이다. 근대 자본주의화된 서구를 이상향으로 상정하고 그에 대비되는 전근대적 한국 사회를 자조적인 방식으로 동원하고자 했을 가능성이 크다. 이것은 근대적 시간규율을 강제·폭력적인 방식으로 관철하는 것과 함께 '국민' 개개인이 스스로 현재의 부정적 모습을 극복할 것을 교묘하게 추동해 내는 또 다른 지배방식이기도 하다.

한편에서는 '빨리빨리'라는 조급증을 경계하는 목소리도 들린다. 과속피로증이 나타난 것일 수도 있겠지만 더 중요한 것은 그것이 일종의 시간에 대한 관리·조정 기능을 강조하는 것이 아닐까 한다. 자본주의적·근대적 시간은 '정확한 시간에 정확한 동작'을 요구하는 것이지 절대적 속도만의 우월성을 요구하지는 않는다. 즉 자본주의는 시간에 대한 거의 완벽한 통제와 관리를 추구하지 통제할 수 없는 시간의 무한정한 가속도에 가치를 부여하는 것은 아니다. 자본은 통제와 관리를 통한 '시간의 효율적 소비'를 생산성의 극대화에 연결시키는 것이 목표이며 관리되지 않는 시간의 무한정한 가속화는 오히려 비효율성으로 귀결될 수도 있다.

이런 점에서 볼 때 조급증은 권력과 자본의 통제와 관리의 대상이 되어야 했다. 빠르거나 느리거나를 결정할 수 있는 것은 권력과 자본이어야 한다. 물론 이 캠페인 또한 권력과 자본이 아니라 애매모호한 사회적 '지도층'에 의해 '사회적 합의'를 도출하는 형태로 수행된다. 이러한 측면에서 근대적 시간의 특징을 '빠름'으로만 규정하고 그 대립되는 것으로 '느림'을 상정하는 것은 정확하다고 보기 힘들다.

백화점의 시간리듬은 저가 매장과 고가 매장에 따라 다르다. 전자의 경우 빠른 댄스음악을 틀어 주고 후자의 경우 우아한 클래식이 주종이라고 한다.

세일 대상 물건은 빨리빨리 팔아 치워야 하고 고가의 명품은 심사숙고하여 큰돈을 써야 하기 때문일 것이다. 상품의 교환가치가 인간의 시간리듬을 결정해 준다.

양계장 역시 빠른 댄스음악을 틀어 준다고 한다. 더 많은 계란을 더 빨리 낳게 해 준다고 한다. 닭울음으로 시간을 알던 시절 대신 기계 시간에 맞춰 닭들에게 사료가 공급되고 전등 불빛이 조절되는 시절이다. 돼지와 소들의 운명이라고 다르지 않다.

서로 다른 흐름으로 분산되어 존재하는 개개인의 시간을 사회적 권력이 집합적으로 조작·통제·관리하는 것, 분·초 단위로 세분화된 시간이 권력의 직접적인 미시적 지배 대상으로 된 것, 이러한 과정을 통해 미시적 조작·통제·관리·지배가 인간의 삶과 신체에 관철된 것, 이것들은 근대적 시간이 우리에게 가져다준 것이다. 다시 말해 근대적 시간의식·시간리듬·시간규율의 등장 속에서 우리는 권력이 작동하고 있음을 본다. 즉 시간의 역사는 곧 권력의 역사이며 사회·역사적 시간은 사회·역사적 권력이다.

그런데 근대적 시간은 동질적 시간으로 모든 사람에게 동일하게 주어진 것으로 여겨지지만, 요즘 한국 사회는 꼭 그렇지만도 않다. 금수저의 시간과 흙수저의 시간이 같을 수 없기 때문이다. 사주에 의해 결정되던 운명을 믿고 살았던 시절과 부모 찬스로 다른 질의 시간을 소비하게 된 시절은 과연 다른 것일까? 근대는 어쩌면 '새로운 중세'일 것이다.

중세 유럽에서는 고리대금업을 금지했다고 한다. 금지시킨 주인공은 다름 아닌 교황이었는데, 이유는 신성한 시간을 이용해 돈벌이하는 것은 신성모독이라는 종교적 이유였다. 중세 가톨릭의 논리에 따르면 시간은 오직 신에게 속한 것인데, 고리대금업은 돈을 빌려주고 일체의 행위 없이 오직 일정 시간만 지나면 이자를 받는 것이기에 신의 영역을 침범하는 돈벌이가 된다.

근대의 인간은 닭과 돼지의 시간을 쥐어짜 내어 인간의 시간을 살찌우는가 싶더니 어느새 신의 시간마저 끌어내려 스스로를 갈아 넣을 악마의 맷돌을 돌리고 있다. 신의 이름으로 악마의 맷돌을 돌려 만들어 낸 우리 시대의 시간은 누구에게나 공정한가? 사자와 토끼의 공정한 경쟁을 보장하는 평등한 시간 속에 우리는 살고 있는가? 사자의 먹는 순간과 토끼의 먹히는 순간이 공정한 경쟁의 공시적 순간이라면, 우리 모두는 맷돌에 갈려서야 비로소 평등한 먼지가 될 것이다.

황병주 _역사문제연구소 상임 연구위원

철도가 바꾼 조선의 20세기

박우현

철도를 까는 건 무조건 좋은 걸까?

진행중의 기관차에서 잘못하야 떨어진 화물차가 탈선하야 부근 인가를 돌격하야 만흔사상자까지 낸 참사가 발생되엿다. (중략) 경부선 영등포역에서 운전사 평야정의(平野定義)가 기관차를 운전하야 화물차 여섯량을 밀고 체환(替換)할 목적으로 측선(側線)흘 돌진 중에 돌연 기관차와 화물차 사히의 연결장치가 끈어지면서 따로떠러진 화물차 여섯 량은 맹열한 형세로 맹진하야 그선로에 쉬여두엇든 화물차일량을 충돌하야 떼밀어서 바로 그엽 배추바테 잡바트려서 마참 배추캐려나왓든 영등포 삼백오십오번지 홍순기(洪順起, 32)의 모친 박씨(66)를 깔아서 즉사시켯다 무궤도 화물차여섯량은 다시 여세로 그냥 탈선하야 전기 홍순기의 집으로 돌진하야 그 집안방 한간반 부엌 한간반을 도괴시켜서 그 바람에 홍순기는 중상을당하고 그안해 장성녀(張姓女(34) 셋재아들 관표(5)의 두명은 각각 경상을 당하엿다."

〈曉頭, 無軌道貨車 殺人破屋의慘變〉, 《조선일보》 1934년 9월 30일)

탈선한 열차가 민가를 덮쳤다
(〈列車脫線人家突入 一家族六名殺傷〉,
《동아일보》1934년 9월 30일)

1934년 9월 30일 《동아일보》와 《조선일보》는 탈선한 철도가 민가를 덮친 사고를 커다란 사진과 함께 보도했다. 일제강점기 철도사고는 빈번했다. 통계를 확인하기 어렵지만, 보도상으로 보면 백무선, 혜산선 등 1930년대 이후 급히 부설했던 한반도 북부 노선이나 당시에 조선총독부의 이윤 보전에 기생하며 시설 개량에 소홀했던 사설철도(현재의 민영철도)의 사고 빈도가 높았다.

일본이 본격적으로 대륙침략에 돌입했던 중일전쟁 발발 이후 철도 사고는 더욱 빈번해졌다. 1939년에는 조선총독부 철도국 주도로 "철도사고 방지주간"을 만들어 운영하고, 사고방지회와 철도애호반을 만들어 "철도사고 방지영화"를 상영하는 등의 정책을 펴기도 했지만 정책의 형태에서 이미 예측할 수 있듯이 탁상행정이자 미봉책에 불과했다.

글을 시작하며 철도사고를 언급하는 이유는 이 사고들이 이른바 근대적,

자본주의적 사고라는 점 때문이다. 근대화의 상징인 산업화는 속도와 운송량의 증대를 동반한다. 그 증대를 만들어 내는 원동력은 첨단 기술의 발달이고 정점에 철도가 있었다. 그러나 인간이 제어할 수 있는 최대치의 기술로 운영되던 기계장치는, 인간의 제어력을 벗어난 힘으로 인해 파괴되었다. 여기서 제어력을 벗어난 힘은 과실(過失)로 표현되는 인간의 부주의일 수도 있고, 과적(過積)과 같은 인간의 욕심일 수도 있다. 물론 우연적 사건이 발생한 경우도 있다. 문제는 인간의 제어력을 벗어난 순간 첨단 기술은 재앙을 가져온다는 점이다.

《철도여행의 역사》를 저술한 볼프강 쉬벨부쉬는 "18세기의 마차 축의 절단은 마차 도로에서 어차피 느리고 심하게 흔들거릴 수밖에 없는 여행을 중단시킬 뿐이었다. 그러나 1842년 파리−베르사유 철도 노선에서 일어났던 증기기관차의 축 절단은 유럽 전역을 흔들어 놓은 대참사였다."고 말했다. 언급된 축 절단은 1942년 5월 8일 베르사유에서 파리로 향하던 열차가 탈선하면서 화재까지 발생해 52명이 사망하고 106명이 화상을 비롯한 중상을 입은 사고를 말한다. 같은 축 절단이라도 파괴력 면에서 근대의 축 절단과 이전은 다를 수밖에 없었다.

철도사고는 해방 이후에도 끊이지 않았다. 1981년 5월 14일에는 경부선을 타고 부산에서 서울로 향하던 열차 두 대가 경산 부근에서 충돌해 53명이 사망하고 233명이 다치는 대형참사가 발생했다. 1993년 3월 28일에는 구포역 부근에서 승객 600여 명을 태운 무궁화호 열차가 탈선, 전복되어 73명이 숨지고 103명이 다치는 참사가 발생하기도 했다. 자본의 이윤추구는 국경이 없듯이 철도사고도 국가나 민족을 따지지 않았다. 근대화와 발전의

1981년 5월 14일 경산에서 열차 충돌로 탈선, 전복된 현장
(〈죽음으로 달린 '地獄 列車'〉, 《조선일보》 1981년 5월 15일)

욕망이 인간의 한계를 넘어서는 곳 어디에서나 발생했기 때문이다.

흔히 사람들은 철도를 이른바 '문명화', '근대화'의 상징으로 치켜세운다. 맞는 말이다. 근대자본주의체제는 증기선과 철도로 시작되고 확산되었다. 그러나 그 사실이 철도를 많이 깔면 그 자체로 선(善)한 것으로 설명해도 된다는 뜻은 아니다. 과거에는 철도사를 중심으로 다룬 것은 아니었지만 일제시기 연구에서도 단순히 철도의 총량, 즉 투자금액, 부설한 노선의 총 거리에만 관심을 가지며 투자를 많이 했으니 잘한 것이라고 정리하고 넘어가기도 했다. 근대화는 선이고 그것을 증대시켜 주는 철도는 많이 깔면 일단 좋은 것이라는 생각이 낳은 단순함이다.

일제강점기를 비판적으로 보는 연구에서도 철도부설에 동원된 조선인 핍박이나, 철도의 이윤을 조선인은 가져가지 못했다는 식의 민족 차별성만 부각했다. 이러한 작업에는 "철도는 잘못이 없다"는 맥락이 숨겨져 있었다. 하지만 이제는 '근대화'가 무오류의 존재가 아니라는 것이 상식이 된 것처럼 철도의 양적 팽창을 무조건 인류 행복의 증대와 같은 것으로 연결할 수 없다. 모든 일에는 밝은 면과 어두운 면이 있기 나름이다. 부분적으로나마 글에서 다루겠지만 그것은 철도 자체가 만들어 낸 어두운 면일 수도 있었고, 철도를 부설하고자 했던 사람들의 목적에 담긴 어두운 면이기도 했다.

소리부터 철도에 압도당했던 사람들

하지만 만약 내가 19세기 혹은 20세기 초의 조선을 살아가던 사람이라고 가정했을 때 철도가 가진 어두운 면을 쉽게 간파할 수 있었을까? 솔직히 나는 자신이 없다. 당시를 살아가던 지식인들도 마찬가지였다. 1899년 경인선이 개통되고 철도라는 신문명이 우리나라 사람들에게 '내면적으로' 체험되기 시작하자 최남선은 1908년 '경부철도가'라는 창가까지 만들며 찬양했다. "우렁차게 토(吐)하는 기적소리에 남대문을 등지고 떠나 나가서 빨리 부는 바람의 형세 같으니 날개 가진 새라도 못 따르겠네"로 시작하는 창가는 철도에 압도된 조선인의 심정을 잘 보여 준다.

그는 "우리들도 어느 때 새 기운 나서 곳곳마다 잃은 것 찾아 들이여 우리 당사 우리가 주장해 보고 내 나라 땅 내 것과 같아 보일까"라며 철도와 달리 사라져 가는 나라를 떠올리지만 이내 "이런 생각 저 생각 하랴고 보면 한이 없이 뒤대여 연속 나오니 천리 길을 하루에 다다른 것만 기이하게 생각고 그만둡시다."라고 끝맺으며 체념하고 있다. 근대적 기술의 총집합인 철도를 접하고 나약한 지식인이 느꼈던 열패감이 고스란히 전해진다.

이광수도 뒤지지 않았다. 그의 대표작 《무정》에서 기차는 근대성의 상징으로 표상된다. 과거의 부정적 잔재들을 밀쳐 버리고 찬란한 문명의 미래를 향해 직선으로 질주하는 것이 그가 생각하는 철도였다. 박천홍의 해석처럼 이광수에게 전통적 시공간 관념은 자연의 순환적 질서에 얽매여 있다면, 철도는 쉴새없이 문명개화의 목표를 향해 일로매진하는 직선적 질서를 상징했다. 그리고 그것은 소리로 표현되었다. 당시로서는 상상할 수 없었던 굉음을 뿜어 내던 철도의 소리는 《무정》에서 "문명의 소리"로 표현되었다. "서울도 아직 소리가 부족하다. 종로나 남대문통에 서서 서로 말소리가 아니

1905년 5월 초량역에서 개최된 경부철도 개통 축하회
(국토교통부 외, 《2019 사진으로 보는 新한국철도사》, 2019, 28쪽., 한국철도공사 제공)

들리리만큼 문명의 소리가 요란하여야 할 것이다. 그러나 불쌍하다. 서울 장안에 사는 삼십여 만 흰옷을 입은 사람들은 이 소리의 뜻을 모른다."고 언급하는 대목은 근대를 찬양하고, 자연을 미개와 야만으로 배격하며, 민중을 무지몽매한 존재로 격하시키는 소위 선각자로서의 근대인 이광수를 상징적으로 보여 준다. 그리고 소리에 압도당한 근대인 이광수에게 당시에 엄연히 존재했던 식민지라는 시공간은 사라져 가고 있었다.

철도의 양면성을 꿰뚫어 본 경우도 있었다. 1904년 창간된 《대한매일신보》는 문명개화를 통한 실력 양성을 주장했던 것은 최남선, 이광수와 같지만, 근대문물이면 앞뒤 가리지 않고 다 옳다는 식의 극단적 사고방식을 보이지 않았다. "지금 한국의 철도는 한국의 문명을 개발하며 한국의 식산을 진흥한다."는 주장에 대해 "대개 철도는 문명 식산의 이로운 그릇이 아님은 아니나 자기 나라 사람의 손에 있으면 문명도 가히 개발할 것이며 식산도 가히 진흥하려니와 외국인의 수중으로 돌아간 것이야 외국의 문명은 더욱 개발될지언정 자기 나라에 무엇이 유익하며 외국의 식산은 더욱 진흥할지언정 자기 나라에야 무엇이 유익하리오."라고 질타했다. 철도 주권이라는 문제를 지적한 것이다.

또한 《대한매일신보》는 러일전쟁 와중에 일본이 군용철도로 사용하기 위해 경의선 등을 전시 상황에 따르는 강도로 급히 부설하며 조선 민중들을 동원하자 "저 농부가 삽을 메고 이 판국을 원망한다. 군용철도 부역하니 땅 받치고 종 되었네. 일년 농사 실업하고 유리개걸(遊離丐乞) 눈물이라."고 비판하기도 했다. 제국주의 침략의 확대에 활용된 철도부설의 성격을 민중의 시선에서 바라보고 있었다.

제국주의자들의 희망, 철도

철도가 만들어 낸 것은 멀리서 보면 근대화, 성장, 발전이지만 가까이서 보면 제국주의의 확산이었다. 이는 어떤 측면이 옳다 그르다거나, 더 컸다 작았다고 나눌 수 있는 것이 아니고 동시에 진행되었다고 볼 수 있다. 오히려 19~20세기 근대화와 성장, 발전의 과정은 동시에 제국주의 확산의 과정이었다고 볼 수도 있다.

19세기에 식민지 확대를 꿈꾸던 제국주의자들에게 철도는 흥분의 대상이자 희망이었다. 18세기까지 총포로 무장한 채 아메리카, 아프리카를 침략하며 식민지를 늘려 갔던 제국주의자들은 한계에 부딪혔다. 피식민자들의 저항은 강해졌고, 제국주의자들끼리의 경쟁은 더욱 심해졌기 때문이다. 더불어 19세기에 접어들면서 제국주의 침략의 목적이 무자비한 수탈에 그치는 것이 아니라 자신들의 자본주의 시스템을 유지해 줄 생산과 소비의 네트워크 확보라는 측면까지 담보해야 했던 점도 빼놓을 수 없다. 물론 평등한 네트워크가 아닌 제국주의의 하위 파트너, 즉 식민지라는 종속적 네트워크가 필요했다. 따라서 19세기의 제국주의 침략은 총포만으로 이루어질 수 없었다.

그렇다면 19세기 제국주의 침략에 필요했던 능력은 무엇이었을까? 그들에게 필요했던 것은 아시아, 아프리카 대륙을 더 깊숙이 들어갈 수 있도록 더 빠르고 더 많이 운송할 수 있으며, 자원과 노동력을 더 깊숙한 곳에서부터 안정적으로 수송할 수 있는 능력이었다. 철도가 19세기 제국주의 침략의 핵심으로 자리할 수밖에 없었다. 실제로 1850년 이전까지 아시아, 아프리카, 라틴 아메리카 대륙에 1킬로미터도 존재하지 않던 철도가 1870년에 약

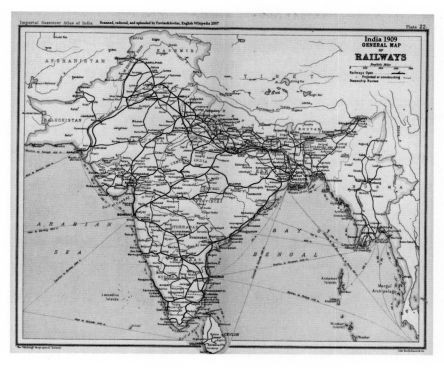

1909년 당시 인도의 철도망
(《*Imperial Gazetteer Atlas of India*》, vol. 25, Oxford University Press, 1909.)

1만 3,000킬로미터(아시아 8,400km, 아프리카 1,800km, 라틴아메리카 3,000km)
가 되었고, 1900년에는 12만 2,000킬로미터(아시아 6만km, 아프리카 2만km,
라틴아메리카 4만 2,000km), 1913년에는 25만 9,000킬로미터(아시아 10만
8,000km, 아프리카 4만 4,000km, 라틴아메리카 10만 7,000km)까지 급격히 늘어
났다.

　이 철도가 제국주의 침략 정책의 결과물이었음은 말할 것도 없다. 그야말
로 철도는 19세기 이후 자본주의적 제국주의와 운명을 함께했다. 서유럽 제

국주의 국가의 정치가, 자본가들은 철도를 아시아, 아프리카 등에 자국의 공산품을 침투시키고, 그곳에서 1차산품을 끌어내며, 군대와 관리를 내륙 깊숙한 지역까지 신속하게 파견할 수 있는 통로로 삼고자 했다.

제국주의 국가들은 철도를 부설하는 권리, 항만을 건설하는 데 필요한 자금을 빌려주는 형태로 아시아, 아프리카 지역의 근대적 교통을 장악해 들어갔다. 장악의 과정은 "근대화"라는 명목으로 포장되어 있었다. 너희도 우리와 같은 방식으로 발전해야 한다는 명제를 "무오류의 진리"처럼 내걸었던 제국주의 국가들은 항만을 건설하고 철도를 놓는 작업을 제국의 "시혜"로 포장했다. 총기와 대포로 협박하던 제국주의가 강력한 저항을 겪자 제국주의 침략을 정당화하기 위해 만들어 냈던 사회진화론적 정당화 방식이었다.

식민지를 겪었던 우리 역사에서도 철도의 등장은 다르지 않았다. 근대문물의 총아로서 철도의 등장은 "근대화"라고 포장되며 자본주의적 발전의 시혜처럼 비치기도 했고, 한반도가 식민지라는 형태의 제국주의적 네트워크로 빨려 들어감을 의미하기도 했다. 전자가 겉으로 보였던 현상이었다면 후자는 현상의 본질이었다.

평원선 부설은 왜 36년이나 걸렸을까?

서두에서 철도는 많이 깔면 일단 좋은 것이라는 생각의 단순함을 비판했다. 중요한 것은 더 깊숙하게 들어가 보는 것이다. 철도부설에 한정해서 보자면 어떤 노선을 먼저 깔았고, 무엇을 기준으로 노선을 채택했으며, 정책적 목적은 무엇이었는가 정도는 고민해 보는 것이 기본 아닐까? 그래야 제국주의자의 생각, 권력의 목적을 파악할 수 있고, 비로소 근대화를 객관적으로 바라볼 수 있다.

평원선으로 불리는 노선이 있다. 생소하다. 지금은 갈 수 없는 북한의 평양과 원산을 연결하는 노선이기 때문이다. 생소한 평원선은 일제강점기 철도망 중에서도 유독 눈에 띈다. 1941년 개통 당시 "반도 유일의 횡단철도"라고 불렸던 것처럼 조선총독부 철도국이 운영하던 노선 중 동해와 서해를 잇는 유일한 횡단노선이었다. 경원선도 횡단선이 아니냐는 반문이 있을 수 있지만, 조선총독부의 계획 속에서 경원선은 함경선과 연결되어 한반도 동북부로 향하는 종관선이었다.

이 점은 평원선 부설의 역사에서 중요하다. 일제강점기 조선철도 연구는 사실상 종관선 연구였다. 경부선, 경의선, 호남선, 경원선 등 부설된 주요 노선이 전부 한반도를 남북으로 종관하는 노선이었기 때문이다. 실제로 일제는 식민지 조선에 가능한 많은 종관 루트를 확보하고자 했다. 시기마다 정도의 차이는 있으나, 일본 제국주의가 조선철도에 부여한 가장 주요한 역할은 대륙침략의 연결통로였기 때문이다.

평양과 원산은 전통도시와 개항장이라는 각각의 특성처럼 당시에도 대도시였다. 상당히 이른 시기였던 1905년부터 지역의 일본인 자본가들을 중심으로 부설 움직임이 있었는데 두 도시의 위상을 볼 때 가능한 이야기라고 할 수 있다. 심지어 1910년 전후 일본육군의 구상에도 평원선은 함경도를 종관하는 함경선에 이어 부설되어야 할 노선으로 선정되어 있었다.

그러나 평원선은 일본 제국의회의 승인도 1922년이 돼서야 받을 수 있었고, 함경선이 완공된 1928년보다도 13년이 지난 1941년이 지나서야 가까스

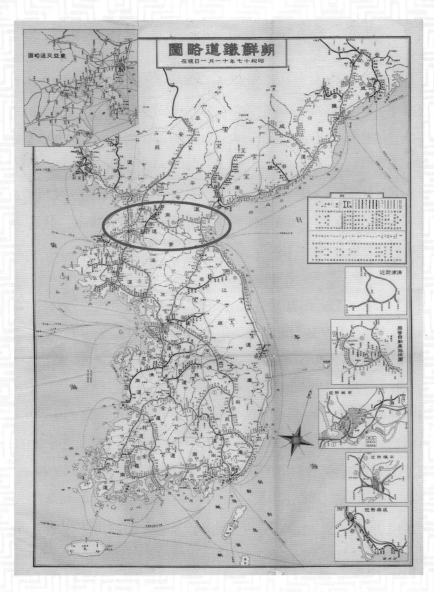

1942. 11. 조선철도약도(파란색 원이 평원선)
(조선총독부 철도국, 《조선철도상황》 33, 1942.)

로 완공될 수 있었다. 무려 36년이 걸렸다. 1936년에 부설필요성이 대두하자마자 그 해에 의회를 통과하고 1941년에 완공했던 중앙선과 비교하면 큰 차이를 보인다. 그 사이에 조선총독부는 만포선, 혜산선, 백무선, 중앙선 등 여러 개의 종관노선을 완공했다. 한때는 비용도 넉넉하지 못한데 굳이 완공할 필요가 있느냐는 완공 무용론까지 등장하기도 했을 정도였다.

이유를 확인하기 전에 한 번 상상을 해 보자. 만약 강제병합이 되지 않아 조선 정부나 조선인이 주체적으로 한반도 철도망을 구상했다면 어땠을까? 확실한 것은 우리가 구상했더라도 반도라는 지형적 특성상 종관노선이 중심이었을 것임은 분명하다. 그 종점이 부산이라고 확신할 수는 없지만 말이다. 그러나 한반도는 반도 특성 외에도 서고동저라는 지형적 특수성을 가지고 있다. 따라서 동쪽과 서쪽이 각기 생산할 수 있는 물자의 성격이 다를 수밖에 없어 이를 빠르게 수송해 줄 교통수단의 확보도 한반도를 자본주의적으로 개발하고자 했다면 필수적이다. 그러나 조선총독부는 평원선을 제외하고는 동서를 관통하는 횡단선 부설에 나서지 않았다. 민간자본의 투자를 독려해 사설철도 노선으로 횡단선을 일부 운영했지만 그마저도 동해와 서해를 잇는 철도망 부설까지 나아가지 못했다.

왜 그랬을까? 당시 조선을 기반으로 활동했던 자본가들도 횡단선 부설이 종관선만큼 중요하다고 인식하고 있었다. 일본인뿐만 아니라 조선인 자본가들도 마찬가지였다. 하지만 철도부설자금에 조달될 공채를 발행할 권한을 가졌던 일본 정부는 조선에 횡단철도를 부설하는 데 전혀 관심이 없었다. 조선총독부가 횡단선 부설에 얼마나 관심이 있었는지는 현재 알 수 없다. 하지만 정치적으로 조선총독이 일본 내각의 총리나 대장대신(현대 한국의 경제부총리)을 설득할 수 있는 위치에 있었다는 점을 고려할 때 횡단선 부설을 통한 경제개발의 의지는 약했다고 볼 수 있다.

일본 정부가 횡단선 부설에 자금 조달을 꺼렸던 이유는 간단하다. 일본의 관점에서 볼 때 조선에 건설하는 횡단철도는 전적으로 조선 내 개발에만 필요한 노선이었다. 일본 제국주의라는 틀에서 본다면 물론 조선의 횡단선이 식민지 수탈에 기여할 수 있을지 몰라도 대륙침략과 식민지 수탈에 동시에 기여할 수 있는 종관선에 비해 중요도가 떨어질 수밖에 없었다. 그런 노선을 부설하는 데 굳이 식민본국인 일본에도 부담되는 재정투입을 할 필요가 없었다. 제국의회 승인까지 받은 노선에 추가적인 재정투입이 차일피일 미뤄진 원인은 여기에 있었다.

그렇다면 1939년 이후 갑자기 평원선의 나머지 공사가 급물살을 타게 된 원인은 무엇일까? 여기에도 제국주의의 이해관계가 작동한다. 일본이 1937년 중일전쟁을 도발하면서 평원선의 위상이 반전되었기 때문이다. 중일전쟁은 일본이 만주를 넘어 중국의 화북지방까지 침략을 본격화했던 전쟁이었다. 따라서 그동안은 일본에서 만주로의 루트가 중시되었다면, 이제는 화북지방으로의 병참수송이 일본으로서는 가장 중요한 현안이 되었다. 가장 빠른 루트는 일본에서 동해를 거쳐 한반도를 횡단해 서해를 건너 중국으로 향하는 노선이었다. 갑자기 한반도에서 동서 간 거리가 가장 짧았던 진남포-평양-원산을 연결하는 것이 급선무가 되었다. 1938년과 비교할 때 1939년에 7배에 달하는 건설비가 투입되었고 평원선은 완공되었다.

부설논의가 등장한 지 36년 만에 완공된 평원선의 결론은 제국주의가 식민지에 철도를 왜 부설했는가를 적나라하게 보여 준다. 1910~1920년대 조선총독부의 철도부설 구상안을 보면 대구－광주, 대구－남원 노선처럼 한반도 남부를 횡단하는 노선이 존재했다. 심지어 대구－광주 노선은 1910년대에 부설이 승인되었다는 오보가 나오기도 했다. 하지만 실제로 실현된 것은 없었다. 철도의 긍정적 역할로 이야기하는 것 중에 지역 간 거리를 좁혀 교류를 활성화한다는 주장이 있다. 만약 20세기 초 근대적 문물로서의 철도부설 움직임 속에서 한반도 중부, 남부를 횡단하는 노선이 실현되었다면, 우리 사회의 정치, 사회, 경제적인 동서 간 격차나 흔히 지역감정이라고 하는 반목이 지금과 같은 모습은 아니지 않았을까? 역사에 가정은 없다지만 20세기 초 한반도의 철도부설을 볼 때면 아쉬움이 드는 것은 어쩔 수 없다. 다시 말하지만, 철도는 많이 까는 것이 능사가 아니고 어디에 어떻게 까느냐가 중요하다.

철도라는 첨단 기술이 식민지 교육과 만나면

룡산에 잇는 털됴학교(鐵道學校)에는 본과(本科)와 도제과(徒弟科) 두과로 나누어 생도를 쑵는데 (중략) 본과에는 중학교 이년 수업 정도로 역무과(驛務科) 운뎐과(運轉科) 토목과(土木科) 등 세과가 잇서서 여긔서 졸업한 학생은 장래 각 정거장이나 긔차의 중요한 직무를 보게되는 바 년년히 각 처에 광고를 하면 일본인의 아동이 삼사백명 조선인아동이 칠팔백명 수효로 보아 조선 아동이 삼분의이나 되나 실상 시험을 보고나면 모집뎡수 백여명 중에 거의 전부가 일본아동이요 조선아동은 일이인밧게 입학하지못하는

데 이것은 조선인아동의 학력이 부족하야 그런것이아니라 실상 그학교당
국에서는 먼저 일본인 아동의 시험지만 상고하여보아 그중에서 모집명수
백여명을 쑵고 조선인 아동의 시험지는 보지도 아니하며 그래도 안 쑵을
수 업스닛가 색책삼아 그중에서 재산가의 자뎨인듯한 조선인 한두 명을
골나 쑵고 만다한다.

〈朝鮮兒童은부려먹는데만쓰려는 龍山鐵道校의 殘酷한 日鮮差別〉,

《동아일보》1924년 3월 15일〉

용산에 있던 경성철도학교가 학생선발 과정에서 자행한 극심한 민족차별
을 비판한 기사이다. 철도는 20세기 초 세계 어느 곳에서나 첨단 기술에 속
했다. 당연히 일본과 조선도 마찬가지였다. 그 때문에, 철도 기관사나 역을
관리하는 직급, 수리를 담당하는 직급은 당대 최고의 기술력을 가진 인물들
이었다고 해도 과언이 아니다. 게다가 일제강점기 일본에게 조선철도는 그
들이 대륙침략 야욕을 포기하지 않는 한 언젠가는 병참수송을 담당해야 할
군수산업이었다. 이러한 두 가지 측면은 철도교육이 다른 교육보다도 더욱
노골적인 차별의 대상이 되도록 만들었다.

러일전쟁을 기점으로 한반도 철도망의 모든 노선을 장악한 일본은 철도
이원양성소를 설립해 4개월 미만의 단기 교육을 실시했다. 통감부가 설치
된 이후 철도이원양성소는 용산으로 이전해 통감부 철도관리국 운수부전신
수기생양성소로 개칭해 운영했지만 여전히 단기교육과정이었다. 중학 2학
년 정도(15~25세 미만) 학력자를 모집해 5개월간 수업 후 철도종사원으로 채
용되었다. 일본인 교사가 일본어로 교육하는 기관이었다.

일본인 중심의 단기교육만으로 진행하던 조선총독부의 철도인력양성은 1915년 4월 이후 4년여 간은 단기교육마저 중단되기도 했다. 그러다가 만철이 조선철도를 위탁경영하기 시작한 이듬해인 1919년 4월에 정상적인 철도 인력 양성기관인 경성철도학교를 설립했다. 비로소 정규 학제를 도입해 3년제의 본과(역무과, 운전과, 토목과, 토목과는 1923년부터) 외에 단기교육과정인 별과로서 1년 과정의 도제과, 6개월 과정의 전신과, 현직 종사자의 재교육과정(강습과)까지 마련되었다.

학교의 핵심이었던 본과 지원자격은 고등소학교 졸업자였다. 현재의 초등교육기관 중 하나인 고등소학교는 6년제이고 조선어 교육이 병행되는 보통학교와 달리 전부 일본어로만 교육이 진행되었기 때문에 거의 모든 학생이 조선에 살던 일본인으로 구성된 학교였다. 지원자격에서부터 조선에서의 철도인력양성을 일본인 위주로 진행하겠다는 점을 선언한 것이었다.

1925년 3월까지 유지된 경성철도학교는 졸업생을 1,509명 배출했는데 그중 조선인은 161명(10.7퍼센트에 불과했다(일본인은 1,348명, 89.3퍼센트). 특히 정규 학제라고 할 수 있는 본과의 경우는 더욱 부족했다. 1919년 4월 1일 개교 당시 입학생(229명) 가운데 조선인 학생은 본과인 역무과(50명)의 경우 한 명도 없었고, 운전과(49명)에 1명뿐이었다. 단기과정인 별과 중 전신과(34명)에 8명, 도제과(96명)에 40명의 조선인이 있을 뿐이었다.

《동아일보》가 장문의 비판 기사를 낸 배경에는 이러한 현실이 있었다. 기사 제목 그대로 조선인 아동을 "부려먹는 데만 쓰려는 잔혹한" 차별정책이었다. 조선총독부는 조선철도 직영 환원과 함께 경성철도학교를 철도종사원양성소로 개편했다. 그러나 조선인 합격자는 1933년은 본과 운전과 20명

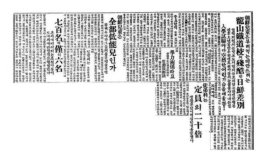

《동아일보》1924년 3월 15일 철도학교의 민족차별 비판 기사

중 2명, 업무과 20명 중 5명에 불과했다.

한편 1934년 4월부터는 본과 학생 모집 자체가 중지되어 철도 전문 정규 중등교육과정이 폐지되었다. 경성철도학교 설립 이전처럼 단기 강습 위주로 돌아가 버렸다. 그런데 1930년대는 일본의 만주침략이 본격화하면서 조선철도의 수송량이 급증했던 시기다. 자연히 철도 인력의 증원이 필요한 시기에 철도 업무 중에서도 고급기술인력을 육성하던 본과 교육을 폐지한 것은 실책이었다. 일본으로부터 인력을 수급했지만 역부족이었다.

더구나 1937년 중일전쟁을 일으킨 이후에는 일본인 남성은 징병 대상이 되었기 때문에 그나마 남아 있던 일본인 고급기술인력마저 사라져 버렸다. 총을 거꾸로 들어 자신들을 겨눌 수 있다는 두려움 때문에 징병하지 않았던 조선인들이 그 자리를 메꿔야 했지만 오랜 기간 고급 기술 교육의 대상이 되지 못했던 조선인들에게는 무리한 과업이었다. 차별적 교육을 시행했던 조선총독부는 제 꾀에 제가 넘어간 격이 되었다. 철도사고의 급증은 필연이었다.

1941년 4월에 부랴부랴 본과를 부활시키고 다시 정규교육을 시행했지만 때는 이미 늦은 상황이었다. 일본인들의 입영으로 만들어진 공백에 조선인들이 채워지며 전시체제기에 들어서며 조선철도 인력의 조선인 비중이 급

조선총독부 운영 철도도서관 겸 경성철도학교 기숙사 전경
(《朝鮮》(朝鮮總督府, 1925) 수록, 서울역사아카이브 수집)

증했지만, 고급 기술을 습득한 조선인 철도종사원은 아니었다. 그 결과 해방 공간에서의 철도 운영은 큰 혼란을 겪을 수밖에 없었다.

따져 보면 조선총독부가 조선에서 정규교육과정으로 철도교육을 운영했던 시기는 36년 중 절반 정도밖에 되지 않는다. 이는 곧 고급기술인력은 일본에서 공급하는 방식을 기본 정책으로 취했음을 보여 준다. 근대화의 상징이라는 철도기술이 식민지에서 구현되는 방식이었다.

끝으로 한마디만 덧붙이겠다. 이 글의 서두에서 철도가 만든 어두운 면은 철도 자체가 만들어 낸 어두운 면일 수도 있고, 철도를 부설하고자 했던 사람들의 목적에 담긴 어두운 면일 수도 있다고 말했다. 그렇지만 막상 글에서는 후자가 주로 언급되었고, 철도 자체가 만든 어두운 면은 철도사고를 보여 주는 수준에 머물렀다. 철도 자체가 만든 어두운 면 중 가장 중요한 것으로 자연의 훼손, 환경파괴를 언급하지 않을 수 없다. 근대적 산업이 대부분 그렇지만 철도산업도 터널을 뚫고, 다리를 놓으며 자연을 인공적으로 바꾸는 작업이었다. 당연히 그것은 환경을 거스르는 작업이었다. 최근에 석유를 기반으로 한 자동차 교통을 대체할 친환경 교통수단으로 철도를 홍보하는 예도 있지만, 다분히 상대적인 합리화라는 생각을 지울 수 없다. 철도와 환경이라는 주제가 가지는 중요성이 있음에도 연구가 전혀 없어 이 글에서는 다루지 못했다. 언젠가 다룰 수 있도록 연구의 진전이 있기를 바란다.

박우현 _고려대 아세아문제연구원 박사후연구원

통신과 전화가 바꾼 세상

김윤미

거리와 공간을 뛰어넘은 통신망

통신은 인류 역사의 혁신을 가져왔다. 물론 옛날부터 다양한 통신 수단이 있었다. 봉수대와 봉화, 말을 이용한 파발, 북치기와 연날리기, 통신용 비둘기를 운용해서 정보를 전달했다. 오랫동안 사용되어 온 이러한 전통적인 방식의 통신이 급속히 발전한 것은 19세기였다. 사람들이 음성으로 직접 소통할 수 있는 시대가 열린 것은 놀라운 일이었다. 더욱이 다른 나라에 있는 사람과 즉시 연락을 한다는 것은 신세계라고 표현할 수 밖에 없었다. 세계를 연결한 육상전선과 해저전선이 시간과 공간을 순식간에 압축시켰기 때문에 가능했다.

우리는 언제 어디서든 전 세계와 접속할 수 있는 통신망을 구축했다. 통신망은 멀리 떨어진 두 곳을 연결해 주는 역할을 하며 전화, 전신, TV, 라디오, 인터넷, 위성 등을 수단으로 한다. 전 세계 통신망의 99퍼센트는 해저전선을 이용하고, 나머지 약 1퍼센트는 위성으로 전달된다. 특별한 경우를 제외하고 해외 통신망은 해저전선으로 진행되고 있는 것이다.

한국에서는 3개의 회사가 통신을 전담하고 있다. 부산, 거제, 태안에 육양국을 두고, 서울 혜화동과 부산 중앙동에 관문국을 운영한다. 육양국은 해저전선을 육상과 연결하는 역할을 하고, 관문국은 국내 인터넷 이용자가 해외 사이트에 접속할 수 있도록 연결해 주는 서버 역할을 한다. 관문국과 육양국에서 문제가 생겨도 마찬가지겠지만, 만약 해저전선이 절단되거나 훼손되는 사고가 발생하면 한국은 국외 어느 지역과도 연락이 어렵다. 한편으로 통신망은 부설을 시작한 19세기부터 현재까지 국가의 안보와도 직결되어 있어 국가산업이자 국가정보 차원에서 관리된다.

조선, 통신망으로 세계와 접속하다

통신망은 근대 제국주의 확장을 가능하게 했던 결정적인 요소 중 하나였다. 육상전선과 해저전선은 정보를 빠르게 전달하고, 항로와 철도는 사람과 물자를 대규모로 실어 날랐다. 이 두 연결망은 제국이 식민지를 통치하는 핵심적인 도구였으며, 공간의 한계를 넘어 제국의 네트워크를 만들 수 있게 했다. 19세기 급변하는 국제정세와 사회적 환경변화에 대응하기 위해서는 무엇보다도 대외정보를 빠르게 수집해야 했다. 대외정보는 해저전선을 통해 전달되다 보니 해저전선을 부설하고 운영하고 있던 영국, 프랑스, 독일 등 제국 열강들이 독점했다.

열강들은 자국의 해저전선을 식민지에 연결했다. 동아시아로 뻗어 나간 열강의 전선은 곧 조선으로 향했다. 영국은 인도와 중국을 거쳐 해저전선을, 러시아는 시베리아를 횡단하여 육상전선을 조선에 연접시키려고 했다.

조선에서 가장 먼저 해저전선을 연접한 국가는 영국이었다. 1885년 영국은 거문도를 무단 점거한 직후, 사세보-거문도-다롄을 연결하는 해저전선을 부설했다.

조선에 통신망 구축이 확산된 것은 청일전쟁과 러일전쟁을 전후해서였다. 통신은 대중을 위한 것이

영국이 상하이와 거문도 사이에 부설했던 해저전선과 육양지점 표지석

아니라 전쟁을 위한 군용선의 구축이 우선했다. 청나라는 1884년 서로전선으로 불리는 인천-서울-의주선을 부설하며 조선 정부가 청나라의 차관을 빌려 공사비를 지불하는 형태로 만들었다. 게다가 청나라에서 운영하는 조건이었다.

조선 정부도 전선의 중요성을 간파하고 서울-전주-대구-부산 간 가설을 직접 시행했다. 일본이 남로전선으로 부르는 서울-부산 간 전선을 가설할 욕심을 부리지만 이루어지지는 않았다. 1884년 일본은 이미 부산과 나가사키를 연결하는 해저전선을 부설해서 부산에 일본전신국을 설치해 둔 상태였다.

일본은 러일전쟁을 전후해서 한반도에 해상, 육상 통신망을 구축하고 정보와 통신의 주도권을 가져갔다. 한국의 정보와 통신의 역사는 일본에 의해 시작되었고, 일본은 통신망을 수단으로 정치적, 전략적 침탈을 전개했다. 조선에 대한 정보, 혹은 조선에서 생산되는 정보는 철저하게 일본에 의해 통제되었다. 일본은 조선에 대한 정보를 빨리 획득하고, 통제할 수 있게 되

면서 신속하게 정치, 외교, 군사적인 행동을 할 수 있었다.

　정부 주도로 도입된 전신과 우편사업은 대중의 사회적, 경제적 수요를 만족시키기 위한 것이 아니었다. 강력한 중앙집권체제를 원했던 조선 정부의 희망이었고, 조선 침략과 통제의 발판을 마련하려는 청나라와 일본의 목적이 결합되어 탄생한 수단이었다.

신문물, 전화를 걸다

　통신 수단의 하나인 전화는 인간의 생활문화에 큰 변화를 가져왔다. 전화는 사회문화 그 자체였다. 용건 전달을 위한 수단에서 시작된 전화는 이제 일상을 대변하는 문명이 되었다. 통화를 하는 전화기는 통화 기능을 탑재한 것은 물론 온갖 기능이 장착된 손 안의 컴퓨터로 무엇이든 가능한 만능의 기계가 되었다. 전화기의 변화는 단순한 기술에 의한 것만은 아니었다. 전화를 하는 행위는 국가정책과 산업경제, 그리고 사람들의 사회의식 등 다양한 요인에 따라 서로 영향을 주고받으며 거대한 관계망을 생성했다.

　조선의 문이 열리자 바다를 건너 신문물이 쏟아져 들어왔다. 철도, 전신, 전화, 우편과 같은 교통통신망은 국가권력의 명확한 정책에 따라 계획과 동시에 시행되어 한꺼번에 이식되었다. 도입된 과학기술은 대중 생활에 편리함을 제공하고, 질적 향상을 가져온 것도 사실이다. 철도가 등장하면서 공간과 시간이 순간에 이동되는 것을 경험하고, 오랜 기다림이었던 편지는 전보와 전화가 등장하면서 삶의 속도를 빠르게 바꾸었다.

　전신과 전보는 철도 부설과 함께 진행되었다. 철길마다 세워진 전봇대 위로 전선이 동서남북으로 놓이기 시작했다. 전신은 철도사업을 위해서 꼭 필요했다. 철도가 하나의 선로로 운영되던 시절 기차가 서로 마주치지 않도록 하기 위해서 배차 정보, 출발과 도착 정보를 신속하게 서로 공유했다. 한편으로 보편화된 철도는 일상의 편리함을 제공했지만, 그 이면에는 지역민들의 고통이 있었다. 철로를 구역별로 지역에 할당하여 지역민들이 자재를 구하고 직접 공사를 하는 경우가 많았다. 지역의 자원으로 나무 전봇대를 세우다 보니 전봇대의 크기와 높이가 다르고, 생긴 것도 각양각색이라 구경거리가 되기도 했다. 전봇대라는 말은 전보에서, 전신주는 전신에서 파생된 말이지만 당시에는 전선을 지탱해 주는 역할을 하는 것을 통틀어 전봇대라고 했다.

전신업무를 담당한 곳은 한성전보총국이었다. 서울과 인천에 최초의 전신을 가설하고 이를 관할하기 위해 1885년 한성전보총국을 개국했다. 우편업무는 1884년 설치된 우정총국에서 전담했지만 갑신정변으로 곧 중단된 상태였다. 조선 정부는 우편업무를 재개하고 전신업무도 재편하기 위해 1893년 이를 통합하여 전우총국을 두었다. 통신의 중요성이 커지자 조선 정부는 1895년 통신국을 설치하여 우편, 전신, 전화, 선박, 해원, 육운, 전기 등 근대 과학기술의 총체적 업무를 모두 관장했다.

초기 전화는 왕실에 관한 업무를 맡았던 궁내부와 정부 각 부처 사이에 연결하여 왕의 명령을 전달하는 역할을 했다. 궁내부 중심으로 운영되던 전화는 곧바로 대중화되지는 못했다. 가장 먼저 장거리 전화가 연결된 곳은 인천과 덕수궁으로, 1896년 우리나라 최초의 전화선이 설치되었다고 규정한다. 1년 뒤 궁궐 내부에 3대, 정부의 각 부처에 7대, 평양과 인천 2대, 총

©국립중앙박물관

©국립중앙박물관

▌ 벽걸이 전화기　　　　▌ 전화교환수

12대의 전화기가 설치되었다.

　궁에 전화가 설치된 지 6년이 지난 1902년 일반인들도 사용 가능한 공중용 전화가 한성-인천 사이에 개설되었다. 한성전화소라는 관서에 처음 설치되었던 민간 통신용 전화기로, 한성-인천 간 시외 통화만 가능했다. 이후 통화권역을 계속해서 확대했지만, 러일전쟁이 한창이던 1905년 4월 일본이 '한일통신협정'을 조선에 강제하여 조선의 통신 사업권은 모두 일본에 넘어갔다.

　1913년 주화 투입식 공중전화가 부설되었지만, 전화교환국을 거쳐 연결되는 체계였다. 관영사업으로 출발한 전화는 얼마 동안은 보급이 확산되지 않았다. 전화가입자수가 적어 사무용으로 이용 가치가 낮았고, 전화 사용요금도 비쌌다. 일부 가설된 전화도 압도적인 비율로 일본인들에게 보급되었고, 상공업가입자 위주로 이루어졌다. 전화가 급격히 확산된 것은 1937년 중일전쟁, 1941년 아시아태평양전쟁 시기였다.

전화분양권 사고팝니다

한국전쟁 이후 통신시설의 80퍼센트 이상이 파괴되었다. 1960년대 회선 공급과 교환시설이 부족해서 가입 신청을 한 뒤 전화가 놓일 때까지 1년 이상을 기다려야 했다. 정부는 1962년부터 통신사업 5개년 계획을 3차례 시행했다. 1975년 전화가입자가 100만 회선을 넘어서면서 전화 청약을 해 놓고 기다리는 사람은 17만 명이나 되어 적체 현상은 완전히 해소되지 못했다. 수요에 공급이 따라가지 못한 이유가 가장 컸지만, 또 다른 이유는 전화가 투자의 대상이 되고 있었기 때문이다. 아파트 분양권처럼 전화가입권을 사고팔았다. 전화 임대업도 성행해서 전화를 빌려주고 월세를 받기도 했다.

전화 사용이 사회문제로 대두되자 1971년 9월 1일 '전기통신법'을 개정하여 종래 재산권의 일종이던 전화가입권을 사용권으로 규정하여 전화가입권의 양도를 금지했다. 개인 재산권의 침해라며 전국적으로 반대의 목소리가 높았지만 개정법이 시행되었다. 이미 가설되어 있었던 '백색전화'는 자유롭게 사고팔 수 있고, 이후부터 가설되는 '청색전화'는 판매가 금지되었다. 전화를 색으로 구분한 이유는 가입전화 정보를 기입하는 장부가 청색과 백색이었기 때문이었다. 매매 가능한 백색전화는 값이 뛰어 서울 시내 좋은 집 한 채 값과 맞먹는 금액까지 오르기도 했다.

1가구 1전화, 전화번호를 받다

한국의 전화 기술이 전환점을 맞이한 것은 1980년대였다. 정부는 전신전화채권, 설비비제도, 차입금 등을 활용해서 확보한 투자재원으로 통신시설 확충과 현대화에 막대한 투자를 했다. 전화 적체를 완전히 해소하고, 전국 전화의 자동화 달성을 목표로 했다.

1981년 체신부는 전기통신 업무를 분리하기 위해 '한국전기통신공사법'을 제출했다. 1947년 편성된 체신부는 우편, 금융사업, 전신, 전화사업을 모두 관장하고 있었다. 비대해진 조직을 효율적으로 운영하기 위해 통신시설과 통신사업을 전담할 한국전기통신공사(KT)를 설립하려는 것이었다.

1981년 1월 1일부터는 정부에서 일괄적으로 공급했던 전화기를 전화가입자가 직접 취향에 맞게 구입하여 연결할 수 있도록 했다. 1983년부터는 정부망이었던 전화를 공중전화망으로 완전히 개방해서 국가에서 관리하던 통신망을 민간으로 이관했다.

1987년 7월 전국 전화자동화가 완성되었다. 과거 수동식 전화기는 통화를 위해서 반드시 전화교환원의 중개를 거쳐야 했지만 1971년 서울-부산간 장거리자동전화가 개통되면서 장거리 전화에 교환원을 거치지 않고 직접 연결되는 시대가 시작되었다. 이전 전화는 교환원들이 하나하나 수동으로 선을 연결하여 통신로를 만들어 줘야 했다. 처음 전화가 부설되고 전화교환을 담당했던 사람들은 남성이었지만, 불친절하다는 불만이 쌓이면서 모두 여성으로 바뀌었다. 교환원 중계 없이 가입자가 직접 다이얼을 돌려 전화 걸기가 가능해지는 1980년대까지 전화교환원들이 있었다.

이러한 통신의 발전과 공급의 확대로 1987년 9월 30일 1,000만 회선을 기록했다. 바야흐로 1가구 1전화 시대를 맞이한 것이다. 많은 사용자가 생김에 따라 전화요금 개편의 목소리도 높아졌다. 기본요금제에서 전화 도수제도를 전면 도입했다. 통화가 되면 요금을 계산하고, 통화 건수에 따라 요금을 책정하여 사용한 만큼 돈을 내는 것이었다.

공중전화, 용건만 간단히

1980년대 집집마다 전화기를 공급하고, 공중전화를 대량공급하면서 누구나 전화를 손쉽게 이용할 수 있는 시대가 되었다. 1990년 농어촌지역의 마을 단위까지 공중전화 설치가 완료되면서 전화는 보편적 서비스로 자리 잡았다.

공중전화기의 전성시대는 1990년대였다. 무선호출기 '삐삐'가 대중화된 시절에 사람들은 음성메시지를 확인하기 위해 공중전화 부스 앞에 길게 줄 서 차례를 기다렸다. 지갑에는 항상 공중전화 카드와 동전을 준비해 두었다. 공중전화를 이용하는 사람이 늘면서 전화를 오래 사용한다며 싸움이 일어나는 일도 자주 있었다. 이러한 진풍경도 국내 휴대전화 보급률 100퍼센트를 넘기면서 급격히 사라졌다. 사람들은 더 이상 전화를 하기 위해 지정된 공간을 찾지 않았다.

공중전화기의 효용성을 입증했던 또 하나는

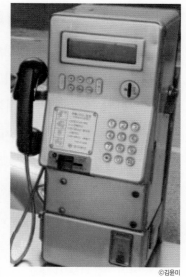

©김윤미

공중전화 카드와 동전을 투입하여 사용했던 공중전화기

부스 안에 매달려 있던 전화번호부책이었다. 1966년부터 발행되었던 '한국 전화번호부'는 각 지역별로 업종별로 발행되었고, 1년에 1차례씩 무료 배부 되었다. 2000년대 이후 책을 이용하는 사람은 크게 줄었고, 이제는 찾아볼 수 없게 되었다. 전화번호 안내서비스를 하던 '114'도 같은 운명이 되었다. 114 전화번호 안내 서비스는 1996년까지 이용 요금이 무료였으나, 원가 보전 차원에서 1997년 1월 1일에 유료화를 시행했다.

　이용자가 거의 없는 공중전화기와 부스는 새로운 모습으로 탈바꿈했다. 2010년대 공중전화부스는 작은도서관, 현금자동지급기(ATM), 전기차 충전소, 자동심장 충격기 부스, 무인택배보관소 등으로 다양하게 변신하고 있다.

무선전화, 언제 어디서든

　1990년대는 양적 성장에서 질적 발전으로 전환되는 시점이었다. 1988년 한국이동통신(현 SKT)이 한국통신(KT)에서 독립하고, 서울올림픽 때 무선 전화는 450만 대가 판매되었다. 바야흐로 무선전화, 이동통신의 시대로 들어섰다. 일명 벽돌전화기로 불리며 무게와 크기가 휴대하기 어려울 정도였지만, 언제 어디서든 통화를 할 수 있다는 것은 어떤 조건보다도 편리한 것이었다. 1990년대 말 무선통신 가입자는 8만 명에 이르렀다.

　전자교환기능을 활용한 다양한 신규서비스가 개발되었고 무선호출·차량 전화 등 무선통신서비스도 공급되기 시작했다. 무선전화는 선이 없는 전화기로, 무선통신 송수신기가 포함된 표준 전화다. 대중화되기 시작한 것은 '삐삐'와 '카폰(car phone)'이었다. 초기 카폰 설치비는 소형차 한 대 가격보다

훨씬 비쌌다. 1990년대 선풍적인 인기는 무선호출기, 일명 삐삐였다. 1만 ~10만 원 가격으로 구입하고, 이용료가 낮아 가입자가 1,500만 명에 이르렀다. 휴대전화가 등장하면서 1999년 카폰 서비스는 종료되었고, 삐삐도 사라졌다.

정보통신의 가치가 점차 중시되고 관련 업무의 규모가 거대해짐에 따라 1994년 체신부는 정보통신부로 개편되었다. 기존의 우편업무는 물론 정보통신 전반의 업무까지 통합·관장하여 정보통신을 국가산업과 경쟁력으로 만들려는 정부 정책의 반영이었다.

1980년대 이동통신 1G가 등장하면서 음성통화가 가능해졌고, 1996년 디지털 방식으로 전환한 2G가 등장해 문자메시지가 가능해졌다. 소리로 통화하는 방법뿐 아니라 문자로 소통하는 문화가 탄생했다. 전화기로 이 모든 것이 가능했던 것은 인터넷서비스가 1994년 한국통신에 의해 일반인에게 상용화되기 시작했기 때문이다. PC통신을 통한 인터넷서비스는 1995년에 시작되었고, 이후 국내 PC통신사업자들에 의해 확장되어 첨단장비를 바탕으로 한 초고속 인터넷 접속서비스로 이어졌다.

1996년 '디지털 011'이 등장했다. 곧이어 016, 017, 018, 019라는 사업자 식별번호가 탄생했다. 가입자 유치를 위한 사업자들의 치열한 경쟁이 시작되자 011번호 선호도가 높다는 점을 들어 타 사업자들이 이의를 제기했다. 국가자원인 번호를 효율적으로 이용하며 번호의 브랜드화를 방지하기 위해 2004년 1월부터 정부는 010 단일체계로 전환을 시행했다.

2007년 3G부터는 영상통화 등 다양한 기능이 접목되었다. 얼굴을 보면서 통화를 할 수 있는 시대가 열리는 한편, 인터넷의 발달로 인터넷 전화도 등장했다. 4G에서 5G를 거쳐 통신의 기술발전은 계속되고 있다.

통화는 덤, 손 안의 컴퓨터

휴대전화는 또 다른 세상을 열었다. 배경화면, 통화연결음, 벨소리로 개인의 성향을 표현하기 시작했다. 자신만의 휴대전화 벨소리와 통화연결음을 가지려는 이용자들이 늘어나자 전체 온라인 시장이 급격히 커졌다. 여기에 대형 통신회사들이 유료 음악사이트 사업을 시작하면서 오프라인 음반시장이 온라인 음반시장을 역주행했다. 카메라가 장착된 휴대전화는 각자의 추억을 담기 위해 여기저기서 플래시를 터트리는 광경을 만들었다. 자유롭게 찍던 사진이 초상권 혹은 사생활 침해 논란이 일면서 카메라의 폭력을 논하기도 했다. 휴대전화로 TV를 시청하는 사람들이 늘어나자 방송사들은 다양한 채널을 선보였다.

문자메시지 통화도 일상화되었다. 긴 문자, 짧은 문자에 영상과 사진, 음악까지 전송하는 기능이 생기면서 사람들의 대화방식이 완전히 달라졌다. 문자메시지 대중화로 이제는 문자메시지 홍수 속에 살고 있다. 받기 싫어도 날아오는 일방적인 스팸메시지는 어떠한 제한 조치를 하더라도 여전히 불청객이다.

통신의 발달에 따라 전화 문화도 달라졌다. '여보세요?'로 시작했던 통화는 발신번호를 알게 되고, 휴대전화를 사용하면서 절대적인 응대어 자리를 내주었다. 서로 전화상대를 알게 되는 경우 통화의 첫마디는 달라졌다. 발신자번호표시 서비스란 발신자의 전화번호와 이름을 착신가입자의 표시단

말장치에 표시해 주는 서비스다. 통신비밀보호라는 명분으로 제한적으로만 이용할 수 있었지만, 2000년 말 모든 발신번호를 수신자가 바로 확인할 수 있도록 하는 근거 조항을 넣은 전기통신사업법이 통과되어 발신자정보표시 서비스는 일상화되었다.

디지털 유목민

전화하는 행위는 전화기를 통해 가능하다. 그러나 전화기는 통화만을 위한 기기가 더 이상 아니다. 전화기를 통해 통화는 기본이요, 웬만한 일은 다 할 수 있다. 스마트폰의 능력과 활용은 무한하다. 스마트폰은 손 안의 컴퓨터로, 어디서 무슨 일을 하고 있든 필요하면 어떤 네트워크에도 연결시켜 준다. 스마트폰을 가지고 인터넷을 하며 개인의 의견을 소셜미디어 방식으로 자유롭게 공유한다. 개인의 생각을 세계 어디에도 전파할 수 있는 시대가 된 것이다. 그래서 우리는 우리 스스로를 디지털 유목민으로도 부른다. 과거 유목민들의 이동보다 더 멀리, 더 자유롭게 다닐 수 있는 디지털 유목민의 시대가 되었다.

우리는 현재 1인 1 휴대전화 이상을 소유한 시대에 살고 있다. 휴대전화 생산은 한국 경제에 큰 부분을 차지하고 있고, 그 영향력 또한 크다. 관련 산업과 일자리까지 결부되어 있다. 대중들은 새로운 모델의 휴대전화를 기다리고, 기업들끼리의 광고전도 치열하다. 전화기는 단지 하나의 기계를 넘어섰다.

휴대전화를 이용해서 소통, 일상생활, 업무, 놀이 등을 즐긴다. 휴대전화 속에 개인의 모든 것이 담겨 있다고 해도 과언이 아니다. 그래서 개인정보 유출이나 전화를 통한 사기 범죄도 자주 뉴스에 등장한다. 휴대전화를 잃어버리거나 손에서 멀어지면 우리는 세상과 연결된 고리를 잃어버렸다거나 단절되는 기분마저 든다. 전화의 발전과 역기능이라고도 할 수 있다.

전화의 변화는 다양한 차원에서 여러 요인이 결합하여 복합적으로 움직이고 있다. 그 변화는 정부와 기업이 주도하며 경제 발전이라는 목적으로 진행되고 있고, 정보의 생산과 유통의 확대라는 측면에서 전개되고 있다. 또한 일상의 소통 기능으로도 활발한 역할을 하고 있다. 우리는 이 속에서 중층적인 영향을 받고, 변화들을 사회문화로 수용한다.

김윤미 _국방부 군사편찬연구소 연구원

우리가 잊고 살던 반나절의 역사, 밤의 역사

주동빈

근현대사에서 전기가 들어오면서 오늘날까지 한국인의 생활상에 가장 영향을 깊이 미쳤던 전기용품은 무엇일까. 바로 전등이다. 전등의 도입으로 한국인은 환한 밤을 갖게 되었고 특유한 시간규율을 점차 내면화하게 되었다. 환한 밤은 근현대를 사는 한국인들에게 언제부터, 왜 필요한 것으로 인식되었을까?

대개 전등의 기억은 근대화된 한국의 모습으로 나타난다. 한국 전등 도입의 역사는 대개 19세기 말 전등이 경복궁을 환하게 비추던 날을 그린 회화에서 시작한다. 밤에 강남 한복판에 가 보자. 등불과 네온사인이 빌딩숲, 학원가, 유흥가를 비추고 있다. 뉴스를 틀어 보자. 북한에 대한 한국의 체제경쟁 우위를 한눈에 보여 주는, 밤에 인공위성이 찍은 한반도의 사진이 나온다. '밝은 대한민국', '어두운 북한'의 이미지다.

그런데 언제부터, 왜 한국인들은 전등을 필수재라고 인식하기 시작했을까? 이 질문에 답을 하는 사람은 많지 않다. 임금과 재상, 외국인이 주된 사용자였던 개항 이후 전등 사용은 강조하면서, 뭇사람이 전등을 사용하게 되는 '과정'은 설명하지 않는 것도 같은 맥락일 것이다. 예컨대 1942년 발간된 식민지 조선의 대표적인 도시 생활사 자료는 이미 전등을 "가장 값싼 문명의 은혜"라고 말하고 있다. 제한적이지만 도시를 중심으로 한국인들에게 전등은 점차 필수재가 되어 가고 있던 것이다.

전등의 도입이란 환한 밤에 생활하거나, 혹은 생활해야만 한다는 의미이다. 근대 이전은 농업사회였다. 아침에 동이 트면 일어나서 농사를 짓고, 땅거미가 질 무렵이 되면 집에 들어가서 쉬었다. 아니, 쉬어야만 했다. 이 시대에는 낮과 밤이 노동시간과 휴식시간으로 명확하게 구분되었다.

반면 오늘날 서울에서 빌딩숲, 술집이 많은 유흥가, 학원가 등에서 전등이 없는 경우는 찾아보기 어렵다. 환한 밤의 생활이 하나의 근대적 생활양식이 되었다. 필자도 지금 전등과 컴퓨터를 켜고 앉아서 이 글을 쓰고 있다. 야근하든, 밤늦게 학원에서 밤을 새워 공부하든, 술집과 클럽에서 술, 음악, 춤을 즐기든, 환한 밤이 필요하다.

그럼, 환한 빛은 근대자본주의체제가 가져다준 축복이기만 한가. 세상에는 '희망의 빛'과 '관리되는 빛'이 공존한다. 인류는 밤에 빛이 있음으로써 보다 많은 것을 할 수 있게 된 반면, 관리와 통제의 대상이 되기도 한다. 예컨대 가로등은 그저 가로(街路)에 멀뚱히 서 있는 전등인 것만은 아니다. 가로등이 치안등(治安燈) 혹은 보안등(保安燈)이라고 불렸던 이유다. 집에서, 회사에서 쓰는 전등들은 우리의 야근(夜勤)을 도와주고 있다.

서구라는 외부적 충격에 의해서 자본주의적 근대를 맞이하게 되었던 한국 사회에서, '밤의 소비'는 어떻게 바뀌어 왔을까? 우리가 흔히 소비하는 역사는 하루 24시간 중 약 반절밖에 되지 않는 낮의 역사이다. 한국 근현대사에서 밤의 역사는, 누구에 의해서 어떻게 변화해 왔을까?

자주적 근대화의 실패와 병합 후 조선인의 전등 수요 증대

세계적으로 전력사업은 19세기 말 전등공급사업에 의해 하나의 산업으로 형성되기 시작했다. 19세기 초 전지(電池)와 아크등이 발명되었지만 실용화 단계에 이르지 못하다가, 1876년 실용화되었다. 이후 수명이 짧고 광력이 강한 아크등의 한계를 극복하기 위한 백열등이 1850년대 개발, 개량을 거듭해 1882년부터는 상업운전하기 시작했다.

조선 정부도 개항 이래 1883년 보빙사의 미국 방문 이후 해외 전력사업에 관심을 가졌다. 이후 국내 정치상황상 늦춰지다가, 1887년 초 처음으로 경복궁 내 건청궁에 백열등 750개 등 규모의 전등소가 설치되었다. 1894년 5월 30일에는 창덕궁 내에 제2전등소가 준공되어 16촉광 백열전등 2,000개 등을 켤 수 있는 규모로 확대되었다. 그러나 이때까지의 전력설비는 모두 궁궐 내 조명 용도에 한정되었다.

전등의 확대는 차츰 '자주적 근대화'의 맥락에서 더욱 고민되었다. 제국주의 시대에 '자주적 근대화'는 '골든타임'이 있는 선택지였다. 1890년대 말 이후 황실재정을 기반으로 산업화를 추진하려던 고종은 한성부 내에서 전등, 전차, 전화를 확대하고자 했다. 1898년 1월 26일 한성전기회사의 설립이 인가되었다.

당시 광무정권은 황실과 외국자본의 합자를 통해 회사를 설립하여 전력개발에 나선다는 복안을 갖고 있었다. 그러나 재정문제 때문에 미국인 콜브

란(Henry Collbran)이 실질적 경영권을 행사했다.

1898년 8월 15일 서울 시내 전등 설비 설치 계약이 체결되었다. 공사비는 늦게 완납되었으나, 1900년 4월 10일 전차 영업을 위한 가로등 3개 등이 종로에 점등, 영업용 전등 보급이 확대되었다. 1901년 6월 17일 경운궁에 전등 6개 등, 8월 17일 전등개설예식을 통해 발전소 주변과 주요 간선도로에 가로등이 점등되었다.

한편 전등 수요는 1901년 8월~1902년 10월의 약 1년 사이에 613개 등에서 2,153개 등 규모로 크게 확대되었다. 그러나 일본은 이 당시 한성부 내 콜브란 등의 전등 독점에 대해 일본인을 상대로 큰 이윤을 남긴다며 불만을 가지고 있었다. 1907년 11월 기준 한성부 내 전체 전등 사용량인 6,503개 등 중 73.1퍼센트(4,832개 등)을 일본인이 사용하고 있었기 때문이었다. 반면 한국인 사용자는 4.7퍼센트(309개 등)에 불과했다.

결국 일본은 1910년 한일병합 이후 콜브란 측과 협상하여 1911년 부로 그들이 갖고 있던 '이권'을 인수하였다. 그 이권은 수도, 광산, 전차·전등·전화 등의 전력사업이었다. 일본은 '병합' 과정에서 주요 도시 인프라 사업을 장악했다. 1920년 재경성 일본인의 전등 보급률은 98.8퍼센트로 거의 100퍼센트에 달했다.

반면 경성 내 조선인들의 전등보급률은 '병합' 직후인 1915년에도 2.5퍼센트에 불과했다. 그러나 이후 27.4퍼센트(1920년), 40.6퍼센트(1925년), 51.3퍼센트(1930년) 순으로 점차 상승했다. '자주적 근대화'의 '골든타임'은 지나갔지만, 도시에 사는 이상 한국인들에게 전등은 점차 필수재가 되었다.

전등 부족의 식민지 조선, 야맹증과 밤샘의 공존

마을 내에서 석유램프를 사용하는 경우는 몇 집에 지나지 않는다. 대부분은 호롱[석유를 넣은 등불과 같은 것. 조선종이를 말아서 심지로 하고, 밝기는 조금 변할 수 있지만 촛불보다는 훨씬 더 어둡다. 이를 행등(行燈)과 같은 틀 안에

1936년 경상남도 울산 달리에서 쓰던 등촉(왼쪽)
《朝鮮の農村衛生》(1940)
1940년 경기도 경성부에서 쓰던 석유등(오른쪽)
"백자 또는 유리제이다. 이를 등잔받침이나 상자 등의 위에 둔다."
《土幕民の生活·衛生》(1942))

넣어서 문 밖에 걸어 둘 수도 있다. – 필자(조선농촌사회위생조사회) 주]을 사용하고 있다. 더욱 간단한 경우는, 수제 어유(魚油)를 그림과 같이 용기에 넣어서 사용하는 호수(戶數)도 상당히 있다.

(朝鮮農村社會衛生調査會 編, 『朝鮮の農村衛生 : 慶尚南道達里の社會衛生學的調査』,
岩波書店, 1940, 121쪽.)

세계적으로 벽난로를 제외하면, 산업혁명 이전 양초, 램프, 나무송진 등만이 1,000년이 넘게 조명으로 사용되었다. 전등은 완전히 다른 형태의 기술이었다. 전구 1개에서 나오는 빛은 촛불이나 석유램프보다 100배 강하다. 이 점에서 식민지시기는 농촌의 야맹증(夜盲症)과 도시의 전등 확대 과정으로 정리할 수 있다.

제한적이나마 공업화가 이루어졌던 시대였다. 1936년 10월 조선 내 산업
경제 관련 자문회의로서 열린 조선산업경제조사회에서 일본 본국과 식민지
조선의 자본가들이 조선의 전력 사용을 논의했다. 전력의 용도는 주로 동
력·원료·자원 등의 상공업용·관공서용과, 전차·전등·전열 등의 '공공'적 용
도로 분류된다. 이 중 수적으로 의미 있는 '공공'전기시설은 전차와 전등이
었다.

수력발전을 이용한 화학비료사업을 하여 일본의 신흥재벌로 떠오른 모리
노부테루[森 矗昶, 1884~1941]는, 일본 본국의 전력 사용 추세를 3개 시대로
나누었다. 일본 연호를 기준으로 메이지[明治, 1867~1912]는 전등(電燈)의 시
대, 다이쇼[大正, 1912~1926]는 동력(動力)의 시대, 쇼와[昭和, 1926~1936년 당
시, 이후 1989년까지 연호였음.]는 원료·자원의 시대라는 것이다. 소규모 전등
회사의 성립에서 동력으로서 전기의 시대로 전환되었던 일본의 특성을 보
여 주는 시기 구분이다.

반면 일본의 전기 독점기업 후지[富士]전기의 중역 아사쿠라[朝倉毎人]는
식민지 조선은 일본과 거꾸로 가고 있다고 보았다. 조선은 본래 동력의 시
대에서 출발해서, 전등의 시대로 가고 있다는 점이다. 1930년대 조선은 일
본과 동시대적으로 대규모 수력발전에 따른 전력개발을 겪었지만, 동력 사
용이 중심이 되었던 것이다. 조선에 소규모 전등회사가 없던 것은 아니었지
만, 전등 소비는 농촌까지 포함할 경우 적은 수에 불과했다.

1934~1936년 조선의 전등 소요 전력은 전체 전력의 3~7퍼센트였고,
4,100만 개 등이 있던 일본에 비해 조선은 130만 개 등밖에 되지 않았다. 전
력은 일본인들이 다수 살고 있던 부(府) 지역을 중심으로 부설되었다. 그렇지

만 부 지역의 전등 보급률은 1934~1941년 사이 최저 64.0퍼센트(1934년)에서 최고 70.7퍼센트(1939년)에 달했다. 일본인만 쓴 것이 아니었던 것이다.

그렇다면 근대 이전 사회, 혹은 근대 이행기 한국인들은 어떤 인공조명을 사용했던 것인가. 촛불, 그리고 식민지시기 부분적으로 석유등이 사용되었다. 1936년 일군의 연구자들에 의해 민속조사의 일환으로 경상남도 울산 달리(達里) 마을이 조사되었다. 당시 촬영을 담당했던 일본인 민속학자는 "조선의 농촌에서는, 1935년 전후의 시기에도 아직 전등이 보급되지 않은 곳도 있었으므로, 등화구로는 램프, 칸델라, 호롱 등이 사용되었지만, 하층 농가에서는 램프도 사용할 수 없고, 또 석유도 살 수 없고 어유(魚油 : 생선기름)를 태워서 등화로 사용하는 경우도 있었"다고 회고했다.

이때 전등도입기의 과도기에 나타난 한 현상으로서 야맹증이란 질병이 주목되기 시작했다. 야맹증은 보편사적으로 전등의 보급 이전에는 크게 불편한지 모르다가, 보급 이후에 불편함을 크게 느끼게 되는 질병이다. 위 달리 조사의 결과 1940년 발간된 보고서 7편 〈질병〉 부분 작성을 담당한 일본인 의사는 이렇게 말했다. "비타민A 결핍도 많겠지만(야맹증이 비교적 많은 것을 나중에 알았다.) 우리들은 야맹증이 많은 것을 놓쳤다. 그들은('달리 주민들은' – 필자 주) 야맹증의 불편함을 그다지 호소하지 않는다." 즉 여전히 야맹증은 마을 주민들에게 보편적인 현상이었다.

반면 1940년 경성(서울)을 조사한 도시조사서에서는 "가장 값싼 문명의 은혜"를 도시 빈민인 토막민이 누리고 있지 못하다고 했다. 그럼에도 농촌에 비해서 도시지역의 전등 사용자는 점차 확대되고 있었다. 당대 전등은 경성 내에서 상수도보다 보급률이 높았다. 당대 신문에서는 도시에 거주하는 조선인들에게 밤샘노동과 밤샘공부가 점차 보편화되고 있던 점을 확인할 수 있다.

전등 부설 지역에서는 도전(盜電), 즉 전기를 훔치는 행위도 있었다. 전기 계량기 가격이 비쌌던 당시로서는 검침원이 수작업으로 불법적 전기 사용을 체크하는 수밖에 없었다. 이를 노리고 일본인뿐만 아니라 조선인 도시 거주자 중에도 광범위한 도전 행위가 있었다. 도전 행위는 행위자에게 전등이 필요한 이유가 무엇이었는가를 반추할 수 있게 해 준다.

1932년 4월 한국전력의 전신인 경성의 배전회사 경성전기(주)는 도전자 다수가 하층생활자가 많은 '변두리'에 살고 있으며 시장에서 코드, 소켓, 전화용 고무선을 사서 몰래 전기를 끌어오는 경우가 대다수라고 하였다. 이후 전시체제기 〈조선전기사업령〉 위반 건수 중 다수가 이와 같은 형태의 도전 행위였다.

다만 경성전기(주)는 식민지 조선이 일본 본국과 도전의 주된 동기가 다르다고 했다. 물론 도전에는 밤샘노동과 밤샘공부의 목적도 있었다. 그러나 여름밤에는 빈대가 많았고, 가려움을 견디지 못하는 아이들을 보호하기 위해서 빛을 두려워하는 빈대를 쫓아내려고 부모들이 도전했다는 것이다. 앞서 보았듯 전등의 대체재(代替財)는 석유등이나 양초인데, 조선인들은 전등을 선택했다. 엎어지면 화재의 위험이 있는 석유나 양초보다는, 당장 돈이 들더라도 안전하고 환한 전등을 몰래 설치하는 것이 효율적이라고 보았던 것이다.

홍제동, 용두정, 돈암정 등 전등이 들어온 부락에 대해 보면 전등을 사용하는 곳이 79퍼센트에 달하고 있지만 아직도 21퍼센트에 이르는 집은 석유등이나 기타에 의해 조명을 하는 곳이다. 도시의 중심에 살면서 전등과 같이 가장 값싼 문명의 은혜조차 입지 못하는 사람이 다수 존재하는 것은 결국 누구의 잘못인가.

(京城帝国大学衛生調査部 編, 『土幕民の生活·衛生』, 岩波書店, 1942, 146쪽.)

그러나 1940년 조사 기반의 《토막민의 생활·위생》의 위 표현처럼, 전등은 필요하지만 보편적으로 쓰지 못했다. 자재난으로 배전이 안 되던 구간도 있었을 뿐더러, 1930년대 말부터 값싼 전력정책을 표방하던 조선총독부도 전등보다는 동력요금의 인하를 우선시했다. 그럼에도 1930~1940년대가 되면, 전등은 도시민들에게는 보편적인 필수재로 인식되어 갔다.

윤동주의 방을 비친 등불, 송몽규의 도주로를 밝힌 가로등(보안등)

밤은 누구의 친구도 아니다.

(로저 에커치 지음, 조한욱 옮김,
《잃어버린 밤에 대하여 : 우리가 외면한 또 하나의 문화사》에서)

밤은 범죄의 무대이며 환락의 소굴인 것이다.

(〈漫文漫畵 春光點描 (4)〉, 《동아일보》 1934년 4월 3일)

전등은 개인이 더 많은 시간을 쓸 수 있는 희망의 빛이었을지 모른다. 반면 가로등은 개인과 강도, 경찰 모두를 비춘다. '안전', '치안'의 대명사이다. 1920년대가 되어서 경성, 평양, 부산 등의 각 도시지역에서 가등(街燈) 설비가 점차 확대되고 있었다. 1938년 경성부 행당정 주민들은 밤이 되면 밖에 다닐 수가 없다며 가로등 가설을 바랐다.

조선총독부는 제한적으로 가로등을 확대했다. 농촌보다는 도시가, 조선인 시가지(예컨대 종로)보다는 일본인 시가지(혼마치, 현재의 을지로)의 가로등 부설이 우선시되었다. 1924년 4월 경성의 종로에서 남대문 거리에, 1935년 4월에 종로3정목에서 광화문통까지 가로등을 켰다고 한다. 반면 원산에서는 1936년까지 조선인 시가지에 가로등이 전무하다는 지방의회 내 조선인 의원의 비판이 있었다. 즉 북촌(조선인 시가지)과 남촌(일본인 시가지) 간의 갈등은 다른 식민지 도시문제와 같이 가로등에서도 여전한 것이었다. 그러나 가로등의 확대는 단순히 민족차별의 문제로만 해명할 수 있는 문제는 아니었다. 비유하자면, 밤새 글을 쓰는 윤동주의 방을 밝혔던 등불과, 일본 본국에서 독립운동을 하던 사촌 송몽규의 도주로를 밝히는 가로등이 병존하는 아이러니가 있던 것이다.

산업화 이전 저녁 시간은 도시와 농촌 지역에서 모두 법의 감시를 벗어나 있었다. 가로등이 보편화되지 않은 시기, 기나긴 겨울밤이나 그믐날 밤, 흐린 날 밤은 '범죄'가 성행하기 좋은 시점이었다. 규율권력의 입장에서는 '생계형 범죄'든 '치안형 범죄'든 통제해야 할 하나의 '범죄'였다. 밤은 두려움의 대상이었다. 1923년 1월 종로경찰서에 폭탄을 투척한 의열단원 김상옥 의사에 대한 조선총독부 경찰의 포위공격도, 밝아 오는 동틀 녘을 노린 것이었다.

이 점에서 1930년대 경성의 조선인 시가지를 중심으로 한 가로등의 확대는 두 가지 의미를 지녔다. 첫째, 조선인 상공업자와 주민들에게는 '생계형 범죄'에 대한 불안감을 해소하기 위한 것이었다. 둘째, 지배권력의 입장에서 혹시 생길지 모르는 '치안'상의 불안을 해결하기 위한 한 도구였다. 일본인 시가지에 대한 '치안' 보장이 우선이었지만, 조선인 시가지에 대한 가로등의 확대는 사유재산과 생명의 확보를 식민지 지배권력에 맡기는 것이었다. 김상옥 의사를 잡는 식민지 경찰과, 도둑을 잡는 식민지 경찰은 다른 인물들이 아니었다. 그 점에서 가로등은, 보안등으로서 조선인들에게는 양가성을 지닌 것이었다. 밤의 권리를 채워 나가지 않는 이상, 환한 밤의 복합적 성격은 계속되었다.

야간통행 금지제도와 밤의 권리

1945년 9월 8일 주한미군 사령관 하지 장군의 야간통행금지(이하 '통금') 포고 이후, 대한민국에서 36년 4개월 동안 심야시간의 이동은 지속적으로 제한되었다. 이 권한은 미군정 장관에서 정부 수립 이후에는 대통령 및 서울시장, 한국전쟁 발발 후에는 계엄사령관, 이후에는 내무부장관의 권한이 되었다. 연말연시 및 국가 행사, 일부 지역 및 직업군에 한정한 통금 해제는 있었지만, 전면적인 통금 해제는 치안상의 이유로 거부되었다. 다만 외국인 관광객(1966년) 및 화물자동차 운전자(1967년)에 대한 통금 해제는, 언젠가는 경제적 이유 때문에서라도 통금 해제가 이루어질 수밖에 없다는 점을 시사했다.

해방 후 통금은 '빨갱이' 통제와 밀접하게 연관되었다. 1949년에는 고산지대가 많아 수력발전소가 많았던 북한에서 전력자원이 압도적으로 부족했던 대한민국에 대한 단전(斷電)을 단행했다. 밤은 두려움의 대상이 되었다. 한국전쟁 시기에는 후방 지역에서 '낮에는 대한민국, 밤에는 인민공화국'이란 표현이 있을 정도였다. 정전협정 이후에도 남파간첩이 나타났다는 보도는 빈번한 것이었다.

통금은 야간시위·집회 등의 권리 역시 제한했다. 반면 5·16군사쿠데타 후 1962년 언

북한의 단전 이후 신문 보도
《경향신문》 1949년 1월 23일

론인 송건호는 "통금 정도로 간첩이 꼼짝 못하리라 믿는 것은 순진한 사고이며 구정권이 통금을 10년이나 고집한 것은 치안능력이 없음을 자인한 것이고 국민을 불신하는 심리가 숨어 있"는 것이라 신문에 기고했다.

그러나 박정희정부에서도 치안 유지와 혼란 방지라는 명목 아래 통금은 계속되었다. 해방 이후 신문에는 유난히 식민지시기와 달리 가로등이 아닌 보안등(保安燈)이란 표현이 많이 쓰인다. 지배권력은 보안등을 통해 간첩, 좌익사범, 그리고 잠재적 범죄자들을 통제하고자 했다. 치안과 안보 유지라는 명목 아래 개인의 사적 영역까지 통제 영역에 포괄하고자 했던 것이다.

민주화투쟁 과정에서 밤 시위는 권력에 맞선 하나의 전술적 선택이었다. 1960년 4월 혁명 당시 고학생과 도시 하층민들은 어두운 밤거리를 이용해

시위를 이어 나갔다. 야간고등학교 학생들은 횃불을 들고 이승만정부의 부정선거 철폐를 외쳤다. 마산에서는 3·15부정선거에 항의한 민주당 당직자 체포·폭행 이후 시민들이 경찰서와 자유당사, 정부기관 등을 습격했다. 밤에는 청년, 학생들은 불 켜진 건물에 "불을 끄시오!"라고 경고하여, 어두운 골목에서 경찰들이 시위대의 얼굴을 못 보게 했다. 1979년 부마항쟁 때도 중국집 배달원, 술집 종업원, 견습공, 노동자 등이 불을 끄지 않는 건물에 돌을 던졌다.

반면 점차 전등의 보급과 함께 밝은 밤을 욕망하는 흐름도 있었다. 밤늦게까지 유희를 즐기거나, 일하게 만들고픈 욕망이었다. 해방 이후 산업화 과정에서 도시지역은 전등이 대부분 필수재로 되었다. 1965년 〈농어촌전화 촉진법〉이 발포된 이후 농촌·어촌 지역에도 점차 전등이 보편화되기 시작했다. 이 과정에서 통금은 강화되고 있던 자본주의적 욕망과 충돌했다. 밤은 인간 개인에게는 유희의 시간이기도 했다. 직장인들은 스트레스를 풀기 위해 통금시간 직전까지 술을 마셨고 고고장·나이트클럽·술집은 종종 셔터를 내리고 손님을 받았다. 통금 때문에 집에 들어갈 수 없다는 것은 도리어 술꾼들에게는 통금시간 이후 집에 들어가는 핑계가 되기도 했다.

자본의 입장에서 밝은 밤은 24시간 사회를 이용할 수 있는 축적의 시간이기도 했다. 회사에서는 어떻게 든 통금시간이 시작되는 오전 12시

1983년 1월 5일 야간통행금지 제도 폐지 1주년 기념 홍보영상(국가기록원)

이전까지 충분히 일을 시키고 직장인들을 집에 들여보내고자 했다. 오후 11시가 되기 전까지 일을 끝내야 한다는 강박이 이루어졌고, 길거리에서는 버스, 택시를 타기 위한 승차경쟁이 이루어졌다. 앞서 보았듯 '노동=경제활동'은 독재정권에도 통금을 완화해야 하는 하나의 압박으로 작용했다.

통금은 1982년 역사 속으로 사라졌다. 국립영화제작소 지시로 제작된 통금 폐지 1주년 기념 홍보영화 〈자율과 질서 — 통금 없는 밤〉에서는 "스스로 질서를 지켜 주재가 아닌 자율적인 질서를 정착"시켰다고 자찬하면서도, "북한 공산당의 붉은 마수"를 강조하면서 "값진 자유를 소중하게 받아들여 방종으로 전락하지 않도록 노력"해야 한다고 했다. 86아시안게임과 88올림픽을 위한 "질서와 책임"이 강조된 것이다.

그러나 통금은 우리에게 무척 먼 이야기처럼 느껴진다. 오늘날에는 네온사인이 빛나는 도시 밤거리를 즐길 수 있는 밤의 권리가 개인에게 허용된 것처럼 보인다. 도시의 빌딩가, 유흥가, 학원가는 새벽이 되어서도 한낮과 같이 밝다. 통금 해제 이후 허용된 밤의 권리이다.

그런데 꼭 얻은 것만 있는가. 예컨대 1963년 1월 시행된 소위 집시법(〈집회 및 시위에 관한 법률〉)은 오늘날까지 여전히 일출 전, 일몰 후 옥외집회와 시위를 금지하고 있다. 1989년 4월 이래 관할경찰서장의 허가를 받는 한도 내에서 가능하다고는 하지만, 오늘날 역시 야간시위는 '제한적'인 것이다.

압축적 근대화 과정에서 전등의 도입을 통해 얻게 된 환한 밤의 권리와 환한 밤의 의무 사이, 우리는 어디쯤에 있나. 현대 한국인이 누리게 된 밤의 권리는 어디까지인가.

우리들의 잃어버린 밤에 대하여

오늘도 유흥가, 학원가, 빌딩숲 사이에서는 화려한 조명 아래 학생과 양복 입은 직장인들이 스쳐 지나간다. 인공위성 사진을 통해 보이는 도시의 화려한 야간조명은 북한과의 체제경쟁에서 대한민국이 승리했다든가, '한강의 기적'을 설명하는 명확한 지표로 사용된다. 안심귀갓길 등 가로등과 CCTV의 결합을 통한 한국의 훌륭한 밤거리 치안환경을 설명하는 도구로도 설명된다.

그렇다. 오늘날 한국의 환한 밤은 우리에게 무척이나 자연스럽다. 그러나 그 자연스러움 이면에는 밤의 권리를 둘러싼 다양한 사람들의 좌충우돌이 있었다. 밝은 대한민국 이면의 전등 사용자로서 우리 자신을 되돌아보자. 근대성의 일부로서 밝은 밤은 우리가 더 오랜 시간과 안전한 생활을 누리게 해 준다. 반면 전등이 보편적인 만큼, 이 환한 밤 안에는 누군가 스며들어 있다. 우리는 매일 빛을 사고 이용하고 있다. "밤은 누구의 편도 아니"라지만, 그 빛은 누구의 빛이고 누가 관리하고 있는가. 나의 행복한 시간을 위해서 사용되는가, 아니면 고용주와 국가가 우리의 나머지 반나절에 스며들어 있는가. 주 6일 기준 최대 69시간 근무제 논의가 기사거리가 되고 있는 지금, 묻는다.

주동반 _고려대 한국사학과 박사수료

3부 농촌과 도시

근대화 물결에 떠내려간 농촌

땅을 지킨 사람들

도시화의 뒤안길, 달동네 사람들

황금의 공업 도시, 울산의 성장과 그늘

북한의 산업화 시기 공장과 농촌

근대화 물결에 떠내려간 농촌

박진도

　1995년 말 충청남도의 두 마을을 조사하면서 놀라운 사실을 발견하였다. 두 마을의 전체 세대수는 131호인데 그 가운데 27호가 할머니 또는 할아버지 혼자 사는 세대였다. 여기에 할아버지와 할머니 두 사람만 사는 세대를 포함하면 노인들만 사는 세대는 전체 세대수의 약 절반에 달했다. 농촌 마을이 빠른 속도로 자연 양로원으로 바뀌고 있는 것이다. 그리고 두 마을의 전체 인구는 1990년에서 1995년 사이에 489명에서 407명으로 17퍼센트나 감소하였다.

　이농으로 농촌인구가 줄어드는 현상은 새삼스러운 일이 아니지만 요즈음에는 새로 태어나는 아이는 적고 사망하는 노인은 많아서 이른바 인구가 자연감소하고 있다. 농촌지역의 과소화 또는 공동화가 참으로 심각한 상황에 이르고 있다. 우리나라 농촌 사람들도 이제는 도시 사람처럼 텔레비전이나 냉장고를 비롯해 가전제품을 사용하고 승용차를 보유한 세대도 적지 않다고 하는데 어째서 이런 일이 일어나고 있는 것일까. 이러한 의문에 대한 해답의 실마리를 우리는 이른바 조국 근대화의 급류 속에서 일그러져 간 농업과 농촌의 모습에서 찾을 수 있다.

무너지는 농촌 떠나는 농민

해방 직후 우리나라는 가난한 농업국이었다. 전체 인구 100명 중 80명 이상이 농촌에 살고 있었고, 취업자의 약 80퍼센트는 농민이었다. 그리고 그들의 대부분은 식량조차 모자라는 극단적인 빈곤에 신음하고 있었다. 이러한 사정은 1950년대에도 조금도 나아지지 않았다. 1957년의 한 조사에 따르면 농민의 절반가량이 하루 세 끼 식사조차 제대로 할 수 없는 절량(絶糧)농가였다. 이 시기에 농민들은 보릿고개(가을에 추수한 식량은 다 떨어지고 아직 보리가 수확되기 직전의 춘궁기)라는 참으로 넘기 어려운 고개를 매년 힘겹게 넘겨야 했다. 먹을 것이 모자라는 농민들은 풀뿌리와 나무껍질로 허기진 배를 채워야 했다. 정부의 양곡수탈정책과 저곡가정책으로 인해 농민은 만성적인 적자에 시달렸으며 농가의 빚은 쌓여만 갔다. 이 시기에는 농업 관계 금융기관이 아직 발달하지 않았기 때문에 농가부채의 대부분은 고리의 사채였다.

1956년의 조사에 따르면 농가부채의 80퍼센트는 사채이고, 사채 가운데서 이자율이 월 5퍼센트 미만인 것은 40퍼센트에 지나지 않았다. 다시 말해 대부분의 농민이 연간 이자율 6할 이상의 고리채에 신음하고 있었다. 더욱이 이 시기에는 현금부채보다도 현물부채(이른바 장리 쌀)가 일반적이었는데, 현물의 경우 물가상승을 고려하면 가히 살인적인 이자라고 할 수 있었다. 농민들의 참상을 미루어 짐작할 수 있을 것이다.

오죽하였으면 1963년 대통령 선거에서 "배고파 못살겠다. 죽기 전에 갈아 치자"는 선거구호가 등장하였겠는가. 5·16쿠데타로 등장한 박정희 군사정권은 민심수습을 위해 집권하자마자 농어촌고리채정리사업(1961년 5월 25일 농어촌고리채정리령 공포)을 실시하는 한편, 중농정책을 표방하였다. 이러한 정책의 일환으로 농산물의 적정가격 유지를 위한 농산물가격유지법을 제정 (1961년 6월 27일)하는 한편, 농업금융과 영농활동을 효과적으로 지원하기 위한 종합농협의 설립을 위해 농업협동조합법을 제정 공포(1961년 7월 29일) 하였다.

식량증산 7개년 계획 기념우표
1950년대 초부터 시작된 미곡 생산량 증식정책은 1970년대 중반 이후 통일 벼의 수확을 통해서 어느 정도 성공 을 거두었다.

또한 농업증산계획을 수립함과 동시에 농지개발정책을 실시하는 등 식량증산을 위해서도 노력하였다. 그러나 5·16군사정권의 중농정책은 구호에만 그치고 곧이어 추진된 성장제일주의 공업화정책에 휩싸여 농업수탈 정책으로 탈바꿈하였다. 군사정권은 농산물 가격의 지지보다는 저임금을 위한 저농산물 가격을 선호하였고, 식량의 국내 증산보다는 값싼 외국 농산물의 수입을 선호하였다.

1960년대에 우리 농촌은 1950년대의 극단적인 빈곤에 비하면 어느 정도 나아졌다고는 하나 여전히 절대적 빈곤을 벗어나지 못하고 있었다. 더욱이 공업화로 인해 도시와 농촌의 격차는 날로 확대되었다. 농촌의 젊은 남녀는 도시의 일자리를 찾아 혹은 도시에 대한 환상에 홀려 농촌을 떠났다. 그러나 그들을 기다린 것은 10~14시간의 중노동과 건강조차 유지하기 어려운 저임금이었다.

1970년 가을 서울 평화시장의 청년 노동자 전태일은 분신자살로 이러한 열악한 노동조건에 저항하였다. 1968년 삼남지방의 대흉년으로 수많은 농민들이 남부여대하여 무작정 서울로 상경하였다. 그러나 서울은 이들 이농민에게 계딱지만한 판잣집 한 채마저 허용할 수 없을 정도로 이미 만원이었다. 서울의 판자촌 주민들은 경기도 광주(지금의 성남시)로 강제 이주를 당하였고, 이들은 1971년 봄 공권력을 상대로 '폭동'을 일으켰다. 이제 농촌의 피폐는 농촌만의 문제가 아닌 사회 전체의 안정까지 위협하는 것이었다.

전시 농정의 표본, 새마을운동

박정희정권은 농촌문제의 심각성은 잘 알고 있었지만 문제의 원인이나 그 해결책은 올바로 알지 못하였다. 농촌문제의 원인을 잘못된 경제정책이 아니라 농민의 게으름 탓으로 돌리고, 농업과 농촌에 대한 투자를 통해서가 아니라 농민의 정신자세를 바꿈으로써 농촌문제를 해결하려고 하였다. 새마을운동은 농민의 근면·자조·협동 정신을 강조하였다. '깨끗한 환경에 건전한 정신이 깃든다.'는 슬로건 아래, 정부는 시멘트와 철근 등을 보조하며 농민의 노동력을 동원하여 마을 안길 넓히기, 하천정비, 지붕개량 등 환경개선사업을 대대적으로 추진하였다. 새마을운동은 환경개선사업에 머물지 않고, 소득증대사업을 비롯해 1970년대에 농촌에서 벌어진 각종 사업에 새마을 자(字)가 붙지 않은 사업이 없을 정도로 무한정 확대되었다.

그러나 새마을운동은 농민의 자율성과 자발성을 무시한 채, 관(官)에 의해서 강제적으로 추진된 전시행정의 표본이었다. 새마을운동의 주체는 농민이 아니었고, 그 목적은 농민의 복지 향상이 아니라 윗사람에게 잘 보이는 것이었다. 농촌 사회 현실을 주로 그린 이문구의 소설 〈우리 동네〉에 묘사된 새마을운동(퇴비증산운동)의 실태를 보자. 부면장은 민방위교육에서 퇴비증산 방법이 아니라 다음과 같이 퇴비 화장술(?)을 가르친다.

> 위에서 누가 원제 와서 보자구 헐는지 알 수 읍으니께, 퇴비장 앞에는 반드시 패찰과 척봉(尺棒)을 꽂으시구, 지붕 개량 허구 남은 썩은새나 그타 여러 가지 찌끄레기루 쌓신 분들은 흔해터진 풀좀 벼다가 이쁘구 날씬허게 미장을 해 주서유.

새마을 사업 실태조사를 하면서 경험한 일화가 하나 있다. 내가 방문한 집은 이태 전에 초가지붕을 슬레이트 지붕으로 바꾸었다고 한다. 지붕은 빨간 페인트로 예쁘게 단장되어 있었다. 그런데 이상한 것은 처마 밑에 굵은 장대가 지붕을 받치고 있었다. 이유를 물어본즉, 낡은 토담 벽에 슬레이트 지붕을 얹고 보니 지붕 무게를 견디지 못하여 집이 옆으로 기울어져서 그것을 받치고 있다는 것이다. 당시 초가지붕은 낙후한 농촌의 상징이라 하여 공무원들이 강제로 짚을 벗기고 다니는 형편이었으니 지붕개량을 하지 않고 버틸 재간은 없었을 것이다.

새마을운동은 협동을 강조하였다. 그래서 농민들은 많은 협동 사업을 해야만 했다. 그러나 그것은 자발적인 협동이 아니라 관에게 협동 정신을 보이기 위해 또는 관의 지원을 받기 위해 하는 협동이 대부분이었다. 아무도 이용하지 않는 창고가 마을 외곽에 지어지고, 농민에게 빚더미만 안겨 준 골칫덩이 정미소가 이 마을 저 마을에 세워졌다. 농민들은 협동하여 고속도로에서 잘 보이는 곳부터 먼저 보리나 벼를 수확하였다.

아침마다 마을회관 스피커에서 울려 퍼지는 "새벽종이 울렸네, 새 아침이 밝았네, 우리 모두 일어나 새마을을 가꾸세."의 요란한 새마을 노래를 들으며 일터로 향했으며, "우리도 한번 잘살아 보세."를 다짐하면서 열심히 일하였다. 새마을운동은 농민들의 잘살아 보겠다는 의지를 자극하여 농촌의 외형적인 모습을 새롭게 바꾸어 놓았다. 그러나 그것은 소득증대에는 거의 기여하지 못하고 겉치장에 주력하여 과중한 농민 부담과 소비 조장으로 농가경제를 더욱 압박하는 외화내빈을 초래하였다. 그 결과로 한때 요원의 불길처럼 타오르는 듯하던 새마을운동은 점차 농민의 배척을 받게 되고, 강제 부역에 지친 농민들은 새마을의 '새' 자만 들어도 고개를 가로저었다. 새마을운동의 실태가 이러함에도 불구하고 정부는 텔레비전을 통해 "좋아졌네, 좋아졌어, 몰라보게 좋아졌어."를 선전하기에 여념이 없었다.

연예인 새마을 촉진대회
1977년 3월 10일 서울시민회관 별관에서 연예인 380명이 모여 연예계 퇴폐풍조 일소를 다짐하고 있다. 정부는 새마을운동의 분위기를 띄우기 위해 연예인들까지 동원하였다.

농촌을 뒤바꾼 통일벼

새마을운동에 못지않게 1970년대 농촌에 커다란 충격을 준 사건은 벼농사에 다수확 신품종을 도입한 일이었다. 정부는 당시의 부족한 식량 문제와 식량 수입 증대에 따른 외환위기를 벗어나고자 모든 행정력을 동원하여 신품종 보급에 열을 올렸다. 신품종의 최대 장점은 말할 나위 없이 다수확이다. 정부는 다수확 신품종의 보급을 위해 정부의 벼 수매가격을 인상하고 신품종을 우선적으로 수매하였다.

벼의 수확량이 증대하고 가격도 높아졌으니 농민들은 당연히 신품종을 선호해야 했다. 그러나 많은 농민들은 신품종을 거부하였다. 그 이유는 농민이 무지해서도, 변화를 싫어하는 보수성이 강해서도 아니었다. 우선 관리들에게 오랫동안 무시당하고 속아 살아온 농민들은 누가 무슨 소리를 해도 믿으려고 하지 않았다. 게다가 신품종은 쌀의 질이 나빠 농민들이나 상인들이 기피했으므로 정부 수매 이외에는 쓸모가 없었다. 또한 통일계통의 벼는 면역성이 약해 병충해가 빈발하는 것도 큰 흠이지만, 볏짚이 짧고 매가리가 없어 가마니나 새끼를 꼬지 못하므로 농한기의 유일한 수입원인 볏짚 가공품을 생산할 수 없었다. 더욱이 신품종을 심으려면 물 사정이 좋아야 하고 노동력도 많이 필요하였다.

다수확이라는 당근에도 불구하고 농민들의 저항으로 신품종 보급이 지지부진하자 '하면 된다'를 외치는 강력한 군인 지도자의 충실한 하수인들은 신품종 보급을 위해 채찍을 휘둘렀다. 다시 이문구의 소설 〈우리 동네〉 최씨의 심경을 들어 보자.

요새 볍씨 가지구 시끄런 것 봐. 재래종 심으면 면이나 군에서 오죽 지랄 허겄나. 통일베 안 심으면 면장이 직접 모판만 갈아엎는 게 아니라, 볍씨 담근 통에 마세트라나 무슨 약을 쳐놓아 싹두 안 나게 헌다는 겨, 군수가 못자리 짓밟을라구 장화 열 다섯 켤레 사놓구 벼른다는 말두 못들어 봤남…… 천상 통일베나 심으야 헐 텐디.

1971년부터 시험 도입된 통일계 신품종은 정부의 당근(다수확과 신품종 우선 수매)과 채찍(강제적 보급)에 의해 절정기인 1978년에는 전체 논 식부면적의 76퍼센트를 차지할 만큼 빠른 속도로 보급되었다.

그러나 승승장구하던 신품종은 1978년 신품종의 하나인 노풍이 한해를 입어 급속히 쇠퇴하였다. 1980년의 쌀 생산량은 약 2,470만 석으로 1979년의 3,870만 석에 비해 무려 36퍼센트나 감소하였다. 1977년에 오랜 숙원이던 쌀 자급을 달성한 후 쌀 막걸리의 생산을 허용하고 북한에 대해 쌀 원조를 제의하는 등 여유를 부리던 정부 당국은 크게 당황하여 미국과 장기간 안정적 수입을 약속하는 불평등계약을 맺어 국내 생산량에 관계없이 5년간에 걸쳐 막대한 양의 쌀을 수입하였다. 이렇게 수입된 쌀로 인해 1980년대 내내 우리 쌀은 공급과잉으로 인한 낮은 가격에 시달려야 했다.

어쨌든 신품종의 보급으로 우리나라의 벼농사 기술이 한 단계 발전하고 단위 면적당 수확량도 크게 늘어남에 따라 쌀의 국내자급 기반이 구축되었다는 것은 국민경제적으로 커다란 의의가 있다. 신품종은 농가경제에도 큰 변화를 가져왔다. 종래 농민들은 자신이 생산한 농산물을 자가(自家) 소비하고 남는 것을 시장에 팔았다. 그러나 신품종 쌀은 처음부터 시장판매를 위한 생산이었다. 농가경제가 자급자족단계에서 상품생산단계로 전환된 것이다. 신품종이 도입될 무렵 만난 시골 아주머니의 "쌀 생산이 늘어나고 쌀값이 올라가니 동네 인심이 사나워져서 못쓰겠다."는 말씀이 아직도 생생히 기억난다.

상품경제의 진전, 늘어나는 농가의 빚

수확량의 증대와 정부의 미가 지지정책으로 농민들의 수입도 그만큼 늘어났다. 그러나 농민의 경제생활은 나아지지 않았다. 수입보다도 지출이 더 빨리 증대하였기 때문이다. 대부분의 농민들은 경영규모가 영세해서 생산량 증대에는 한계가 있었다. 게다가 정부가 쌀값을 지탱해 준다고 하지만 생산비에도 미치지 못하였고 다른 물가에 비하면 턱없이 낮았다.

수입은 적은데 돈 쓸 곳은 어찌 그리도 많은지. 신품종은 농약이나 비료를 전보다 더 많이 먹었고, 노동력이 부족하니 농기계를 구입하지 않으면 안 되었다. 자식도 남 못지않게 가르치지 않으면 농투성이를 대물릴까 두려웠다.

더욱이 텔레비전의 보급은 농촌의 소비생활을 크게 바꾸어 놓았다. 텔레비전은 자본주의 소비문화를 농촌에 침투시키는 첨병 역할을 톡톡히 해냈다. 농민들은 도시 사람들을 흉내 내어 전기밥솥은 말할 것도 없이 전기프라이팬, 믹서, 선풍기 심지어는 세탁기, 냉장고까지 닥치는 대로 형편 되는 대로 아니면 빚을 얻어서라도 사들였다. 향락문화가 농촌 깊숙이 들어와 늘어나는 것은 술집이고 다방이었다. 또한 부동산 투기 바람이 적지 않은 농

지붕을 개량한 농가들
1970년대 중반 이후 지붕개량을 마친 농가들이다. 그러나 도시의 투기열풍과 소비문화는 이처럼 새 단장을 마친 농촌에 빠르게 침투하였다.

촌 마을을 휘저었다.

돈 씀씀이가 헤퍼진 만큼 농민들은 돈을 벌려고 혈안이 되었다. 농민들은 정부가 권장하는 대로 뽕나무를 대대적으로 심었다. 농민들은 마늘도 심고 김장거리 배추도 심어 보고 돼지를 키우고 소를 길렀다. 그러나 뽕나무는 누에고치의 대일 수출이 중단되면서 빚만 안겨 주었고, 이른바 상업적 농산물을 생산한 농민들은 자금이 없으니 장사꾼의 농간에 놀아나고 시장 정보에 어두우니 뒷북치기 일쑤였다. 게다가 조금 값이 괜찮을 만하면 정부는 물가안정을 앞세워 외국의 값싼 농산물을 무차별 수입하였다. 되풀이되는 배추파동, 고추파동, 돼지파동, 소 파동에 녹아나는 것은 농민이었다.

자신이 파는 농산물 값은 주는 대로 받고 구입하는 물건 값은 달라는 대로 주는 부등가교환 아래에서 농민들의 경제적 향상을 기대하기는 어려웠다. 결국 쌓이는 것은 빚이다. 정부의 공식통계에 의하면 1970년부터 1980년까지 10년 사이에 농가 호당 평균 농업소득은 19만 원에서 175만 원으로 9배 증가하고 농가소득(농업소득+농외소득)은 26만 원에서 270만 원으로 10.5배 증가한 반면에 농가 부채는 1만 6,000원에서 34만 원으로 무려 21배나 증가하였다. 이 시기 농가 부채의 대략 절반은 농협 빚이고 절반은 사채였다. 연체이자가 2부 5리나 되는 조합 빚도 무섭지만 더욱 무서운 것은 사채이자였다. 사채이자는 대략 현금이면 월 4부이고, 현물이면 쌀 한 가마에 석 되였다. 이는 1960년대에 비하면 다소 낮아지기는 하였으나 여전히 엄청난 고리채였다. 한번 빚지면 여간해서 벗어나기 어려운 것이 농민의 숙명이었다.

소작농과 농촌 여성의 고통

농촌에서 겪는 서러움 중에서 가장 큰 서러움은 땅 없는 서러움이다. 소작농민은 생산비도 건지지 못하는 농사를 일 년 내내 뼈 빠지게 지어서 수확물의 절반을 지주에게 바쳐야 했다. 1970년 농업센서스에 의하면 우리나라 농지의 17.2퍼센트가 소작지이고 많든 적든 남의 땅을 부치는 소작농민은 전체 농민의 3분의 1이었다.

이러한 소작농과 소작지는 1970년대 전반에 약간 줄었다가 1970년대 후반에 급속하게 늘어났다. 전체 농지에서 소작지가 차지하는 비율은 1975년의 13.8퍼센트에서 1981년에는 22.3퍼센트, 1985년에는 30.5퍼센트로 늘어났다. 부동산투기가 농촌에 확산되면서 농민들은 자신의 농지를 팔고 그 땅의 소작농으로 전락하였다. 소작농보다 처지가 못한 고지농(雇只農)도 적지 않았다. 고지농은 논을 대신 경작해 주는 대가로 대략 한 마지기(200평)에 쌀 다섯 말의 고지(품삯)를 미리 받는다. 알기 쉽게 수확량의 6분의 1을 고지로 받는 것인데, 고지농은 논 임자가 대 주는 비료와 농약을 제외한 모든 영농비용을 부담하여야 했다.

농민들 가운데서도 가장 힘든 사람은 농촌 여성이었다. 과거에 여성들은 집안일을 주로 하면서 틈틈이 농사일을 도왔다. 그러나 이제 그 여성들은 농사일을 남정네보다 더 열심히 하여야 했다. 집안일은 여전히 여성들의 몫인데 과년한 딸들이 도시로 나가고 없어서 도와줄 사람이 없으니 가사노동도 더욱 힘들어졌다. 게다가 남정네들의 심한 여성 차별과 구박을 견디지 않으면 안 되었다.

농촌 아낙네들은 쌓이는 스트레스를 풀기 위해 도시 사람을 흉내 내어 고고 춤을 추기도 하고, 봄 관광을 갔다. 고속도로 위를 달리는 관광버스 속에서 그리고 유원지에서 술에 취하여 또는 맨 정신으로 몸을 마구 흔들어 대는 농촌 아낙네들을 쉽게 볼 수 있게 된 것도 이 무렵이다. 그러나 사람들은 그들의 스트레스를 이해하기보다는 '여자들이……'라고 손가락질하고 비난하였다. 농사일과 집안일 그리고 남정네들의 구박에 시달린 농촌 아낙들이 자기 딸들만은 농촌에 시집보내려고 하지 않는 것은 어찌 보면 너무도 당연한 일이다. 농촌 총각이 장가를 가지 못하여 자살하였다는 신문보도가 간간이 등장하기 시작한 것도 이 무렵이었다.

농협, 농민의 대변인?

농촌에서 농민들의 생활과 가장 밀접한 관계에 있는 것이 농업협동조합(농협)이다. 농협은 원래의 이념대로라면 힘이 약한 농민들이 서로 협동하여 자신들의 경제적, 사회적, 정치적 권익을 신장하기 위하여 결성한 자주적 조직이어야 한다. 농협의 주인은 농민이다.

그러나 농민들은 자신들이 농협의 주인이라고 생각하지 않는다. 우선 조합장을 농민들이 직접 뽑을 수 없다. 5·16쿠데타 후 '농민은 민주적 역량이 없다'는 구실을 앞세워 '임원 임면에 관한 임시조치법'을 제정하여 조합장을 중앙에서 임명하였다. 농민들은 농협을 정부의 시녀라고 생각할 수밖에 없었다. 농협의 뿌리가 식민지 농업을 지배하기 위해 일제가 만든 금융조합이라는 역사적 사실과 농협이 하는 일이 농민들로 하여금 그렇게 생각하도록 하였다.

농협의 가장 큰 사업은 농민들에게 영농자금과 생활자금을 대부하는 신용사업이다. 농협 돈은 사채보다는 이자가 싸기 때문에 농민들의 수요가 많았다. 그런데 조합 돈 쓰기가 여간 까다롭지 않을 뿐 아니라 마감도 되기 전부터 빚 독촉이 자심했다. 상환이 늦어지면 2부 5리라는 연체이자를 내지 않으면 안 되었다. 추곡매상을 하여 모처럼 만져 본 현찰도 농협 빚을 갚고 나면 빈털터리였다.

농협이 하는 또 다른 일은 농사에 필요한 영농자재와 생활에 필요한 물건

아스팔트 농사
함평 고구마사건은 새마을 구호 속에 파묻혔지만 농민들은 1980년대 후반 전국적인 조직을 결성해 전면적인 생존권 보장 투쟁에 나서게 되어 〈아스팔트 농사〉라는 노래까지 생겼다.

들을 농민에게 판매하는 것이다. 이것을 구매사업이라고 하는데 농협이 공동구매를 통해서 농민에게 도움을 준다는 뜻이다. 그러나 농민들은 이 구매사업에 대해서도 불만이 적지 않았다. 영농자재의 경우 일종의 정부대행 사업으로 농협이 독점적으로 공급하였다. 그래서 농민들은 농협 이외에는 비료나 농약을 구입할 수 없었다. 농민들은 비료나 농약의 종류를 선택할 권리도 없고 농협은 터무니없이 비싼 값에 끼워 팔기 등 횡포가 심했다. 게다가 비료를 사려면 조합에 출자(出資)를 강요당하였다. 농협연쇄점은 공산품의 전시장이다. 각종 전자제품에 라면, 화장품, 오토바이 등 없는 것이 없었다. 농협이 농민의 구매편의를 도와주는 측면도 있지만 농민의 소비를 조장한 측면이 더 많았다. 따라서 많은 농민들은 농협에서 대부를 받아 텔레비전 등을 구입하였다.

반면에 농협은 농산물의 판매 사업에는 거의 관심을 보이지 않았다. 농협의 사업은 본래 농산물의 공동판매 사업이 중심이 되어야 한다. 그러나 판매 사업은 힘이 많이 들지만 이익을 남기기 어렵고 자칫하면 조합이 적자를 보기 일쑤였다. 그래서 조합은 될 수 있으면 판매 사업을 하지 않으려고 한다. 조합이 돈벌이가 되는 정부 대행 사업과 신용 사업 그리고 구매 사업에 치중하고 농민의 농산물은 팔아 주지 않으니 농민들은 농협을 '돈놀이하는 신용금고', '조합직원을 위한 조합', '대기업의 대리점'이라고 비난하였다.

일어서는 농민

박탈의 시대 1970년대를 살던 우리 농민들은 자신의 권익을 스스로 지키기 위해 갖가지 노력을 하였다. 우리나라에서 권익신장을 위한 농민운동이 본격화되는 것은 1970년대 초반부터이다. 당시 농민운동을 되돌아보면 우선 농민들은 강제경작과 새마을사업의 강제집행, 농산물 검사의 부정, 경지정리 부실 공사, 을류 농지세의 부당과세 등 관료주의적 횡포에 맞서 싸웠다. 또한 농협의 민주화운동은 농민운동의 중심적 과제였다. 농민들은 농협 임원의 정부 임명, 농협사업의 반농민성, 강제 출자, 강제 저축, 강제 판매 등에 항의하고 농민이 농협의 주인 되기 운동을 전개하였다.

1976년부터 3년간 지속된 '함평고구마사건'은 농민들의 농협에 대한 불만과 저항을 상징하는 운동이었다. 이 사건은 1976년산 고구마에 대해 농협도지부와 함평군 농협이 전량을 수매하겠다는 약속을 이행하지 않음으로써 생산농가가 땀 흘려 수확한 고구마를 썩혀 버리거나 헐값으로 방매하는 등 경제적 손실을 초래한 데서 발단이 되었다.

농민들은 마을 단위에서는 스스로 협동하여 각종 경제 사업을 전개하였다. 신용협동조합을 결성하여 농협의 횡포에 맞서 농민 스스로 신용사업과 구매사업을 전개하였고, 신협을 농민교육의 장으로 활용하였다. 그리고 부락 내 작목반 등 협동조직체를 만들어 부락개발사업을 추진하여 농민의 민주주의 훈련, 경영능력의 배양, 합리적 사고의 함양 등에 힘썼다. 농민들은 부락단위에서의 경제적 협동운동과 민주주의적 훈련, 지역단위에서의 관료주의와 농협의 횡포에 맞서 자신의 권익을 지키기 위한 운동을 전개하였다. 그리고 전국 단위에서는 농민의 권익신장을 위한 정치적 투쟁도 전개하였다. 농민들은 나날이 심각해지는 소작농 문제에 대해서 사회적 관심을 환기시켰고, 정부의 저농산물 가격 정책에 맞서 수매가 인상과 수매량 증대를 요구하는 추곡수매 투쟁을 전개하였고, 무분별한 외국 농축산물 수입에 대한 반대 운동도 전개하였다.

이 시기의 농민운동은 차츰 정치투쟁 성격을 띠기 시작했다. 1978년 가톨릭농민회 춘천연합회에서는 농민회 홍보자료에 학생시위소식과 정부의 농정을 비판하는 내용을 실어 긴급조치 9호에 따른 제재를 받았다. 1979년에는 경북 영양의 가톨릭농민회 분회장 오원춘을 기관에서 납치 폭행한 세칭 '오원춘 사건'이 발생하여 전국적 사건으로 부각되었다. 농민의 정치투쟁은 정부의 강력한 탄압으로 인해 상당한 어려움이 있었지만, 이러한 운동을 통해서 농민의 정치의식은 성장하였고, 나아가서 1980~1990년대에 들어 전국적인 농민조직이 건설되는 데 적지 않은 기여를 하였다.

무엇이 달라졌나

이 글은 주로 1960~1970년대의 농촌 사정을 다루었다. 안타까운 일은 그 시기에 생겨난 농촌의 문제점들이 그 후 더욱 심각해지고 농촌은 악화일로에 놓여 있다는 것이다. 농업 생산의 기반인 사람과 농지가 뿌리째 흔들리고 있다. 급격한 이농과 고령화로 농사지을 사람이 없고, 지역 소멸이 운위되고 있다. 1970년 전체 인구의 약 절반에 해당하는 1,537만 명이 농촌(면부)에 살고 있었으나 지금은 3분의 1도 되지 않는 470만 명(전체 인구의 9.1퍼센트)만이 농촌에 살고 있다. 그 가운데 약 30퍼센트가 65세 이상으로 고령화율이 전체 인구(15퍼센트)의 두 배에 달한다. 향후 30년 내 226개 시·군·구의 39퍼센트(89개)가 소멸 위기(한국고용정보원, 2018년)에 있다고 한다. 농어촌 1,413개 읍·면 가운데 84.2퍼센트가 초고령사회(고령인구 20퍼센트 이상)에 진입하였고, 50퍼센트 읍면에서는 신생아 출생이 전혀 없거나 10인 이하이다. 농가만 보면 사정은 더 나쁘다. 전체 농가 인구의 60.6퍼센트가 60세 이상이고 70세 이상도 33.5퍼센트에 달한다. 농가 인구의 급격한 자연감소를 피할 길이 없다. 농업경영주의 연령을 보아도 40세 미만은 0.7퍼센트, 50세 미만도 5.2퍼센트에 지나지 않는다.

농지의 사정도 더 나빠졌다. 2018년에 임대차 농지는 전체 농지의 45퍼센트, 임차농가는 전체 농가의 50퍼센트를 차지하는 것으로 조사되었다. 임차지 비율은 1980년대의 20퍼센트 수준에서 두 배로 늘어난 것이다. 이는 농지개혁이 실시되기 전의 1947년의 소작지(전체 농지의 60퍼센트)에 근접하고 있다. 농가의 50퍼센트 이상은 많든 적든 남의 땅에서 농사를 짓는다. 도시 근교일수록 대농일수록 임차지 비율이 높다.

농촌은 농촌다워야 한다. 농촌재생은 도시 따라 하기가 아니라 농촌다움 살리기여야 한다. 그 뿌리는 문화다. 그러나 우리의 전통적인 농촌문화가 새마을운동에 의해 부정된 후 아직까지 살아나지 못하고 있다. 농촌문화의 핵심은 인간과 자연의 공생이다. 새마을운동은 이러한 문화를 미신이라는 이유로 파괴하였다. 농촌문화의 뿌리인 공동체성은 한편으로는 도시문화의 침투에 의해, 다른 한편으로는 군사정부에 의해 체육대회가 마을 축제로 대체되면서 무너졌다. 그리고 신품종으로 대표된 이른바 녹색혁명으로 시작된 생산주의 농정은 생산성을 높이기 위해 화학비료와 농약을 과대 사용하고, 고밀도 축산으로 농촌의 귀중한 자산인 생태 환경을 파괴하였다.

농촌사회의 붕괴를 초래한 성장주의는 농민뿐 아니라 전 국민의 삶을 불행하게 하고 있다. 성장주의는 우리 국민을 가난한 사람(hungry people)으로부터 성난 사람(angry people)로 바꾸어 놓았다. 농업과 농촌이 제 역할을 못하기 때문이다. 곡물자급률은 21퍼센트에 지나지 않고 국내에서는 생활에 필요한 칼로리의 40퍼센트밖에 조달하지 못한다. 정체 없는 수입농산물이 국민들의 건강을 위협하고 있다. 성장주의를 극복하고, 농업농촌이 일터, 삶터, 쉼터로서의 역할을 제대로 수행해야 도시의 많은 문제가 해결되고 국민들이 행복한 삶을 누리게 될 것이다.

박진도 _충남대 경제학과 교수

땅을 지킨 사람들

박진태

농민은 누구인가

사람은 빵만으로는 살 수 없다는 기독교의 명제는 '말씀'의 중요성을 강조하기 위한 것이지만 한편으로 그것은 먹을거리가 인간생활의 핵심임을 전제하고 있는 것이기도 하다. 인간의 먹을거리는 자연의 생산물이 주류를 이루고 있으며 농민은 땅을 매개로 이러한 '밥'이라는 먹을거리를 생산하는 사람들이다. 근래 눈부신 공업화의 진전과 함께 사회의 생산력이 고도로 발달하면서 농업은 이전의 사회에서와는 달리 낙후된 산업으로 평가절하된 것이 사실이다. 하지만 인간의 주된 먹을거리와 그 원료를 마련하는 사람이라는 의미에서 농민은 여전히 중요한 자리를 차지하고 있다.

전통시대 절대 다수를 차지했던 우리의 농민은 외세에 의한 근대화를 맞이하면서 수많은 고난을 겪을 수밖에 없었다. 그러한 고난은 대부분 농민들의 영원한 꿈인 땅 문제를 둘러싼 것이었다. 그들은 자신이 땀 흘려 농사를 지어 보람찬 수확을 얻을 수 있는 한 뙈기의 땅이라도 스스로 가지고 싶어했다. 그러나 우리의 지난 100년은 이러한 농민의 소망이 근대화 역사의 수

레바퀴에 무참히 짓밟히는 과정이었다 하여도 과언이 아니다. 그래도 그들은 대지에 굳게 서서 그곳을 지키고 있었다.

근대 개혁, 농민을 위한 것이었나

개항으로 인해 조선 사회가 세계자본주의체제에 편입됨에 따라 조선 정부는 위로부터의 근대 개혁을 추진하였다. 이 가운데 농업 문제에 관한 정책도 당연히 포함되어 있었다. 갑신정변 때 개화당 정권은 "전국의 지세(地稅)를 내는 법을 개정하여 간악한 관리를 근절하고 가난한 백성을 구제하며 국가재정을 충실하게 할 것"이라는 항목을 그들의 개혁정책에 포함하고 있었다.

이 정책은 조세제도의 개혁을 통해 농민을 보호한다는 측면에서는 매우 의미가 컸다. 하지만 이미 18세기부터 경자유전(耕者有田)의 원칙하에 여러 가지 토지개혁론이 제기되었음을 생각한다면 농민의 근본적인 소망과는 거리가 먼 것이었다. 그리고 그마저도 정변의 실패로 인해 실시되지 못하였다.

1894년부터 이듬해까지 다시 한 차례 근대 개혁이 있었다. 이른바 갑오개혁인데, 여기서도 여러 상공업 육성책과 아울러 농업 및 토지 문제에 관한 정책들이 실시되었다. 우선 각종 둔토(屯土)와 역토(驛土)를 중앙의 단일 기관에서 통일적으로 파악하는 역둔토 조사를 실시했다. 역둔토는 그동안 중앙과 지방 관청의 경비를 조달하기 위하여 각 기관에서 관리해 오던 것인데 근대적인 재정제도 및 관료제의 실시를 위해 이를 조사하는 것은 불가피한 조치였다고 할 수 있다.

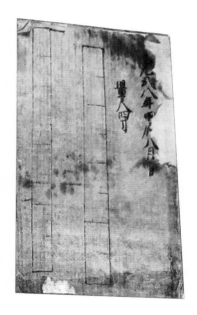

1904년의 양안
광무양전사업을 통해 만들어
진 이 양안의 앞에는 1902년 도
입된 미터법에 의한 양전척(양
척 4치 즉 40센티미터)이 그려져
있다.

그러나 이 와중에서 농민들이 피해를 보지 않
을 수 없었다는 것이 문제였다. 농상공부에 의해
추진된 1895~1896년의 역둔토 조사 과정에서
수많은 역둔토 경작농민들이 자작농에서 순전한
소작농으로 전락하였다. 때로는 경작권마저도
박탈당하고 그 땅에서 쫓겨나기도 하였다.

1897년 대한제국이 선포되자 근대 개혁정책
은 보다 체계적으로 추진되었다. 이는 토지정책
도 마찬가지여서 대한제국 정부는 18세기 전반
이래 미루어 왔던 양전(量田), 즉 전국적 토지조
사사업을 실시하였다. 이 사업은 국가에서 전국
의 토지소유를 조사하여 이를 근거로 소유주에
게 지계(地契), 즉 토지문서를 발급하여 주는 것
이었다. 이 조사는 국가에서 개인의 토지소유를
조사하고 이를 법적으로 공인해 준다는 의미에
서 근대적 토지조사로서의 특징을 다분히 지니고 있었다.

그러나 이 사업은 기본적으로 봉건적 토지소유 관계를 그대로 인정하고
있다는 점이 한계였다. 농민의 편이 아니라 지주의 편에 선 것이며 농민들
의 해묵은 소원인 농사짓는 자에게 땅을 돌려주는 것과는 전적으로 거리가
먼 것이었다. 이렇게 정부의 근대 개혁의 과정에서 농민은 철저히 소외되었
으며 경우에 따라서는 오히려 피해를 보기도 하였다. 결국 농민은 자신의
소망을 자신의 힘으로 이루기 위해 나설 수밖에 없었다.

농부의 밭갈이
씨앗을 뿌리기 전 두 마리 소에 쌍겨리를 꿰게 하고 쟁기를 달아 밭
을 갈고 있다. 식민지시기 지주제의 확산으로 이처럼 농민들이 애써
뿌린 씨앗의 소출은 대부분 농민들 손에 다시 돌아오지 못했다.

'녹두장군 말 달리던 호남벌판에'

19세기는 흔히 민란의 시대라고 한다. 전국에 걸쳐서 수많은 '민란'들이
이 시기에 일어났다. 특히 1862년에는 전국 70여 개 군현에서 연쇄적으로
농민항쟁이 일어나서 위정자들을 떨게 하였다. 이 무렵 순박하기 짝이 없는
농민들이 왜 이처럼 들고일어난 것일까? 이들 항쟁의 직접적인 원인은 이
른바 삼정(三政)이라고 하는 부세제도의 폐단이었다. 정약용이 지은 〈애절
양(哀絶陽)〉이란 시는 당시의 상황을 잘 보여 주고 있다.

　　싸우러 나간 남편 돌아오지 못하는 것은 있을 수 있는 일이지만 / 예로부

터 남자의 절양(絶陽)은 들어보지 못했네 / 시아버지 죽어서 벌써 상복을 벗었으며 갓난애기 배냇물도 안 말랐는데 / 3대의 이름이 첨정(簽丁)되어 군보(軍保)에 올랐네 / 하소연하러 가니 호랑이 같은 문지기 지켜 섰고 / 이정(里正)이 호통치며 외양간에서 소마저 끌어갔네 / 칼 갈아 방에 들어가 자리에 피 가득한데 / 스스로 한탄하는 말 애 낳아 이 고생 당했구나.

이 시는 수년 전에 죽은 아버지와 낳은 지 사흘밖에 안 된 아이가 군보에 편입되어 못 바친 군포 대신 소마저 빼앗긴 농민이 자신의 성기를 잘라 하소연한 내용을 담은 것이다. 이처럼 부세제도의 폐단은 농민을 압박하고 있었다. 그러나 가장 기본적인 문제는 이것이 아니었다. 땅이 농사짓는 농민의 손에 있지 않다는 점이었다. 정약용은 자신이 유배되었던 호남지방의 경우 남의 토지를 빌려서 농사짓는 사람이 7할에 이르고 있다고 하였다. 이러한 탓에 여러 실학자들은 경자유전의 원칙하에 여러 가지 토지개혁론을 제시하였지만 정책에 반영되기는 힘들었다.

이러한 와중에 개항이 되고 정부에서는 여러 근대 개혁을 추진하였다. 그러나 그것은 농민의 편에 선 것이 아니었다. 더구나 외세가 밀려들면서 일반 농민의 삶까지도 위협하고 있었다. 이제 농민은 어느 누구도 믿을 수 없고 스스로 일어서지 않을 수 없었다. 1894년의 농민전쟁이 바로 그것이다. 농민전쟁은 과거 무수히 일어났던 농민항쟁을 통해 성장한 농민대중이 동학의 조직으로 결집하여 봉건사회를 변혁하고 외세의 침략에 자주적으로 대응하려 한 운동이었다.

농민전쟁은 전라도 고부라고 하는 작은 고을에서 시작되었지만 곧 마른

들판의 들불처럼 번져 평안도와 함경도를 제외한 전국 각지를 휩쓸었다. 이들은 부세제도를 통한 수탈에 반대했을 뿐만 아니라 봉건적 토지소유 및 신분제 등도 전면적으로 부정하였다. 이를 실현하기 위해 지방 및 중앙의 관군과 당당히 맞서 전쟁도 불사하였다.

농민군 세력이 우세한 지역에서는 지역 내에서 자체적인 개혁을 단행하였다. 특히 '고부성을 격파하고 군수 조병갑을 효수한다', '전주성을 함락하고 서울로 쳐들어간다'라는 호남농민군의 초기 전쟁구상에서는 이미 지방의 탐관오리뿐만 아니라 중앙의 권력자까지도 제거할 것을 지향하고 있었다.

이들은 전주를 비롯한 전라도 전역을 농민군의 군사적 힘으로 제압한 후에 농민들의 자치적인 권력 기구로서 집강소(執綱所)를 설치하여 실질적인 개혁을 추진하기도 하였다. 하나의 해방구가 만들어진 셈이다. 탐학 관리를 비롯한 포악한 양반, 지주, 부호들을 응징하고 재산을 몰수하였으며 신분제도를 폐지하였다. 또한 조세제도를 개혁하고 고리채를 무효화하였을 뿐만 아니라 미곡의 일본 유출을 금지하고 지역에 따라서는 토지의 평균 분작(分作)도 실시하였다.

이러한 농민전쟁은 일본의 군사 개입으로 말미암아 공주 우금치 고개의 피울음을 남긴 채 실패로 돌아가고 말았다. 농사지을 땅을 자신이 갖는 평등한 사회를 향한 농민들의 애절한 소망도 꺾이지 않을 수 없었다.

토지조사사업과 소작쟁의

1910년 이 나라의 국권은 일본에게 넘어갔다. 나랏일은 높으신 나리들만

상관하는 것이라고 배운 농민들에게 '망국'은 그저 얼떨떨한 것이었는지도 모른다. 그러나 농민들은 곧 그것이 자신들에게 어떤 의미를 갖는지 깨닫지 않을 수 없었다. 이를 명확하게 알게 해 준 사건이 이른바 토지조사사업이었다.

일제는 조선을 강제 병합한 후 조선의 경제구조를 식민지 수탈에 적합하게 재편하기 위해 토지조사사업을 실시하였다. 이 사업은 이전의 토지소유를 근대법의 체계에 따라 확인한다는 점에서는 대한제국의 양전사업과 같은 성격을 갖고 있다. 그러나 이와는 다른 측면이 몇 가지 있다. 먼저 외국인의 토지소유를 완전하게 합법화시킴으로써 그동안 불법적으로 토지를 점유해 온 일본인의 토지소유를 법적으로 인정해 주었다는 점이다. 이는 곧 농민들의 토지 상실을 초래할 수밖에 없었다.

그러나 무엇보다 문제가 된 것은 여기서 규정한 부동산 소유권의 성격이었다. 전통적으로 우리나라에서는 토지를 둘러싸고 지주의 권리 외에 농민의 권리도 일정하게 성장했다. 하지만 당시 일본 민법은 사용·수익·처분권으로 구성된 부동산 소유권 가운데 처분권만을 유일한 배타적 권리로 규정하고 있었는데, 토지조사사업에서는 조선의 전통과 관습을 무시한 채 이러한 일본 민법 규정을 그대로 적용한 것이다. 따라서 지주의 처분권만을 배타적 권리로 인정하고 경작권을 비롯한 농민의 여러 권리를 송두리째 부정한 것이다.

이렇게 당시 농민들은 토지조사사업을 통해 일제의 지배가 자신들한테 재앙이라는 사실을 몸서리치게 깨닫지 않을 수 없었다. 자신의 땅을 갖겠다는 소망은커녕 경작권이라고 하는 사회 관습의 보호막까지 박탈당한 것이

김제 동진수리조합
1925년 일본인이 주축이 되어 세워진 수리조합으로 이곳에서 김제, 정읍, 부안의 3군 26개 면에 걸친 관개면적 1만 8,500정보를 관리하였다.

다. 그리고 식민지 지주제라고 하는 현실에 내던져진 것이다.

이러한 상황에서 농민들은 자신의 생존권을 지키기 위해 나서지 않을 수 없었다. 1920년대 들어 집중적으로 일어나기 시작한 소작쟁의가 바로 그것이다. 소작쟁의란 소작조건을 둘러싼 소작인과 지주 간의 분쟁이다. 토지조사사업으로 경작권 등 토지에 대한 농민의 여러 권리가 부정되면서 각지에서 지주와 소작인의 갈등이 빚어졌고 이것이 소작쟁의로 터져 나온 것이다.

이러한 소작쟁의는 처음에는 자연발생적으로 일어나다가 면·리 단위의 소작인조합이 결성되면서 보다 조직적으로 전개되었다. 소작인조합은 1923년에 이르러 전국적으로 100여 개를 넘어섰다. 특히 1924년 4월에 조선노농총동맹이 창립되고 사회주의 서클 운동이 발전하면서부터는 초기의 개량적인 소작쟁의와는 달리 소작 농민들과 식민지 권력이 직접 맞부딪치기도 하였다.

1921년 1월 경북의 달성, 경산, 청도 등 5개 군에서 납세 부담에 항의하여 일어난 1만여 소작인의 지주에 대한 투쟁, 1924년부터 본격화한 전남 무안군 암태도 소작쟁의, 1924~1925년에 걸쳐 전개된 황해도 재령·봉산·신천군 등지의 동양척식회사농장 소작쟁의 등은 1920년대 전반기의 대표적인 소작쟁의이다.

> 근일에 들어서 우리의 심장을 더욱 고동케 하며 우리의 폐부를 더욱 전율케 하는 북율면 소작쟁의 사건은 과연 동척의 악극흉극한 진상을 그대로 폭로한 것이다. 삼백 명 소작형제의 고혈을 착취하기 위하여는 소위 척식청년회를 조직하여 단체적으로 위협사기의 모든 악독을 자행하였고 다시 정당한 생존권을 위하여 결사적으로 대항하는 가련한 형제에게 대하여 도리어 직접 행동으로 총을 쏘기까지 하였다. 이것은 과연 소작 문제보다 인도 문제이다. 천인이 공노할 동척의 죄악!

이러한 당시 《동아일보》 사설의 지적처럼 동양척식회사농장 소작쟁의에 대한 일제의 탄압은 극단적인 것이었다. 이에 견디다 못한 황해도 재령군 북율면 여물평(나무리벌) 농민들은 만주 지역으로 이주해 보지만 이국의 척박한 땅에서 겪는 중국인 지주의 수탈 또한 여간 가혹한 것이 아니었다.

> 신 재령에도 나무리벌 / 물도 많고 / 땅 좋은 곳 / 만주 봉천은 못 살 곳 / 왜 왔느냐 / 왜 왔느냐 / 자국 자국이 피땀이라 / 고향 산천이 어디 메냐.

이것은 김소월이 지은 시 〈나무리벌 노래〉(1928)이다. 이 시는 비옥한 고향의 농토를 그리워하며 눈물짓는 이주 한인의 고단한 삶을 잘 그려 주고 있다. 1920년대 대표적인 의열 투쟁의 하나로 동양척식회사에 폭탄을 던진 나석주가 이 마을 출신인 것은 결코 우연이 아닐 것이다.

우리 쌀 어디로 갔나

일제의 농업정책 가운데 식민지 성격이 한층 적나라하게 드러난 것이 1920년부터 1934년까지 지속된 산미증식계획이다. 이 계획은 조선 농민의 소득을 증대시켜 생활을 안정시킨다는 그럴듯한 포장과는 달리 당시 식량 부족에 시달리던 일본으로 미곡을 반출하기 위해 추진된 것이었다. 이 계획은 토지개량과 농사개량을 양대 사업으로 하여 추진되었는데 특히 강조된 것은 수리조합사업을 바탕으로 한 관개시설 확충이었다.

수리조합은 사업면적 3,000정보 이상의 대규모 사업으로 강행되면서 전통적인 수리조직 및 관행과 충돌하여 농민들과 갈등을 빚기도 하였다. 또한 수리조합비는 매우 무거웠으며 부과된 조합비는 대부분 소작농에게 전가되었다. 따라서 일본인 지주와 일부 조선인 대지주들은 이 사업으로 혜택을 보았지만 대부분 농민은 오히려 고통스러운 것이었다. 그래서 1, 2차 계획이 끝난 후에 자작농과 자소작농이 각각 3.7퍼센트, 9.1퍼센트 감소한 반면 소작농이 12.9퍼센트 증가하였다.

또한 이 사업을 시행하는 과정에서 지주는 종자 선택과 비료 사용을 강제하거나 수확물의 처분과 품질에 관해 규제하고 또 식량과 농업자재를 대여

〈농민의 기름도 한계가 잇지〉
1923년 2월의 신문에 실린 풍자 만평이다. 당시
높은 소작료에 시달리고 있는 농민의 처지를 극
명하게 보여 주고 있다.

하면서 유통 과정을 지배하였다. 그
뿐만 아니라 보다 안정적으로 지대
를 걷기 위해 연대 소작인 제도를 실
시하는 등 소작인 관리 조직도 강화
하였다. 따라서 소작농민은 자기 몫
의 쌀을 전부 팔아도 늘어나는 현금
지출을 감당할 수 없으며 결국 지주
의 고리대에 묶인 채무노예로 전락
할 수밖에 없었다.

1930년대 들어 토지개량사업을 이어 농사개량사업이 강행되었다. 이는
품종 교체, 화학비료의 투입, 경종법 개선을 내용으로 한 것인데 이에 따라
미곡의 생산량이 얼마간 늘어난 것은 사실이다. 그러나 이는 기본적으로 밭
농사를 쇠퇴시키면서 조선의 농업 구조를 쌀 단작형으로 왜곡시킨 결과였
다. 더구나 1920년대 후반부터 1930년대 전 기간에 걸쳐 총생산량의
40~50퍼센트의 쌀을 일본으로 반출하였기 때문에 조선 농민은 만성적인
식량 부족에 허덕여야 했다. 결국 산미증식계획은 일본인 대지주와 일부 조
선인 지주의 이익만을 보호하였으며 대다수 조선 농민은 만주에서 들여온
좁쌀로 연명해야 했다.

일어서는 농민들

이같이 일제의 농업정책이 농민들의 삶의 토대를 기본적으로 뒤흔들게

되자 농민들은 뭉쳐서 이에 맞서지 않을 수 없었다. 이미 1920년대 초부터 소작쟁의의 와중에서 소작인조합이 만들어졌지만 이제 소작인뿐만 아니라 자작농까지 받아들여 농민조합으로 확대 개편되기 시작하였다. 이러한 조직개편으로 소작조건의 개선 이외에도 농민들의 다양한 요구를 조직적으로 수용할 수 있게 되었다. 이러한 농민조합은 조선농민총동맹으로 묶였는데 창립 당시 조선농민총동맹 산하에는 44개 군 단위 농민조합을 포함한 134개의 가맹단체가 소속되어 있었다.

이 시기 농민조합은 농민들의 소작행위, 수리조합 반대운동, 화전정리 반대운동 등을 주도하였는데 격렬한 양상을 띠어 농민들의 삶이 얼마나 열악한가를 보여 주었다. 1927년 11월의 전북 옥구군의 이엽사(二葉社)농장 쟁의, 1927~1931년에 걸쳐 전개된 평북 용천군 불이흥업(不二興業) 서선(西鮮) 농장 쟁의, 1929년 말부터 개시된 경남 김해군 박간(迫間)농장 쟁의 등은 이 시기 일본인 대지주를 상대로 한 대규모의 투쟁들이다. 그리고 이들 쟁의는 1924년의 황해도 동척 농장 쟁의와 더불어 1920년대의 대표적인 투쟁 사례라고 할 수 있다.

특히 산미증식계획으로 말미암은 농민들의 고통은 이에 대한 반대운동에 나서게 하였다. 그래서 '수리조합이 세워진 곳에는 반드시 민원이 발생하고 또한 사업이 진행되는 도중에는 반드시 분규와 참극이 계속되

암태도 소작인의 단식투쟁
암태도 소작쟁의는 전국적 관심을 불러일으켰다. 올해의 10대 뉴스처럼 《조선일보》 1925년 신년호에 실린 삽화 중 6월 부분이다. 아사동맹(餓死同盟)이란 표현은 당시 암태도 소작쟁의의 처절함을 잘 보여 주고 있다.

는 형국이다'라는 당시의 지적대로 수리조합에 대한 반대운동이 자주 발생하였다. 1927~1928년에는 1920년대 전반기보다 연 발생 건수가 2~3배로 증가하여 11~17건에 이르고 있다. 특히 수리조합 문제에 대한 소농, 중농과 빈농의 연대투쟁의 모습이 나타나고 있었다.

1930년대에 접어들자 농민조합은 이전과는 다른 모습을 보이기 시작하였다. 과거 농민조합이 공개적이고 합법적인 방식으로 활동을 전개하였다면 이제는 비공개적이고 비합법적인 방식으로 활동을 전개하였다. 그리고 사회주의 이념과 노선을 바탕으로 보다 급진적인 색채를 띠어 갔다. 이는 이른바 혁명적 농민조합인데 당시 일본 경찰은 사회주의의 색채가 짙다고 하여 적색농민조합이라 부르기도 하였다.

이 무렵 농민조합이 자신의 면모를 달리한 것은 무엇 때문일까. 그 첫 번째 이유는 사회운동에 대한 일제의 탄압이다. 1930년대 일본은 대륙침략에 나서기 시작하였으며 이를 위해서는 후방을 단속할 필요가 있었다. 따라서 이 무렵 모든 형태의 반일운동에 대한 대대적인 탄압이 가해졌고 농민운동도 이제 더 이상 공개적이고 합법적인 방식으로는 운동을 지속할 수 없게 되었다.

둘째로는 농민운동의 내적인 발전을 들 수 있다. 일제 식민지 지배의 본질이 농민대중에게 보다 뚜렷이 드러나면서 농민대중의 운동이 보다 급진적으로 되었던 것이다. 혁명적 농민조합은 매우 급속히 파급되어 전국의 220개 군 가운데 80개 지역에 조직될 정도였다. 특히 함북 명천농민조합은 1934~1937년 사이 세 차례에 걸친 검거 사건 때 검사국에 수리된 인원수만도 1,093명에 달하였다. 또 함남 정평 지역의 경우는 군내 전체 소작농의 54

퍼센트가 참가할 정도였다.

혁명적 농민조합의 출현기라고 할 수 있는 1930년대 초에는 '토지는 밭갈이하는 농민에게!', '노동자·농민이 주인인 세상을 만들자!' 등의 슬로건을 통하여 토지혁명과 평등한 사회건설이 선전되기도 했다. 한편 이 시기에 각 리에 설치된 합법·반합법적 야학은 농민조합 구성원과 조합에 참여하지 않은 일반 농민이 자연스럽게 만날 수 있는 공간 역할을 하였다.

> 십 리의 큰 밭은 누가 갈았나 / 갈은 주인만 굶고 있구나 / 밤낮 땅 파고 밤낮 땅 파네 / 밤낮 땅 파도 나올 것 없네.

이는 완도 해남 지역의 소작인들이 지주의 집 앞에 모여 시위를 벌일 때 부른 투쟁가이다. 이렇게 추석, 동지 등 명절을 즈음한 마을 단위의 대중집회는 농민대중의 의식을 고양시킬 수 있는 공간으로 기능하기도 하였다.

이 밖에도 농촌진흥회와 향약 같은 관제조직과 상조계, 금주단연회, 친목계 등 대중사업단체나 사랑방, 마실방, 머슴방 등이 운동의 공간으로 활용되었다. 이렇게 본다면 혁명적 농민조합은 일제에만 비공개 지하조직이었지 우리 조선 농민에게는 떳떳하게 공개된 조직이었다고 할 수 있다. 그리고 이곳에서 우리 농민들은 정치적 훈련을 쌓을 수 있었으며 이것이 해방 후 큰 자산이 되었다.

해방은 농민에게 땅을 주었지만

어느 시인의 말대로 해방은 그야말로 도둑처럼 찾아왔다. 그 바람에 우리는 온전한 준비 없이 해방을 맞을 수밖에 없었다. 따라서 우리는 서둘러 진정한 해방을 이루어야만 하였다. 8·15 직후 전 국민의 77퍼센트가 농업에 종사하고 있었으므로 토지 문제의 합리적 해결은 이 시기 한국 사회가 짊어진 최대의 과제라고 할 수 있다.

그것은 해방 공간에서도 여전히 식민지시기의 지주소작제가 남아 있었기 때문이다. 1945년 말 현재 남한 총 경지의 65퍼센트가 소작지였으며 전체 농가 중 49퍼센트가 순소작농, 35퍼센트가 자소작농이었으며 자작지주를 포함한 완전한 자작농은 14퍼센트에 불과했다.

이러한 상황에서 북한은 1946년 3월 무상몰수 무상분배의 방식으로 토지개혁을 실시하였다. 따라서 남한에서도 농지개혁을 무한정 미룰 수는 없었다. 또한 농민들은 식민지시기 농민운동의 전통을 바탕으로 해방 직후부터 토지 문제의 해결을 위한 운동을 활발히 전개하였다. 농민들은 일제 및 민족반역자 소유의 토지를 즉각 몰수하여 빈농에게 분배할 것을 주장하였다. 또한 조선인 지주의 토지에서도 자의적인 소작권 이동을 금지하고 소작료는 수확량의 30퍼센트로 인하할 것을 요구하였다.

시간이 지나감에 따라 농민들의 토지에 대한 요구는 점차 행동으로 나타나기 시작하였다. 1946년 10월 대구에서 발생한 '미곡공출반대'와 '친일파 배제'를 슬로건으로 한 봉기에서도 토지개혁 요구가 제기되었으며 정부 수립 후 일어난 여순반란사건 때도 지역 농민을 중심으로 무상몰수 무상분배의 토지개혁 슬로건이 제기되었다. 이렇게 토지개혁 문제는 남한의 정치 불안에 중요한 요소가 되었다. 이에 따라 미군정과 이승만정부는 개량적인 방식으로나마 농지개혁을 실시하지 않을 수 없었다.

우선 미군정은 1948년 3월 말부터 신한공사가 가지고 있던 구 일본인 소유농지 총 32만 4,000 정보 가운데 19만 9,000정보를 매각하였다. 그 후 한국 정부에서 매각한 것까지 합하여 26만 7,776정보의 귀속농지를 65만 호의 농가에 유상으로 분배하였다. 그러나 일반 농지의 경우 1949년 6월 21일 농지개혁법이 정부에 의해 공포되기까지 기다려야 했다.

이 농지개혁법에 의하면 농지를 분배받은 농민은 평년작 수확의 1.5배를 매년 3할씩 5년간 나누어 납부해야 하였다. 이렇게 유상분배방식

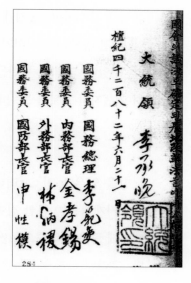

농지개혁법 공포
1949년 6월 공포된 농지개혁법의 서명 원안이다. 정치적 안정을 위해 실시한 농지개혁은 미흡하기는 하지만 농민에게 땅을 가져다주었다.

이 채택되자 그동안 무상몰수 무상분배를 주장했던 농민들은 실망할 수밖에 없었다. 그러나 이 분배 가격이 당시의 땅값보다는 다소 낮은 수준이었다.

농지개혁은 1950년 4월 농지분배 예정지 통지서가 분배대상농가로 발부됨으로써 시작되었다. 그러나 농지개혁을 통해 실제 분배된 면적은 1945년 현재 소작지의 40.4퍼센트에 지나지 않았다. 나머지는 분배에서 누락된 것이다. 이러한 토지의 대부분은 농지개혁 전 특히 농지개혁을 위한 입법 논의가 본격화되는 1947년 이후에 지주들에 의해 사전에 매각된 것이다. 따라서 1945년 65퍼센트였던 소작지 비율은 1949년 6월에 이르면 이미 32.6퍼

센트로 감소하고, 농지개혁 후 1951년 12월에는 8.1퍼센트까지 하락하였다. 이를 통해 식민지시기의 지주제는 농지개혁을 통해 사라져 가고 있음을 알 수 있다. 그리고 농민들은 비록 농지를 분배받기 위해 적지 않은 부담을 져야 했지만 그토록 소원하던 자신의 땅을 얻을 수 있게 되었다.

땅을 얻은 농민, 그러나

농지개혁은 미흡한 점이 적지 않지만 반봉건적인 지주제를 해체하고 농민에게 땅을 돌려줌으로써 앞으로의 농업 발전에 길을 열어 준 것이 사실이다. 그러면 이후 농민들은 이처럼 천신만고 끝에 얻은 땅 위에서 풍성한 수확을 얻으며 살아왔는가. 공교롭게도 그 대답은 긍정적이지 못하다.

1950년대 우리나라는 급속도로 미국의 경제권에 편입되었다. 과거 일본의 경제권 속에 있을 때 우리 농업은 그들에게 이용가치가 있었다. 그들의 식량공급지 역할을 하여야 했으니 말이다. 그런데 거대한 농업국이기도 한 미국에 있어서 우리 농업은 아무 쓸모가 없었다.

미국은 오히려 원조란 명목으로 과다한 잉여농산물을 우리나라에 쏟아부었다. 값싼 미국 밀가루가 들어오면서 국산 밀은 자취를 감출 수밖에 없었고 미국의 면화에 국산 솜은 자리를 내어 줄 수밖에 없었다. 이 밖에 수많은 잉여농산물이 들어와서 농산물 가격은 땅으로 떨어졌다. 사정이 이러하니 더 이상 농업은 수지맞는 사업이 될 수 없었다.

이러한 와중에 나라에서는 과중한 토지수득세를 걷어 갔으며 빈곤한 농촌에 고리대 자본이 횡행하여 농민들은 다시금 파산의 구렁텅이에 빠지고 말았다. 사람에 따라서는 분배받은 농지를 팔아 치워 다시금 소작농으로 전락하는 경우도 있었다.

1960년대 이후 국가에 의한 고도성장정책이 추진되지만 여기서도 농업은 찬밥 신세를 면하지 못하였다. 당시 수출을 고도성장의 핵심 전략으로 설정하면서 농업은 경쟁력이 없다고 본 것이다. 농업은 단지 값싼 식량을 공급하여 노동자의 임금 수준을 낮추는 데 기여하기만 하면 되었다.

당시 저임금이 우리 경제의 가장 큰 '경쟁력'이었으며 농업은 이러한 의미에서 1960년대 공업화의 가장 확실한 디딤돌이었다. 그러나 이러한 과정에서 우리 농업은 근본부터 무너져 내렸다. 그리고 농민들은 출세와 성공을 위하여, 혹은 그저 먹고살기 위하여 땅을 저버리고 도시로 몰려가기 시작하였다.

이렇게 농지개혁은 농민들에게 그들이 그토록 소원했던 땅을 주었지만 이미 세상은 농업 자체를 버린 것이다. 이는 농민에게는 또 다른 배신이었다. 그러나 여기서 다시 한 번 생각해 보아야 할 점이 있다. 우리가 농업을 버려도 되는가 하는 점이다. 먹을거리는 우리 삶에서 가장 중요한 것이다. 우리가 먹을 것을 우리 손으로 짓는 것은 우리의 삶을 가장 확실하게 지키는 길이다. 눈앞의 이득만을 위해서 농업을 버리는 것은 훗날 크나큰 후회를 가져다줄지도 모른다.

박진태 _대진대 교수

도시화의 뒤안길, 달동네 사람들

박은숙

뿌리 뽑힌 사람들

도시빈민이란 도시에 사는 가난한 사람들을 뜻하며, 저소득·저자산 등으로 빈곤상태에 있는 사람들이라 할 수 있다. 그러나 빈곤의 문제는 단순히 물질적 결핍에 기초한 경제적 요인만으로 설명되는 것이 아니며, 주거공간과 교육·건강 등과 같은 사회구조적 문제와 연결되어 있다.

빈민들은 역사적으로 언제 어느 곳에나 존재하였다. 다만 각 시대의 역사적 조건과 상황에 따라 그 정도와 존재 양상에 다소 차이가 있을 뿐이다. 제3세계 국가에 비해 선진자본주의 국가는 상대적으로 빈민층이 수적으로 한정되어 있고, 지역적으로도 슬럼과 같은 제한된 지역에 존재하는 것이 일반적이다. 반면에 제3세계 국가들의 경우에는 빈민층이 광범위한 지역에 존재할 뿐만 아니라 취업노동자층도 빈곤에 직면해 있어 빈민층 존재 형태가 다양하다.

우리나라에는 1980년대까지만 해도 도시빈민이 광범위하게 존재하고 있었다. 1982년도 정부 공식통계에 따르면 빈곤 인구로 파악되는 생활보호대

빈민들의 생계
풀빵을 구워 생계를 이어 가는
식민지시기 빈민 노인 부부의
모습이다. 1920년대 도시빈민
문제는 심각한 사회문제가 되
었으며, 일제는 빈민생활 실
태조사와 최소한의 구휼정책
을 실시해야 했다.

상자가 전국적으로 약 342만여 명에 달하고 있다는 사실에서 빈민층이 폭
넓게 존재하고 있다는 것을 알 수 있다. 그러나 이후 그 숫자는 계속 줄어들
어 1997년도에는 141만여 명으로 나타났으며, 서울 등 대도시의 생활보호
대상자는 상대적으로 적은 비중을 차지하고 있다.

한국 사회에서 도시빈민이 본격적으로 형성되기 시작한 것은 1960년대
이후라고 볼 수 있다. 1960년대부터 산업화와 도시화가 급속하게 진행되면
서 도시빈민층이 광범위하게 형성되었고, 달동네·산동네가 우후죽순처럼
생겨나 도시 공간 구조에도 커다란 영향을 미쳤다. 한국의 도시빈민은 산업
화된 도시에서 나타나는 필연적인 산물이라기보다는 사회구조적인 모순에
기인한 것으로 평가되기도 한다. 또한 이들은 게으름과 열등감·절망감 등
이른바 '빈곤문화'를 갖지 않는 건강한 빈민으로 분류되었다.

한때 도시의 가난한 빈민들을 달동네 사람들 혹은 영세민이라 부르기도
했는데, 그중 영세민은 '영리하고 세련된 민주시민'이라고 자조적 반어적 표
현으로 풀이하기도 한다. 도시빈민 가운데 국가의 지원을 받는 생활보호대

상자들은 정부로부터 생계비와 교육비, 의료보호 등의 지원을 받아서 최저 생활은 보장받는 셈이다. 이들 중 노동 가능한 자는 취로사업에 나가 하루 1만 7,000원(1997년 현재)의 돈을 받고, 한강시민공원 등지에서 풀을 뽑거나 길거리에 붙은 껌이나 광고물을 제거하는 일을 하기도 한다. 오늘날 도시빈민들은 산업화 과정의 초기에 나타나는 의식주의 궁핍현상은 어느 정도 벗어나고 있으나, 저소득과 직업 격차, 교육·의료·거주 환경의 양극화 등으로 상대적 빈곤에 시달리고 있다.

움막 속의 토막민

조선시대에도 도시빈민은 존재하고 있었지만, 사회 전체의 문제로 부각된 것은 일제강점기 이후라 하겠다. 1910년 이후 일제의 토지조사사업 실시로 인해 많은 농민들이 토지를 빼앗겨 생활을 유지하기 어렵게 되었다. 이에 상당수의 농촌빈민들이 산으로 들어가 화전민이 되거나 해외로 떠났지만 나머지는 도시로 몰려들어 도시빈민이 될 수밖에 없었다. 도시로 몰려든 농민들은 일반주택의 행랑채에 기거하기도 했지만, 상당수는 공한지(空閑地) 등의 빈 공간에 움막이나 토막을 짓고 집단으로 거주하였는데, 이들을 토막민이라고 하였다.

땅을 파고 자리쪼각을 덮고 원시적 생활을 하는 소위 토막민이 시내·시외의 산곡과 개천가에서 수백·수천을 헤아리게 되며, 그 토막이나마 유지하지 못하여 구축을 받으며 방황하고 있는 것이 많다. 시내 송월동 경성중학교 뒷산 일대에 모여 있는 170여 호의 토막민 800명은 동 토지소유자인 경성중학교로부터 철거 명령을 당하고 장차 임박하는 엄동을 앞에 두고 갈 곳이 없어 방황하게 되어…… (《조선일보》 1931년 10월 7일)

이처럼 토막은 땅을 파고 자리조각이나 짚·거적때기로 지붕과 출입구를 만든 집이었다. 토막 중에는 온돌을 놓은 것도 있었지만, 그냥 맨 흙바닥에 자리를 깐 형태가 대다수였다. 토막민들은 대부분 방 한 칸에서 가족들 전원이 생활하였으며, 부엌이 따로 없었기 때문에 식사 준비는 토막 밖의 빈 공간에서 할 수밖에 없었다. 그나마 형편없는 토막에서 쫓겨나기도 하여 매우 불안한 상태에 있었다. 이러한 토막민들은 서울을 비롯해 인천, 부산 등 도시 주변 어디에나 존재하였다. 서울에는 홍제동, 돈암동, 아현동, 신당동 등지에 퍼져 있었다.

토막민의 옷가지는 여름·겨울옷을 합하여 3~4벌 정도에 불과했으며, 한 벌 옷으로 지내는 사람도 과반수를 넘었다. 특히 여름옷은 입고 있는 옷 한 벌뿐인 경우가 많았으며, 옷이 한 벌도 없는 어린아이들은 헝겊조각으로 허리를 두르고 다닐 뿐이었다. 따라서 그 행색은 걸인과 다름이 없었고, 옷맵시에는 초연한(?) 상태였다.

토막민의 직업은 날품팔이나 공사장 막일꾼, 행상 등 육체노동자가 대부분이었다. 이들은 하루 벌어 하루 먹고 살기에 바빴으며, 수입 중에서 70퍼센트 이상을 식비로 지출하였으니 겨우 연명해 나갈 정도라고 볼 수 있다. 이들의 80퍼센트 이상이 한글을 읽지 못하였으며, 연령층은 청·장년층의 수는 적고, 대부분 40~50대와 어린이·노인 중심이었다.

이전 시기에는 그 명칭조차 없었던 토막민은 일제의 수탈 정치가 빚어 낸 도시빈민 계층으로 이른바 근대적 도시빈민의 시원이었다. 결국 일본제국주의가 만들어 놓은 토막민 문제는 식민지배하에서는 근본적인 대책이 세워질 수 없었고, 해방 후로 그 해결이 미루어졌다.

해방촌과 삼팔따라지

해방 이후 서울을 비롯한 대도시 인구가 급증하였다. 이는 해외 동포들의 귀환과 북한 주민들의 남하, 이농민의 유입 때문이었다. 서울 등 대도시에 몰려든 사람들은 상당수가 빈민화하여 남산이나 한강 다리 아래, 도시의 변두리에 천막을 치고 정착하여 판자촌을 형성하였다. 판자촌은 원래 해방 후 북한에서 내려온 피난민들이 임시적인 거처로 하기 위하여 미군들이 진주할 때 가지고 온 나왕, 미송 등의 목재 조각과 루핑, 깡통 등을 이용하여 바라크 집을 짓기 시작한 데서 유래하였다.

한국전쟁으로 수십만 명에 달하는 북한 주민들이 남하하였으며, 그들 중 상당수가 서울 등 대도시에 정착하였다. 서울의 경우에는 인왕산과 홍제동 고개 부근, 미아리 고개 일대, 북한산 일대, 봉천동 일대 등 빈터가 있는 곳이면 어느 곳이든지 이들이 사는 무허가 판잣집, 또는 상자집들이 들어섰다.

해방촌은 해방 이후 정부가 해외에서 들어온 동포와 월남한 사람들을 구제하기 위하여 현재의 남산 서남기슭, 용산구 용산동 2가 일대의 국유림 42정보를 대부하여 이들의 정착지로 삼게 한 것에서 비롯되었다. 이때 38선 이북에서 내려온 사람들을 '삼팔따라지'라고 불렀다. 따라지는 도박에서 한

끗을 뜻하는 말인데, 3·8은 한 끗이 되는 것으로 38선을 넘어온 사람은 하찮은 존재인 '한끗짜리 인생'이라는 의미에서 그렇게 불리었다. 이후 해방촌은 그들의 활동 거점이 되었으며, 그들 가운데에서 남대문시장으로 진출하여 성공한 사람들이 적지 않았다. 이들은 본격적인 의미의 도시빈민이라기보다는 한국사의 특수한 상황에서 나타난 빈민이라고 할 수 있다.

해방촌살이
1963년 삼팔따라지를 다룬 영화 〈혈맥〉의 한 장면이다. 삼팔선을 넘어온 피난민들이 생존을 위해 살아가는 모습을 담은 영화이다. 남산 기슭의 해방촌에서 촬영되었다.

  판자촌과 해방촌 등지에 집단 거주하였던 도시빈민들의 생활은 매우 어려웠다. 그들은 산업이 마비된 도시 공간에서 일자리를 구하기가 힘들었으며, 쌀값 폭등과 같은 물가 인상으로 식생활조차 해결하기 힘든 상황에 처해 있었다. 그들은 미국의 원조로 제공되는 밀가루·옥수수 등으로 겨우겨우 허기를 모면하고 있었으며, 정부로부터 몇 홉의 양곡을 배급받기 위하여 장사진을 이루었다. 이후 재건·복구사업이 어느 정도 시행되고 경제가 안정을 되찾게 되자 극단적 굶주림의 상태에서는 어느 정도 벗어났으나 여전히 빈곤의 상태에 있었다.

쓰레기처럼 버려진 사람들

도시빈민은 경제개발이 시작된 1960년대부터 본격적으로 형성되었다. 1962년부터 시작된 경제개발계획은 도시 중심의 공업화 개발을 촉진함으로써, 도시로의 인구 집중을 가속화시켰다. 서울에서는 1960년에 240만여 명이던 인구가 1980년에 3.5배가 넘는 840만 남짓에 이르렀다는 사실에서 그 정도를 짐작할 수 있다. 농촌에서 밀려나 도시로 몰려든 이농민 중 상당수는 안정된 일자리를 찾지 못하고 변두리의 판자촌에 집단적으로 거주하면서 도시빈민을 형성하였다. 서울을 보면 그들은 주로 한강과 청계천·중랑천 등지의 하천변과 숭인동 등의 산등성이, 뚝섬 등의 공원 부지에 천막으로 움막을 짓거나 무허가 판잣집을 지어 거주했다. 1966년을 기준으로 볼 때 서울시 인구 380만 명 가운데 3분의 1에 해당되는 127만 명이 무허가주택에 거주하고 있었을 정도였으니, 당시 무허가주택의 실상이 어떠했는지 짐작할 만하다.

마장동과 용두동 사이를 잇는 하천변에 자리를 잡고 움막을 쳤다. …… 몇 집만이 움막을 치고 살던 곳이 어느 새 수백 세대의 천막촌으로 변해 갔다. 몇 년 사이에 큰 동네가 생긴 것이다. 천막과 움막을 차차 판자조각으로 막고 덮고 하더니 점점 온 동네가 판잣집으로 꽉 들어찼다. 가끔 단속반이 와서 구둣발로 부수고 차고 갔지만 소용없었다. '미나리 꽝'이라는 동네가 생긴 것이다. 제멋대로 터를 잡아 집을 짓는 바람에 골목길이 반듯하지 못하고 꾸불꾸불 뱀 기어가는 것처럼 중구난방이었다. 밤이면 석유등잔으로 불을 밝히고, 물은 골목 입구와 샛몰목에 펌프를 장치해 지하수를 사용했다. 몇 집이 어울려 돈을 모아 펌프를 장만한 것이다. 하룻밤만 자고 나면 판잣집이 몇 채씩 늘어나고 사람들로 붐볐다.

(이철용, 《꼬방동네 사람들》)

시골에서 무작정 서울로 올라온 사람들은 이와 같이 하천변이나 산에 움막을 치고 살다가 판잣집으로 바꾸어 나갔으며, 처음에는 몇 집에 불과하던 판자촌이 점차 수십·수백 세대의 마을로 변모해 갔다.

이처럼 서울시 전역에 무허가주택이 확산되자 서울시는 본격적인 철거작업에 들어갔다. 그러나 철거한다 해서 도시빈민이 사라지는 것은 아니었으며, 단지 그 자리를 바꾸었을 뿐이다. 빈민들은 도심지에서 변두리로, 다시 산동네·달동네로, 또 다시 서울시 밖의 경기도 지역으로 밀려났다.

1960년대 무허가주택에 대한 서울시의 정책은 무허가건물의 양성화와 소규모 시민아파트 건립, 집단이주 정착지 조성 등의 방향으로 나타났다. 이 가운데 광주대단지 조성은 집단이주 정착지 조성사업의 일환으로 추진되었다. 이 사업은 빈민구제의 차원에서 전개된 것이 아니라 판잣집 철거에 주목적이 있었다. 생활능력이 없는 도시빈민들을 골라 마치 '쓰레기를 내다 버리듯 차에 실어다 황무지에 버린 것'과 같은 형국이었다. 이들은 서울시로부터는 쓰레기와 같은 대우를 받았다면, 경기도로부터는 '귀찮은 손님'으로 눈칫밥을 먹지 않을 수 없었다.

1969년 5월부터 1970년까지 12만 명이 넘는 서울시내 철거민들이 광주대단지에 입주하였다. 이곳에는 서울시의 철거민 대책에 의해 반강제로 들어온 사람들도 있었지만, 한편으로는 하루벌이로 생활하던 빈민들이 내 집을 갖고 새로운 삶을 시작해 보겠다는 희망에 부풀어 온 사람들도 있었다.

주택지는 철거민들이 들어온 후 2개월이 지나서야 조성되었고, 이들은 배수시설·도로가 없는 상태에서 집을 지었으며, 집을 지을 능력이 없는 사람은 택지에 말뚝만 박고 집단 천막생활을 하기도 하였다. 이들은 고용·생계대책이 없어 구호양곡을 여러 번 요청했으나 서울시는 소량의 밀가루만을 공급하였을 뿐이어서 상당수가 다시 서울로 되돌아와 새로운 무허가 건물을 짓기도 하였다.

> 지난 6월 중순 서울시내 성동구 하왕십리동에서 이주해 온 박규홍 씨(42세)는 '오늘 아침에는 죽을 쑤어 먹고, 점심은 걸렀으며, 저녁에는 국수 한 봉지로 일곱 식구가 한입씩 떼워야 할 형편'이라면서 '그래도 시내에서는 지게를 져 입에 풀칠하는 것은 걱정 없었는데 이곳에서는 지게일조차 없어 하늘만 쳐다보고 있는 실정'이라고 한숨지었다.
>
> 《르뽀 광주대단지》,《신동아》 1971년 10월)

이들은 생존권이나 다름없는 일터와 분리됨으로써 당장 '입에 풀칠하는 것'조차 어려운 지경에 빠져들었다. 이후 이들은 공사현장의 자유노동과 노점상, 행상 등 영세한 상업에 종사하여 생활을 해결해 나갔다. 또한 급조된 광주대단지는 제조업 기반이 없는 가운데 음식점, 술집 등의 서비스업만 늘어나 폭력·사기 등의 범죄가 기승을 부리기도 하였다. 그러나 대부분은 '나도 노력만 하면' 잘살 수 있다는 강한 집념을 가진 사람들이었으며, 남들에게는 새로운 터전에서 재기하려는 욕망이 매우 강한 사람들로 비쳤다.

서울에서 쫓겨난 무허가건물 철거민들은 서울시로부터 집주인은 20평, 세입자는 10평씩의 땅을 분양받았다. 이것이 바로 입주권인데 당시에는 이른바 '딱지'라 불렸다. 이 딱지를 중심으로 부동산 투기가 일어나 '땅값 노다지' 현상이 그칠 줄 몰랐다. 딱지를 둘러싼 부동산 투기가 심화되자 서울시는 1970년 7월

광주대단지 사건
광주대단지 사람들은 서울에서 쫓겨나 쓰레기처럼 버려졌다. 이들은 서울시의 계약 위반에 분노하여 격렬한 시위를 벌였다.

13일에 입주권 전매금지 조치를 내렸으며, 이로 인해 거래가격이 폭락하였다. 1971년 전반기 대통령 선거와 국회의원 선거를 치른 이후 서울시는 재정 수입을 위해 분양지를 매각하고자 매매계약을 강행하였다. 이 가운데 무허가 철거민의 입주분양지는 평당 2,000원으로 하고, 전매입주자의 분양지는 '시가일시불(時價一時拂)' 원칙을 내세워 평당 8,000~1만 6,000원으로 결정 발표하였다. 이와 함께 경기도가 이 지역에 취득세를 부과한다고 발표하자, 광주대단지 주민들은 술렁이기 시작하였다. 이에 주민들은 '분양가 불하가격 시정위원회'를 결성하여 대지가격을 평당 1,000원 이하로 인하할 것, 영세민 취로 알선과 구호대책 등을 요구하였다.

이러한 요구에 대하여 서울시와 경기도가 냉담한 반응을 보이자 '분양가 불하가격 투쟁위원회'로 이름을 바꾸고 '100원에 매수한 땅 1,000원에 팔지 말라'는 등의 전단을 살포하였다. 그리고 8월 10일 3만여 명이 모여 서울시 성남출장소 건물을 파괴하는 등 격렬한 시위를 전개하였다. 이에 놀란 서울

시는 주민들의 요구 조건을 가능한 한 들어주겠다고 무마할 수밖에 없었다. 광주대단지사건은 학생 데모가 아닌 일반인 시위로는 유례가 없었다는 점에서 사회에 큰 충격을 던져 주었다. 시위는 광주대단지의 실상을 각계에 알리는 계기가 되었고, 이후 민원성 파업과 소요가 일어나는 계기가 되었다. 시위 후 내무부는 광주대단지를 성남시로 승격시키겠다고 발표하였고, 1973년에 독립시로 승격하여 오늘에 이르고 있다.

서울의 달

달동네는 원래 '달나라 천막촌'이 그 말의 뿌리라고 할 수 있으며, '별나라 천막촌'이라는 별칭도 생겨났다. 도심지역에서 철거된 판자촌 사람들이 정부가 지정한 지역으로 집단이주하여 분양받은 몇 평 정도의 땅에 임시거처로서 천막을 치고 살았는데, 천막집 안에 누우면 밤하늘의 별과 달이 보인다 하여 생겨난 말이다. 이외에도 도시빈민촌을 의미하는 용어로 산동네, 가마니촌, 벌집 등이 있는데, 산에 있어 산동네, 가마니로 벽을 둘러친 가마니촌, 벌통같이 한 집에 수십 가구가 조밀하게 박혀 있어 벌집이라고 부른다. 이들 달동네는 대부분 충무로·명동 등 도심의 불량주거지의 철거민을 이주시킴으로써 형성된 경우가 많다. 도시빈민들은 이러한 집단적 빈민촌 이외에도 중산층 주택의 지하나 단칸방에 세 들어 사는 경우도 매우 많았다.

달동네라는 말이 널리 쓰이게 된 데에는 1980년 10~11월 사이에 〈달동네〉라는 텔레비전 드라마가 인기리에 방송되면서부터이다. 서울의 대표적

달동네로 회자되었던 봉천동 일대 빈민들의 1980년대 고단한 삶을 들여다
보자.

전북 부안이 고향인 김씨는 시골에서 결혼한 지 10년 만에 빚에 몰려서 가
산을 정리하고 아내와 딸 둘, 아들 둘을 이끌고 이곳 봉천동 산동네의 판
잣집에 옮겨 왔다. …… 다른 기술이 없는 김씨는 우선 급한 대로 리어카
한 대를 고물상에서 사 가지고는 고물장사를 시작했다. 새벽부터 온갖 동
네를 리어카를 끌고 다니며 일했지만 밤늦게 고물상에 넘길 때면 고작 천
원짜리 지폐 한두 장만을 손에 쥘 수 있었다. …… 아내는 근처의 건축일
에 다니면서 일당 천 원을 받았다. 국민학교를 다니던 딸들은 학교를 그만
두어야 했는데, 큰딸은 대구에 있는 어느 장성 집에 식모살이 가고 둘째
딸은 의상실 심부름꾼(시다)으로 들어갔다.

(정동익, 《도시빈민연구》, 1985, 아침)

이와 같이 농촌에서 그야말로 알거지가 되어 서울로 올라온 사람들은 산
동네에 거처를 마련하고 고물상이나 노점상, 공사장의 날품팔이 등 닥치는
대로 일을 하였으며, 일을 쉴 여유조차 없었다. 입에 풀칠하기도 바쁜 이들
에게 있어 자식들 교육은 뒷전으로 밀릴 수밖에 없었으며, 그중에서도 딸들
은 어린 나이에 식모나 공장노동자 등이 되어 집안을 돕거나 남자형제들의
교육비를 조달하기도 하였다. 이들은 대부분 농촌에서 유입된 자들로서 전
라도와 충청도 출신이 높은 비중을 차지하고 있었는데, 그것은 이들 지역의
경제적 낙후성과 밀접한 관련을 갖고 있었다.

서울로 '올라온' 사람들은 대부분 무주택 가구로 전세와 월세로 세 들어 살고 있었으며, 집을 소유한 경우에도 8평 이하의 소규모가 대부분이었다. 대개 2~4평 크기의 방 한 칸에 3명 정도가 살고 있었는데, 이런 비좁은 공간에서의 생활로 말미암아 자녀들의 공부방은 고사하고 안식처로서의 역할도 하지 못하고 있었다. 따라서 자녀들은 가능하면 빨리 달동네를 떠나고 싶어 하며 가출하거나 거리를 배회하는 일이 잦았다. 화장실, 상하수도 등의 시설이 제대로 갖춰지지 않아 보건, 위생의 위험성을 안고 있었으며, 급경사의 고지대와 하천변 등에 있음으로써 자연재해의 위험도 있었다. 또한 이들은 조금이라도 더 싼 주택을 찾아 계속 옮겨 다녀야 했다.

빈민가의 세대주는 대체로 국졸 이하였으며, 실제로 낮은 학력이 빈곤의 주요 원인으로 작용하고 있었다. 그러나 자녀들의 교육에 대해서는 비교적 열성적이었으며, 아들은 대학까지, 딸은 고등학교까지는 보내고 싶어 했다. 전반적인 학력상승과 더불어 자녀들의 학력은 부모 세대에 비해 월등히 높아졌지만 직업은 생활이 불안정하여 부모 세대와 크게 다르지 않았다. 자녀들의 학교 성적은 별로 좋지 않았으며, 초등학교 때 성적이 좋았던 경우도 중·고등학교에 가면 나

강제철거지구
쾌적한 아파트 단지가 들어서는 지역의 이면에는 원래 살고 있던 많은 빈민들의 삶터가 송두리째 파괴되고 있었다. (이정용 한겨레 기자 제공)

빠지는 경우가 많았다. 형편이 더 나쁜 경우에는 중학교에서 학교를 그만두고 취직하거나 가출하는 예도 흔하였다.

이들은 대체로 스스로 가난하다고 생각하고 있었으나 미래 생활은 지금보다는 나아질 것으로 낙관하고 있었다. 일반적으로 생각하는 것과는 달리 사회체제에 대한 적대감이나 불신감은 크게 두드러지지 않았으며, 항상 좀 더 나은 생활을 할 수 있다는 생각을 버리지 않았고 당대가 아니면 다음 세대에 희망을 걸고 있었다. 그러나 가난의 원인에 대해서는 사회적 이유보다는 개인적 책임이 크다고 여기는 경향이 많아, 자신들의 처지가 사회의 구조적 모순에 기인한다는 사실을 제대로 인식하지 못하고 있었다.

달동네는 상하수도·위생·난방문제 등 물리적 환경은 매우 열악했으나, 주민들은 '끼리끼리' 모여 사는 편안한 장소로 인식하고 있었으며, 상대적 빈곤감을 적게 느끼기 때문에 정신적·심리적 안정을 얻고 있었다. 그러다가 중산층 주택가 지하방으로 옮겨 간 뒤로는 '문을 꼭꼭 처닫고 사는' 그곳의 분위기를 싫어했으며, 여기에서 오는 상대적 빈곤감을 못 견뎌했다. 달동네는 주거비가 싸기 때문에 생계유지에 도움이 되었고, 이곳은 자신들의 일자리를 해결하는 실리적이고 생존 전략적 공간이기도 하였다.

그러나 이러한 달동네가 도시 공간의 효율적 이용과 도시 미화 등의 명목으로 재개발되면서 주민들은 대부분 주거비가 더 싼 지역으로, 더 열악한 지역으로 속수무책인 채 밀려 나갔다. 이와 같은 방식의 도시공간 재편성은 빈민층을 재생산하는 새로운 원인이 되었다.

도시빈민들은 '안 해 본 일이 없다', '숟가락 두 개로 시작했다', '내 일생을 소설로 쓰면 책 몇 권이 될 것이다' 등의 말로 굴곡 많은 자신의 삶을 표현한다. 대부분 영세 빈농의 아들딸들로 태어나 무일푼으로 서울 생활을 시작한 이들의 삶은 빈곤의 함정에서 벗어나려는 노력으로 점철되어 있었다. 그들에게 빈곤은 성취욕 부족이나 게으름·음주·도박 등 개인적 결함에 기인하는 경우는 별로 없었다. 오히려 직업 자체가 갖고 있는 높은 노동강도, 재개발사업으로 인한 실리적 공간의 상실 등 구조적 요인으로 발생하는 측면이 많았다.

달동네는 대부분 재개발 과정을 거치면서 고층아파트 단지로 변모했다. 지금은 대규모 달동네는 거의 해체되었지만, 서울의 경우 강남의 구룡마을, 노원구의 백사마을, 인왕산 자락의 개미마을 등과 같은 소규모 무허가 주거지가 곳곳에 남아 있다. 이들 지역 또한 재개발사업이 추진 중이거나 예정되어 있어서 머지않아 사라질 것이다.

21세기 한국의 도시 빈민은 기아와 같은 절대적 빈곤에서는 어느 정도 벗어나 있다. 그러나 오늘도 서울 거리에서는 폐지를 줍는 노인들의 모습을 어렵지 않게 볼 수 있다. 도시빈민의 빈곤은 단순히 개인 탓이라기보다는 노동시장의 임금 격차, 교육의 차이, 기회의 불평등, 양극화·노령화 등의 사회구조적 문제와 맞닿아 있다. 그런 점에서 사회구조적 문제의 해결책과 더불어 정부의 복지정책 확대와 사회안전망 구축, 공공성 강화 정책 등이 병행될 때 비로소 해법을 찾을 수 있을 것이다.

박은숙 _동국대학교 연구원

황금의 공업 도시, 울산의 성장과 그늘

곽경상

고래에서 공장으로

19세기 후반 동해의 작은 어항인 울산에는 주변국 어선들이 출몰하여 조업하는 일이 빈번했다. 장생포 연안을 중심으로 서식하는 고래를 포획하기 위해 일본과 러시아 선박들이 내왕하며 격돌한 것이다. 1904년 러일전쟁까지 이어진 양국 어선의 조업 경쟁은 일본이 전쟁에서 승리하면서 일단락되었다. 이후 식민지 어업기지로 개발되면서 울산은 근대적 수산도시로 발돋움했다.

동해안 식민지 어업기지였던 울산에 공장이 들어서는 공업화 기획이 시작된 것은 1940년대였다. 식민지 매축업자 이케다 스케타다가 공업항과 공업도시 건설 계획을 밝히고, 원산의 정유공장이 울산으로 이전해 오면서 공업도시를 향한 장대한 서사가 시작된 것이다. 그리고 그 개발의 실질적인 초석을 놓은 것은 해방 이후 진행된 정유공장 건설이었다. 장생포 지역에 방치된 정유시설에 대한 복구와 활용 구상이 이승만 정부 내내 이어지면서 울산에 대한 입지적 평가와 공간적 위상이 달라져 갔다. 당시 정부는 이 시설을 복구해 활용할 경우 국내 "정유 공급의 자립화"를 달성할 수 있을 것으로 보았다. 그것은 미국의 정유 공급망에 종속된 한국 시장의 현실을 타개하기 위한 것이었다.

1949년 한미석유협정체결로 등장한 대한석유저장회사(KOSCO)가 국내 공급망을 장악하면서 국내 석유 유통의 불균형은 심화되었다. 특히 한국전쟁의 발발 속에서 정유는 단순히 경제적 상품이 아니라, 미국이 대한정책에 개입하는 도구로 활용되었다. 1954년 10월 한미 사이에 불거진 UN군 대여금 지불 문제로 미국이 송유관을 잠그면서 '석유파동'이 발생했고, 그 피해 결과 한국 정부는 '유류행정의 자주권 확보'를 위해서 국내 정유의 자체 생산 방안을 모색해 갔다. 이를 위해서 이승만 정부는 미국계 석유회사의 투자유치를 타진하는 한편, 국내 기술자를 통해 울산 정유공장의 재건계획을 수립해 갔다. 1954년을 기점으로 본격화된 이러한 움직임은 세계 석유기업 내부의 경쟁 확대와 동북아시아 석유시장의 재편과 맞물리면서 차츰 새로운 돌파구를 찾아갈 수 있었다. 대만 석유공사를 거쳐 한국을 방문한 걸프는 대한석유저장회사가 장악한 한국 시장에 진출 의지를 보였다. 걸프의 이러한 관심은 외국 투자자 유치에 나섰던 밴플리트를 통해서 정부에 전달되었고, 걸프는 투자 조건으로 파슨스가 공장을 설계하고 시공해야 한다는 주장을 펼쳐 경제조정관 원(William E. Warne)과 국내 관계자 등의 반발을 샀다.

다른 한편으로는 정유공장 건설을 위해서 국내 관료와 기술자, 기업가들의 노력이 동반되었다. 1954년 상공부장관 안동혁의 추천으로 기용된 전민제는 울산 정유공장 관리인으로서 공장 재건계획을 지속적으로 수립해 갔다. 그는 포스터 휠러의 설리반과 웨스트의 도움을 통해 국제 석유시장의 동향을 파악하고 국내 정유공장 건설에 나설 수 있었다. 당시 전민제는 울산의 정유공장을 '내자 중심으로 건설'하는 '리폼계획'을 세웠다. 이 같은 노력 속에서 정부는 상공부 내에 정유공장건설추진위원회를 설치해 당시까지 진행된 여러 노력과 대책 등을 종합해 정유공장의 입지와 건설 방향을 잡아갔다.

울산을 무대로 펼쳐진 이러한 정유공장 건설과 공업화 구상이 꽃을 피우게 된 것은 1960년대였다. 5·16군사쿠데타로 집권한 박정희 정부가 경제개발을 위한 생산기지로 울산을 선정하면서 공업도시 울산이 본격적으로 만들어지게 되었다.

공업센터 울산, 초국자본이 몰려온다

1960년대 벽두에 등장한 군사정부는 "사천 년 빈곤의 역사"에서 벗어나기 위해서 '신생공업도시' 건설에 나선다고 밝혔다. 한국경제인협회가 건의한 '황금의 공업도시' 울산 프로젝트를 수용해 자신들의 국가 재건 구상을 실현하고자 한 것이다. 그것은 정유, 제철, 비료 등 기간산업을 울산에 배치해 국가의 산업구조를 전환하는 것이었다. 정유를 국영으로 하고, 비료와 제철은 민간 기업이 추진하는 이 계획의 성공 여부는 초국자본의 투자 유치에 달려 있었다. 대규모 외자와 높은 기술력이 필요한 이 사업을 한국이 자체적으로 해결할 수 없었기 때문이다.

울산을 무대로 초국자본의 투자 경합장이 조성되면서 가장 먼저 움직인 것은 서독과 서독제작자협동체였다. 그들은 아시아 시장으로 투자 확대를 모색하면서 한국 시장에 관심을 가졌고, 울산에 대한 투자는 그렇게 시작되었다. 일본 역시 패전 후 경제 부흥에 성공하면서 한국 진출을 위한 발판으로 울산을 주목했다. 이렇게 서독과 일본이 한국 투자에 관심을 보이자 긴장한 것은 미국이었다. 전후 냉전질서 속에서 한국 경제의 재건과 부흥을 뒷받침해 온 미국은 한국 시장에 대한 주도권을 유지하기 위해서 울산에 대한 투자 협의에 나섰다. 1962년 5월 11일 밴플리트 투자단이 방한하면서 진행된 미국 기업의 협상은 한국 정부와 기업인들을 흥분시켰다. 하지만 투자 협정이 구체적인 성과로 나타나지 않으면서 한국 정부는 그 타개책 마련에 고심하며 서독과 일본을 다시금 주목했다. 당시 울산을 무대로 한 초국자본의 경쟁을 보여 준 대표적 사례가 울산비료공장 건설이었다.

서독의 루르기와 미국의 비트로, 아모르, 일본의 고베제강이 시차를 달리하며 경쟁하고 대립했다. 서독의 루르기는 나주비료공장 건설을 통해서 국내 사업에 대한 참여 경험이 있었다. 고베제강 역시 일본 기업 간 콘소시엄을 조직해 저렴한 비용을 앞세워 한국 진출을 타진해 보았다.

아모르와 비트로는 원조 책임자인 USOM(United States Operations Mission)

┃ 1962년 2월 3일 울산도시계획 기공식 장면

에 적극적인 지원을 받으며 울산비료공장 건설의 주도권을 확보했다. 하지만 미국 기업들은 AID(Act for International Development) 자금에만 기댈 뿐 자체적인 자금 조달에 소극적이면서 한국 정부와 기업에 반발을 샀다. 비료사업 주체인 이병철은 투자에 소극적 행보를 보이는 미국을 대신해 서독과 협의했고, 최종적으로 일본을 끌어들여 사업계획서를 작성해 갔다.

하지만 1963년 초반까지 미국의 반발과 대응이 지속되면서 사업 계획과 투자 주체는 변경을 거듭했고, 그 반전과 혼란을 거치면서 최종적으로 1965년 일단의 공업화가 진척되었다. 1964년 대한석유공사가 운영하는 울산 정유공장이 완공된 가운데, 제3비료인 영남화학과 제5비료인 한국비료가 울산을 무대로 건설하는 사업계획이 마련되면서 울산항 배후의 공업지구는 공업단지의 기본적인 토대가 완성되었다.

이렇게 초창기 공업단지의 토대가 마련된 이후 울산 공업화의 중요한 분기점이 된 것은 1966년이었다. 당시 국내 산업의 이슈가 된 것은 석유화학에 대한 계열화 방안과 입지 논쟁이었다. 정부는 석유화학계열화를 경제의 새로운 성장 엔진이라고 여겼지만 그 추진 방식과 주체, 입지를 두고 정부 부처는 물론, 기업과 지역 사이에 대립과 경쟁이 치열했다. 경제사령탑인 장기영 경제기획원장은 주요 공장이 울산에 편중되는 것을 막기 위해서 제2정유공장을 새로운 지역에 건설해 석유화학단지를 추진해야 한다고 보았다. 장기영은 국내의 수요가 집중된 수도권이야말로 석유화학단지의 적지라고 보았다. 경제기획원의 지원 속에서 석유화학단지 개발의 사업 주체로 나선 것은 한국화성이었다. 한국화성 김종희는 인천을 무대로 한 석유화학계열화 추진계획을 정부에 제출했다. 반면 상공부장관 박충훈은 경인지역이나 비인지역보다 생산 차질이 적고, 기존 시설을 활용해 효율적인 사업 추진이 가능한 울산을 적지라고 보았다. 물론 그 주장의 배후에는 대한석유공사가 있었다. 울산의 정유공장을 운영하는 대한석유공사는 울산을 공업입지로 설정하면서 울산과 인천이 입지를 두고 경쟁을 벌였다. 그리고 최종적으로 1967년 10월 2일 청와대 회의에서 생산입지로 울산이 결정되면서 울산은 정유, 비료, 석유화학으로 연결되는 거대한 산업벨트를 이루었다. 그리고 1970년대 중화학공업화정책의 강화 속에서 조선과 비철금속, 자동차공장을 유치하면서 울산은 한국의 '산업수도'라는 명성을 얻을 수 있었다.

최초의 도시공모 실시, 공간의 문법을 만들다

공업센터 울산을 향한 개발은 단순히 투자 유치와 공장 건설에 국한하지 않았다. 그 계획은 울산을 신도시로 계획해 새로운 물리적 공간으로 만드는 것을 포함했다. 당시 백지 위에 계획된 신도시 울산의 밑그림은 다양한 전문가들의 참여를 가져왔는데, 그 방식은 도시계획 현상공모였다.

1962년 1월 30일 국내 주요 일간지는 신생 공업도시인 울산에 대한 도시계획 모집 공고를 실었다. 공업단지와 도심이 병존하는 문화 공업도시로 인구 50만이 생활할 수 있는 신도시 건설계획 공모에 당대 최고의 전문가들이 참여한 것이다. 두 달간 진행된 공모에 참가한 팀은 27개였다. 참가자 가운데는 한국전쟁 이후 서울시 도시 재건계획을 수립한 장훈과 한정섭을 비롯해, 일본에서 유학한 젊은 건축가 김수근, 동아대학교 교수 한근배 그리고 건설엔지니어링 1세대인 미림설계의 전세경과 도화설계의 이치영, 산업은

행 ICA주택기술실의 박병주 등이 참여해 경쟁했다.

당시 건설부는 이 공모 작품을 심사하기 위해 울산도시계획 현상 작품 심사위원회를 조직해 작품에 대한 평가와 심의를 진행했다. 주목되는 것은 이 도시계획의 자문을 위해 일본의 도시계획가 마쯔이 타츠오를 초빙한 것이다. 패전 이후 도쿄 재건 계획에 참여한 그는 와세다대학 교수로 재직하고 있었다. 방한 이후 그는 일주일 간 국내에 머물며 울산을 방문했고, 공모 당선작에 대한 검토와 울산 신도시 계획 전반을 조언했다. 그러한 논의를 거친 후 1962년 5월 10일 완성된 도시계획안은 장생포항을 공업지구로 지정하고, 그 배후인 태화강 남쪽에는 신시가지를 배치해 공단과 도심을 포괄하는 신도시 계획을 수립했다.

이 도시계획의 핵심은 태화강 남쪽인 신정동과 달동을 중심으로 업무지

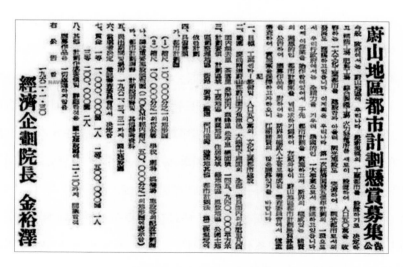

▌ 1962년 1월 30일 《조선일보》에 실린 울산도시계획 현상공모 광고

구를 지정하고, 이를 감싸는 상업지구와 그 배후에 주택지를 배정하고 도심의 가로를 설계하여 하나의 도시성을 형성시키는 것이다.

이렇게 설계된 울산의 도시계획에 수정 논의가 제기된 것은 1966년이었다. 울산에 대한 투자와 공업화가 차츰 가시적인 성과를 보이기 시작하자 도시 공간에도 변화가 필요하다고 보았기 때문이다. 1966년 6월 14일 시작된 수정 논의는 2년 동안의 협의 속에서 수정 방향이 잡혀 갔다. 당대 최고의 전문가가 투입된 울산 도시계획의 수정 작업은 건설부 주택도시 및 지역계획 연구실(이하 허피)과 이일병의 신도기술공사가 진행했다. 울산시 마스터플랜 재정비에 착수한 허피는 울산의 도심을 네 개의 권역으로 분할해 태화강 남쪽에 편중된 도심권역을 태화강 북쪽까지 확장시켰다. 더불어 도심에 배치된 공장을 이전하고, 도시의 난개발을 막기 위한 대책을 모색하기 시작했다. 특히 도심의 생활 시설을 확충하기 위한 방안이 적극적으로 검토되었다.

하지만 이 수정계획은 한 차례 더 대폭적인 개편이 이루어졌다. 당시 박정희 대통령이 울산의 수정계획에 대한 보완 지시를 내리면서 추가 수정 논의가 재개되었다. 1969년 5월 8일 박정희는 울산의 도시계획에 대해서 "종합 도시계획을 완성하고, 주택으로서 아파트를 많이 세우라."고 지시했다. 그리고 그 보완 작업은 신도기술공사의 이일병과 박병주 팀이 맡아서 진행했다.

이들은 울산의 태화강 남쪽 신시가지와 북쪽 구시가지, 장생포 공업지구와 명촌 공업지구, 방어진지구를 분리된 생활권으로 성장 발전시키는 계획을 수립했다. 그리고 이 계획을 토대로 태화강 북쪽 구시가지와 현대자동차가 들어선 명촌지구, 현대조선이 들어서는 방어진 지역이 개발되면서 현재의 울산 도심이 만들어졌다.

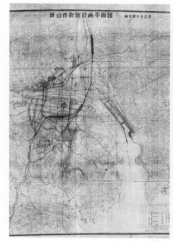
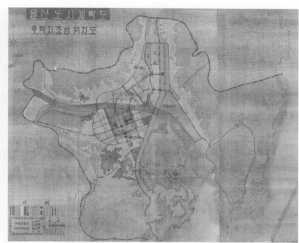

| 1962년 울산 도시계획 스케치　　| 1962년 울산 도시계획 마스터플랜

도시의 '균형 개발론' 등장

울산의 도시개발에서 흥미로운 모습 가운데 하나는 도시개발을 둘러싸고 전개된 주민들의 개발 '경쟁'이다. 태화강을 경계로 남쪽 신시가지와 북쪽 구시가지가 도심의 주도권을 두고 경합하는 모습을 보였다.

식민지 시가지 개발로 형성된 구도심에서 생활하는 울산 주민들은 울산 특별건설국과 울산시가 추진하는 남쪽의 개발을 주시하며 경계했다. 그러한 우려와 경계는 당시 진행된 울산도시계획 위원회의 활동 속에서 파악이 가능하다.

1963년 7월 3일 열린 울산도시계획 위원회 회의는 태화강 남쪽의 월봉지구 토지구획사업에 대한 지역사회의 우려를 해소하는 방안을 논의했다. 위원장은 울산시장 홍승순이 맡고, 이봉석, 이봉락, 박영출, 박문갑 등 울산지역 유지가 위원으로 참가해 협의를 진행했다. 당시 이봉석은 토지구획사업이 지역사회의 공감을 얻기 위한 방안으로 '단계적 개발'을 주장했다. "전체 부지의 절반인 15만 평을 우선 개발해 농민과 토지 소유주가 이 개발에 공감할 수 있도록 하고 나머지를 개발하자는" 주장이었다. 그의 주장에 위원들은 공감했는데, 개발 초기 주민들의 우려와 반발을 고려한 대책이었다.

하지만 토지구획사업을 둘러싼 지역사회의 우려는 얼마 지나지 않아 기대감으로 변해 갔다. 1967년부터 태화강 남쪽의 택지개발이 성과를 보이면서 '개발이익'을 주민들이 체감하게 된 것이다. 특히 1970년을 기점으로 태화강 북쪽 구시가지가 토지구획사업에 포함되면서 구시가지 개발은 지역에서 중요한 이슈가 되었다. 구시가지 주민들은 토지구획지구 지정에 환호하면서 적극적으로 토지구획조합 결성에 나섰다. 우정동, 옥교·학산, 학성, 반구동으로 이어진 구시가지 개발은 낙후된 구시가지를 재개발해서 새로운 주거 공간으로 탈바꿈하는 것이었다. 이 같은 개발을 두고 구시가지 조합은 그 목표와 방향을 도시의 '균형 개발'을 위한 조치라고 밝혔다. 토지구획사업을 통해서 구시가지를 고급주택과 중급주택지로 변화시킨다는 계획이었다.

그런데 문제는 '돈'과 '수익성'이었다. 무질서하게 난립한 주택지구의 개발이 '수익성'을 기대하기 힘들다고 보고 민간 자본들은 참여를 꺼려 했다. 마찬가지로 공공개발을 담당했던 주체 역시 소극적인 태도를 보였다. 학성지구 토지구획조합이 자신들의 계획지구에 대한주택공사의 국민주택 유치를 추진했지만, 양택식 대한주택공사 사장은 "그럴 계획이 없다."고 밝혔다. 그렇게 구시가지의 택지개발인 젠트리피케이션(gentrification)은 수익성을 담보하지 못하면서 민간 자본의 호응이나 참여를 얻지 못한 채 지지부진

1968년 달신과 우정지구
토지구획사업 공고문 게시
사진

울산 구시가 토지구획사업의 위치와 계획도

했다.

반면에 태화강 남쪽의 개발은 울산시청을 비롯해 지역의 핵심 시설이 이
전을 완료했고, 방어진과 온산지역 역시 현대조선과 산업기지개발공사에
의해 택지개발이 진행되면서 새로운 주거 공간으로 변화했다. 그렇게 울산
의 도시개발은 남쪽과 북쪽 사이의 차등화된 개발로 공간적 위계가 형성되
며 주민들의 갈등은 커졌다.

공해도시라는 불명예

공업도시라는 놀라운 성장 속에서 울산은 화려한 조명이 집중됐지만, 그
이면에는 깊은 그림자 역시 존재했다. 당시 울산에는 도심과 분리된 가운
데, 위태로운 환경 속에서 위험에 노출된 채 살아가는 주민과 마을이 존재

했다. 그러한 공간은 공업지구 조성을 위한 철거와 이주 속에서 만들어졌다. 해안가인 장생포 공업지구에 정유공장, 비료공장, 발전소 등이 들어서면서 그 주변 마을이 대규모로 철거되었다. 문제는 철거민들에 대한 대책이나 이주계획이 동반되지 않은 채 공사가 진행되었고, 이주부지 역시 공업지구 내에 있는 부곡동이 되면서 이주를 둘러싼 갈등과 혼란은 가중되었다.

그러한 혼란과 공간적 모순을 보여 주는 곳이 부곡 천막촌의 형성이었다. 당시 부곡에는 철거민뿐만 아니라 지역의 빈민들이 몰려드는 가운데 천막으로 임시 주택이 세워졌다. 이곳 천막촌은 층층이 비탈진 구릉지였고, 수도는 물론 전기, 도로 등 생활기반 시설조차 갖추지 못하는 형편이었다. 하지만 부곡의 주민들은 정부와 개발 당국을 비난하거나 원망하기보다는 '지역발전'을 위한 불가피한 희생이라고 보고 고통을 감내했다.

그러나 이러한 호의적 태도는 점차 심각해지는 공해로 피해가 커지면서 변화했다. 울산의 공해 문제를 전국에 알린 것은 울산 주민이 제기한 공해소송이었다. 울산의 부농이었던 박이준은 야음동과 여천동 일대에 농지를 소유했으나 5년 동안 심각한 피해를 입게 되자 법원에 피해소송을 낸 것이었다. 국내 제1호 공해소송인 이 사건 이후 울산의 공단주변마을 주민들은 공해에 반발하며 적극적인 대응을 펼쳐 갔다.

당시 이들의 반공해운동을 촉진시킨 것은 '일본의 공해산업에 대한 울산으로의 수출' 소식과 온산지역을 비철금속기지로 지정한다는 정부의 결정이었다. 울산에 대한 일본의 공해산업 수출은 한국뿐만 아니라 일본의 시민사회 역시 반발하며 한국으로의 이전을 반대하고 나섰다. 일본 내에서 크롬생산으로 수백 명의 사상자를 냈던 일본화학이 울산무기화학 공장 건설을

1963년 울산비료공장
건설로 인해 이주하는
주민들의 모습
(울산시청 제공)

1964년 울산 부곡동
천막촌의 모습
(울산시청 제공)

추진하면서 울산은 물론 한국 사회가 반대하고 나선 것이었다. 국민의 반발
이 커지게 되자 정부는 카이스트를 중심으로 11명의 조사단을 구성해 울산
무기화학에 대한 시설 조사와 환경 조사를 실시했지만 운행을 중단하거나,
공장을 폐쇄하는 명령을 내리지는 않았다.

　울산에 드리운 공해의 짙은 그림자는 해가 갈수록 심각해졌고 급기야 한
국 사회를 충격에 빠뜨리는 사건이 발생했다. 1985년 1월 국내 언론들은 비

철금속 단지가 있는 온산에서 발생한 '괴질'을 보도하며 인근 공장의 공해에 따른 피해라고 알렸다. 일본의 '이타이 이타이병'과 같은 일명 '온산병'의 발병을 놓고 정부 차원에 조사와 대책이 이어졌지만 공해에 대한 근본적인 대책을 마련하지 못한 채 현재까지 이어지면서 울산은 '공해도시'라는 오명을 갖게 되었다.

기로에 놓인 울산

해방 이후 반세기 동안 급속히 성장한 울산은 한국의 3대 항구도시가 되었다. 인구 역시 100만을 넘어서면서 거대도시로 발전했지만, 현재의 울산은 중대한 기로에 놓여 있다. 세계경제의 변화 속에서 중국과 인도, 베트남 등 신흥국들이 부상하면서 국내 제조업의 중심에 있는 울산이 밀려나고 있다. 특히 세계시장의 변동에 따른 생산기지 이전과 지속적인 구조조정 속에서 울산의 생산과 투자는 위축되고 있다. 이 같은 상황은 공장을 발판으로 외형적 성장을 추구해 온 울산의 도시 성장 패러다임에 변화가 불가피해진 것을 말한다. 그것은 공업화를 절대가치로 여겨 온 기왕의 모습에 대한 성찰에서 시작되어야 할 것이다. 기존의 도시 논의에서 배제되었던 환경과 생태, 주거와 생활을 중심에 두고 지속 가능한 도시 발전을 위한 새로운 밑그림 그리기에 나서야 하는 시점이 된 것이다.

곽경상 _연세대 교수

북한의 산업화 시기 공장과 농촌

조수룡

북한의 전쟁 피해

북한의 산업화는 한국전쟁 피해의 복구로부터 시작되었다. 식민지시기 일본이 남긴 어느 정도의 산업 기반이 있었고, 해방 후 몇 년 간 소련 민정과 북한 당·정은 경제 부흥을 위한 노력을 기울였다. 하지만 한국전쟁은 산업을 비롯한 경제 기반에 치명적인 피해를 입혔다.

북한 측 주장에 따르면 전쟁 기간 미국이 3년 동안 북한 지역에 투하한 폭탄의 양은 태평양전쟁에서 아시아·태평양 전역에 투하한 양과 맞먹었다고 한다. 특히 중국 인민지원군이 참전한 이후 미 공군은 북한에 대해 '초토화 정책(scorched earth policy)'을 세우고 민간인 거주 구역을 무차별 폭격했다. 그 결과 북한에서만 군인과 민간인을 합해 약 165만 명이 사망하거나 실종되었다. 가옥 약 60만 호, 공장 약 8,700곳, 학교 약 5,000곳, 병원과 진료소 약 1,000곳이 파괴되었다.

남한과 마찬가지로 동족 간의 전쟁 과정에서 입은 마음의 상처도 컸다. 후퇴 시기 북한 인민군은 이른바 '반동분자'를, 북한 점령 시기 국군과 우익

단체는 조선로동당원과 그 협력자를 각각 학살하였다. 북한에서는 1946년 임시인민위원회가 수립된 이래 5년이 넘도록 좌익 세력이 권력을 장악하고 있었기 때문에 국군과 우익 입장에서는 북한 인민 대부분을 좌익으로 간주한다고 해도 이상할 것이 없었다. 한 개 군 지역에서만 3만 명 넘게 학살되었다고 하는 황해도 신천군의 사례가 대표적이다. 이러한 참상을 직접 겪거나 당국의 선전을 통해 접한 북한 인민은 미국과 이승만정권에 대한 원초적 분노와 적개심을 가질 수밖에 없었다.

3년간의 전쟁 끝에 휴전을 맞이한 북한 인민들은 모든 것을 새로 건설해야만 했다. 토굴과 움막에 숨어 살던 인민들은 남녀노소를 가리지 않고 자신의 집은 물론 각종 관공서와 문화시설, 공장, 학교, 병원, 농업 관개시설 등을 복구하는 데 동원되었다. 복구건설은 '전후복구 3개년계획(1954~1956)'에 따라 시행되었다. 이 계획의 수립에는 경공업 중심의 복구를 요구한 소련의 영향력이 적지 않게 작용하였다. 소련 측은 3개년계획 예산의 상당 부분을 차지하는 10억 루블의 무상원조를 제공하였기 때문이다.

전후복구의 일상

북한의 전후복구는 하나의 거대한 국제적 프로젝트였다. 소련과 중국뿐만 아니라 동독, 체코슬로바키아, 폴란드, 루마니아, 헝가리, 불가리아, 몽골 등 9개 나라가 북한의 전후복구에 참여하였다. 북한은 전후복구 3개년계획 기간 동안 산업 재건 수요의 80퍼센트 이상을 우방국의 원조에 의존하였다. 원조는 산업에만 국한되지 않았다. 전후 사회주의 우방국들은 북한에

병원을 건설하고 북한 의료진을 훈련하였으며, 수많은 전쟁고아들을 자국에 수용하여 양육하였다. 수천 명의 학생이 우방국에서 유학하였고, 그보다 많은 수의 노동자와 기술자가 기술 훈련을 받았다.

그중에서도 동독의 함흥 재건사업 참여는 북한 전후복구사업의 국제성을 보여 주는 상징적인 사례이다. 동독은 소련과 중국에 이어 세 번째로 많은 규모의 지원을 북한에 제공하였다. 특히 북한 최대의 산업도시인 함흥의 재건을 전면적으로 지원하였다. 1954년 11월 동독의 첫 현지조사팀이 함흥으로 출발한 이래, 이 프로젝트는 1962년 9월까지 근 8년간 계속되었다.

우방국들의 원조에 힘입어 평양과 함흥을 비롯한 북한 도시 전역에서는 주택과 공장을 재건하는 망치 소리가 힘차게 울렸다. 노동자들은 공장을 복구하고 관공서와 주택, 학교 등의 복구에는 군인과 학생, 민주청년동맹원과 여성동맹원들이 동원되었다. 복구를 위한 장비나 기계는 거의 찾아볼 수 없었기 때문에 이들은 곡괭이로 암반을 깨뜨리고 맨손과 등짐으로 자재를 실

동독 대통령 빌헬름 피크(Wilhelm Pieck)의 이름을 딴 함흥의 '피크거리'(《로동신문》 1961년 5월 5일)

어 나르며 도시를 복구했다. "모든 것을 전후 인민 경제 복구 발전을 위하여!"라는 조선로동당의 슬로건처럼 많은 일상이 전후복구를 위해 양보되어야 했다. 성혜랑(김정은의 이복형 김정남의 생모 성혜림의 언니)은 《등나무집》에서 대학생이었던 당시 대부분의 수업 시간을 노력동원으로 때우고 4년 중 실제 공부한 기간은 1년 8개월 정도에 지나지 않았다고 쓰고 있다.

전쟁 후 북한의 상황은 모든 것이 부족했다는 말로는 다 설명하기 어려울 정도였다. 폭격으로 공장들이 파괴되었기 때문에 물자는 당연히 태부족이었다. 반복된 자연재해와 조선로동당의 과도한 공업 중시 정책의 영향으로 식량 부족 또한 1950년대 내내 만연한 현상이었다. 특히 1954년 무리한 양곡수매를 강행한 탓에 1955년 봄에는 한 차례 기근이 전국을 휩쓸기도 하였다.

그럼에도 불구하고 북한의 관영 신문과 잡지는 온갖 난관을 뚫고 자신에게 주어진 작업량을 초과 달성하는 '노력영웅'들의 이야기로 넘쳐났다. 평양제사공장의 길확실, 검덕광산의 조두실, 평양방직공장의 주병선, 평양견직공장의 당운실, 청진수산사업소의 황중업, 아오지탄광의 김직현, 안주군 룡연리 소비조합 상점의 김옥심 등이 이 시기를 대표하는 '노력영웅'들이었다.

무엇이 이들로 하여금 가난과 굶주림에도 불구하고 전후 복구와 산업 건설에 모든 노력을 바치게 하였을까? 그들을 이끈 동기의 원천은 무엇이었을까? 북한의 전후 산업화 시기 공장과 농촌의 삶을 들여다봄으로써 질문의 단서를 찾아보자.

사회주의 노력경쟁과 노동자

자본주의 사회에 사는 우리가 사회주의 사회에서 살아간 사람들의 정서와 행동양식을 이해하는 것은 간단하지 않다. 현실사회주의 국가의 이념적 기초인 마르크스-레닌주의는 애초 자본주의에 대한 대항이데올로기로서 고안되었기 때문에 인간의 행위동기와 양식에 대하여 근본적으로 다른 접근을 추구하였다. 단순하게 말해 자본주의 사회의 작동 원리가 인간의 이해 추구, 즉 이기심에 있다면 사회주의 국가에서는 인간이 자신이 속한 공동체의 공리를 위해 헌신하도록, 즉 이타심을 발휘하도록 교육하는 것을 중요한 목표로 삼는다. 이것이 1950년대 후반부터 북한에서 강조된 이른바 '사상혁명'과 '공산주의 교양'의 핵심 목표이다. 나중에 설명할 기술·문화혁명을 포함한 이른바 '3대혁명'의 과제가 달성되었을 때 비로소 마르크스가 상상한 "각인(各人)의 자유로운 발전이 만인의 자유로운 발전의 조건이 되는 하나의 연합"인 공산주의 사회로 이행할 수 있다는 논리이다. 북한을 비롯한 사회주의 국가에서는 이와 같은 논리로 자본가와 지주 계급이 청산된 인민정권 하에서 노동은 국가와 자기 자신, 그리고 전 인민을 위한 '영예로운 것'이라는 관념을 설파하였다. 천리마작업반운동과 같은 북한의 노력경쟁운동은 이와 같은 논리의 실천이었다고 할 수 있다.

그 때문에 사회주의 국가에서의 '노력경쟁'은 자본주의 사회에서 통용되는 '경쟁'과는 의미가 달랐다. 이들은 "일방의 패망의 기초 위에 일방이 승리하며 번영하는" 자본주의적 경쟁 대신 "선진한 자가 락후한 자를 방조 추동해 주며, 락후한 자는 선진한 자를 따라가며," "서로 다투어 전진함으로써 공동의 앙양을 달성하"는 것을 진정한 '사회주의적 경쟁'으로 보았다. 따라서 '모범노동자'나 '노동영웅'이 되기 위해서는 자신의 생산 목표를 초과 달성하는 것뿐만 아니라 '사회주의적 모범'이 되어야만 했다. '사회주의적 모범'이란 노동과 생활에서 이타성을 발휘하는 집단주의적 실천을 의미했다. 많은 '모범노동자'와 '노동영웅'들이 그들의 초인적 생산성과 외에도 자신의 삶을 돌보지 않는 이타적 헌신으로 찬양·선전되었다.

북한의 노동자 조직인 직업총동맹의 기관지 《로동자》에는 자강도의 한 건설사업장에서 일하는 미장공 김종범의 일기가 실렸다. 일기에 나타난 그는 브리가다(작업반) 책임자로서 새 기술의 도입과 작업방법의 혁신에 항상 골몰하는 한편, 잘못된 작업 방법으로 자재를 낭비하는 동료 노동자에게 충고를 아끼지 않는 성실한 노동자이다. 일요일에는 가족들과 폴란드 영화를 감상하는 여유를 가지기도 하는 그는 자신이 건설에 참여한 건물을 바라보며 자긍심에 젖어들기도 한다. 그에 따르면 자신은 "'미쟁이'와 벽돌공이 로력 영웅의 칭호를 받는 새로운 시대"를 살고 있다(《로동자》 1955년 3월호).

함경북도 경원군 고건원탄광의 모범노동자 변룡봉은 식민지시기 보잘것없는 오막살이에 살았으나 지금은 새로 지은 현대식 주택에 살게 되었다고 뿌듯해한다. 그는 7남매를 키우고 있지만 아무 걱정이 없다고 말한다. 자신뿐만 아니라 부양가족에게도 모두 배급이 나오는 데다, 1956년부터는 전국적으로 초등의무교육제도가 실시되기 때문이다.

탄부의 수입으로 아이들을 가르치기는커녕 먹여 살리기도 어려웠던 식민지시기를 겪은 그가 '새로운 세상'에서의 삶에 만족해하고 있음을 짐작하기는 어렵지 않다. 하지만 한편으로 국가의 경제생활·교육·문화생활 등에 대한 보장은 대부분 인민의 동원에 의존하는 '전인민적 운동'이라는 방식을 취하였다. 노동자와 농민들은 학교를 복구하기 위한 노력동원에 참여함은 물론 시설에 필요한 자재와 여유 곡물을 거출하였다. 기업가와 상인들에게는 거액의 희사금이 요구되었다.

북한 당국은 인민 생활의 많은 부분을 국가가 보장해 준다며 선전하곤 하였지만, 한편으로는 필요한 모든 것을 스스로의 힘으로 해결하고 만들어 내는 '자력갱생'의 정신을 강조하였다. 사실 노동자들이 일하는 공장, 거주하는 주택, 아이들이 공부하는 학교, 진료소, 탁아소, 구락부 할 것 없이 모두 그들 스스로 만든 것이었다. 심지어 당국은 감자와 채소 같은 부식도 공장의 유휴 부지에서 스스로 길러 먹도록 독려하였다. 다만 식민지 시절 일본인과 지주·자본가 같은 타인을 위한 노동에 익숙해 있던 사람들은 이때 비로소 자신과 공동체를 위한 노동이 어떤 것인지를 체감할 수 있었을 것이다.

천리마작업반운동과 공산주의적 인간

이처럼 조선로동당과 북한 당국은 노동자와 인민에게 삶과 노동에서의 집단주의적 태도를 강조했다. 집단주의적이란 말은 공산주의적, 이타적 등의 표현과 같은 것이었다. 북한에서는 인민을 집단주의적 정신과 태도로 교육시키기 위해 대중적 캠페인과 같은 방법을 동원하고는 했다. 그 한 정점에 있는 것이 1950년대 말부터 추진된 '천리마작업반운동'이다. 이 운동의 성격에 대해서는 여러 가지 평가가 있지만 가장 중요한 목표 중 하나는 공산주의적·집단주의적 삶의 태도를 모델화하고 이를 인민 전체로 확산시키는 것이었다. 《로동신문》은 사설에서 이 운동이 "사회주의 경쟁의 새로운 보다 높은 형태이며 공산주의로의 이행 준비를 촉진시키기 위한 혁명적 전진 운동"이라고 정의하였다. 또한 천리마작업반운동 참가자들은 "하나는 전체를 위하여, 전체는 하나를 위하여" 일하며 생활하는 공산주의적 도덕 품성의 소유자가 되어야 한다고 역설하였다(《로동신문》 1959년 3월 18일).

▌기술전습을 진행하는 노력영웅 길확실

《로동신문》에는 천리마 기수들의 교대작업 후 생활을 묘사한 기사가 실려 있다. 천리마작업반운동에 참가한 북중기계공장의 장영근 작업반원들은 퇴근 시간이 되자 교대 작업을 마치고 작업 총화 모임을 갖는다. 이들은 이날 127퍼센트의 작업 실적을 올렸다. 하루 작업을 성공적으로 총화한 이들은 기분 좋게 얼마 후 있을 공장 써클 공연에 출연할 재담 공연 연습에 임한다. "생활을 문화적으로!"는 천리마작업반의 중요한 경쟁 조항 중 하나이다. 그래서 이들은 '천리마 청년 작업반 써클'을 조직하고 재담뿐만 아니라 시낭송 등도 연습하고 있다. 퇴근 후에도 작업반원들의 공

▌하루 작업을 총화하는 천봉녀 천리마작업반원들

동생활은 계속된다. 작업반장 장영근은 자신의 집을 '천리마청년작업반모임터'로 정하고 이곳에서 학습도, 오락도, 가족회의도 이곳에서 갖기로 했다고 한다. 이들은 함께 달리기 운동을 하며 사택으로 귀가한다. 귀가 후 이들은 '모임터'에서 즐기는 음악을 몇 곡 듣고는 함께 학습을 진행한다. 학습까지 끝난 늦은 저녁이 되어서야 이들은 각자 집으로 흩어져 휴식을 취한다 (《로동신문》 1959년 4월 16일).

이처럼 당시 천리마작업반원을 비롯한 북한 노동자의 노동과 여가, 일상은 조직된 집단생활로 촘촘히 짜여 있었다. 고된 노동이 끝난 뒤에도 작업총화와 써클활동, 학습 등의 일정이 줄지어 기다리고 있었다. 보통 오후 10시가 넘은 늦은 밤이 되어서야 이들은 가정으로 돌아와 휴식을 취할 수 있었다. 이들은 잠자는 시간을 제외하고 거의 대부분의 시간을 직장 동료들과의 집단생활로 보냈다.

개인주의적 삶의 방식에 익숙해진 지금의 우리로서는 받아들이기 어렵겠지만 당시 북한의 정치지도자와 인민들은 이것이 이상적인 '공산주의적 삶'이라고 생각했다. 이러한 집단주의적 삶을 통해 타인을 이해하고 배려하는 상호부조적 개인과 공동체를 영위할 수 있다고 생각했다. 그리고 그것이 개인주의와 이기주의에 기초한 자본주의적 삶의 태도보다 윤리적인 측면에서는 물론, 효율성과 생산성의 면에서도 우월하다고 믿었다. 비록 과대 선전되기는 했지만 북한의 제1차 5개년계획(1956~1961)과 천리마작업반운동의 성공, 1957년 10월 세계 최초의 인공위성 스푸트니크호 발사와 같은 사건들은 그와 같은 믿음을 확신으로 바꾸기에 충분했다. 북한 노동자들에게 1950년대는 비록 고된 노동과 가난에서 벗어나지 못한 고난의 시절이었지

장영근 작업반의 생활을 묘사한 신문 기사
《로동신문》 1959년 4월 16일

만, 나라를 재건하고 풍요와 협동의 공산주의 사회를 건설할 수 있다는 희망에 찬 시절이기도 하였다.

빈농에서 협동농장 조합원으로

에릭 홉스봄(Eric Hobsbawm)이 지적한 것처럼 소련을 비롯한 현실사회주의는 대중의 문화적 계몽과 산업혁명의 추진을 결합하여 후진국을 선진국으로 도약시키려는 근대화 프로그램의 일종이었다. 하지만 현실사회주의의 근대화가 자본주의의 그것과 다른 점 중 하나는 도시와 농촌, 노동자와 농민의 균형적 발전과 양자의 계급적 동맹을 추구한 데 있었다. 이들의 인식에 따르면 자본주의 사회에서는 농업 생산의 기술적 지체(遲滯)로 인해 공업 노동과 농업 노동 간의 차이, 도시와 농촌 간의 기술적·경제적·문화적 격차가 심화된다. 이는 노동계급과 농민계급 간 사상·기술·문화 수준의 격차이기도 하다. 북한을 비롯한 현실사회주의 국가의 지도자들은 이와 같은 격차의 해소를 공산주의 실현을 위한 중요한 과제로 보았다. 북한이나 중국의 경우 이를 위해 농업협동화나 인민공사를 통한 농촌 사회의 집단화와 사상·기술·문화의 이른바 '3대혁명'을 추진하였다.

북한에서 농업협동화는 중요 산업의 국유화와 더불어 생산관계를 사회주의적으로 개조하는 거대한 이행 과정의 한 축이었다. 특히 소련 민정으로부터 소유권을 이양받는 것으로 비교적 간단하게 진행된 중요 산업의 국유화와 달리, 농업협동화는 토지개혁으로 명목상이나마 확보한 농민의 토지 소유권을 다시 협동조합의 소유로 전환해야 하는 간단치 않은 작업이었다. 태어나서 처음으로 자기 소유의 토지를 경작하게 된 빈농에게 다시 토지를 협동조합에 양도하고 농업노동자가 될 것을 요구해야만 했기 때문이다. 농업협동화의 이념적 당위성이나 경제적 효율성을 따지기에 앞서, 농민들의 뿌리 깊은 토지 소유욕과 정면으로 충돌할 수밖에 없는 정책이었다. 현실사회주의 국가를 통틀어 농업협동화가 가장 성공적으로 수행되었다고 평가받는 북한의 경우에도 상당한 직간접적 저항과 부작용에 직면하였다.

북한에서 농업협동화는 1954년부터 추진되기 시작하였는데, 초기에는 모범 농민들의 호응에 힘입어 비교적 순조롭게 진행되었다. 그러나 같은 해 여름부터 협동화 정책이 급진화하기 시작하면서 부작용과 저항이 나타나기 시작하였다. 농업협동조합 조직과 가입에 강압적 방법이 동원되었기 때문이다. 이에 농민들은 역축(役畜) 도살 또는 매각이라는 소극적인 방법을 통해 농업협동화에 저항하였다. 농업협동조합에 가입하게 되면 토지와 역축

등 생산수단을 모두 협동조합 재산으로 귀속시켜야 하기 때문에 역축만이라도 현금화하려 한 것이다. 농업협동조합에 반강제로 가입하게 된 농민들은 1954년 한 해 동안에만 4만~8만여 두로 추정되는 수의 역축을 도살 또는 매각하였다.

이와 같은 소극적인 저항뿐만 아니라 농업협동조합에서 집단적으로 탈퇴하는 등의 조직적·적극적 저항도 벌어졌다. 1956년 말에서 1957년 초 사이에 황해남도 배천군에서는 이른바 '배천바람'이라는 집단적 협동조합 탈퇴 운동이 벌어졌다. 이 지역은 휴전 이후 새롭게 북한에 편입된 이른바 '신해방지구'였다. 그 때문에 북한 정권은 물론, 협동화와 사회주의 개조 정책에 대한 반감이 상대적으로 팽배한 지역이었다. 이러한 지역적 배경에 더해 1956년 9월에서 10월 단 두 달 동안에 협동조합 가입 비율을 40퍼센트에서 90퍼센트로 끌어올리는 무리한 협동화 정책에 대한 부작용으로 집단적 탈퇴 운동이 벌어졌다.

물론 북한의 농업협동화는 대규모의 저항이나 폭력을 수반하지 않고 비교적 평화적으로 신속하게 수행되었다고 평가받는다. 여기에는 전후 인민군 감축을 통한 제대군인의 농업협동조합 배치가 큰 역할을 하였다. 북한 당국은 농촌 출신의 제대군인들이 자원할 경우 귀향하여 영농에 종사할 수 있도록 조치하였다. 이들은 농업협동조합에서 관리위원장이나 작업반장과 같은 핵심적 지위에 종사하였다. 그리고 제대군인과 더불어 인민군후방가족, 혁명투쟁경력자, 열성농민과 같은 젊은 층들이 조합 간부로 발탁되었다. 이들은 마을의 협동화는 물론 농촌 사회의 세대교체와 조선로동당 및 북한 정부에 대한 정치적 지지를 주도하였다. 특히 부족한 남성 노동력을 대신해 여성의 사회 진출과 발언권이 확대되었다. 예컨대 평안남도에서는 도내 작업반장의 42퍼센트를 여성이 차지할 정도였다. 가부장적 문화에 익숙한 남성 조합원들은 "이래서는 조합이 망하겠군!"이라며 반발하기도 하였지만 남성 노동력의 부족이라는 기본 조건과 정부의 적극적인 여성 노동력 동원 정책하에서 여성의 사회진출 확대는 거스를 수 없는 대세가 되었다(김성보, 〈전쟁과 농업협동화로 인한 북한 농민생활의 변화〉,《東方學志》143집, 2008, 341~345쪽).

공산주의 공동체의 맹아, 협동농장

조선로동당과 북한 정부는 농업협동조합을 '공산주의의 맹아(萌芽)'로 간주하였다. 이것은 인민공사를 "공산주의로 가는 다리"로 생각한 중국공산당의 인식과 궤를 같이하는 것이었다. 농업협동화가 완료된 이후인 1958년 11월에 만들어진 〈농업협동조합 기준규약초안〉은 농업협동조합의 목적을 "농촌에서의 기술 혁명과 문화 혁명의 과업을 적극 수행하여 사회주의 건설을 완성하며 점차 각자는 그 능력에 따라 일하고 수요에 따라 분배를 받는 공산주의 사회의 건설을 준비하는 데 있다."고 규정하였다(《로동신문》 1958년 11월 28일). 이를 위해 조선로동당은 농업협동조합을 '3대혁명'을 통해 인민을 공산주의적 인간으로 육성하는 학교로 삼고자 했다.

예컨대 마을 단위에서 공업·농업·상업·문화·교육 등의 사회적 기능은 모두 농업협동조합으로 통합되었다. 조합 내에는 철공소·목공소·양어장·상점·세탁소·재봉소·학교·탁아소·유치원·구락부·민주선전실·휴양소·진료소·공동식당 등과 같은 생활에 필요한 대부분의 시설이 설치되었고, 조합원들에 의해 운영되었다. 심지어 마을의 물레방아 등을 이용해 중소규모의 발전소를 건설하여 전기조차 자체 생산하였다. 이처럼 일종의 자급자족적 공동체로 설계된 농업협동조합 안에서 농민들은 '소소유자 근성' 및 '개인 이기주의'를 집단주의와 공산주의 정신으로 대체하도록 교육받았다.

농업협동조합을 통한 농촌 사회의 변혁은 자본주의와는 또 다른 종류의 근대화를 추구한 하나의 커다란 실험이었다. 전통적 농촌 공동체에 집단주

▌ 작업을 나가는 농업협동조합원들

의적 문화의 요소가 없었던 것은 아니지만, 농업협동조합의 그것은 전통 사회에 비해 근본적으로 규율화된 것이었다. 공장 노동자들과 마찬가지로 농업협동조합원들의 작업은 작업반별 작업정량과 작업계획으로 세세하게 규율되었다. 공동노동에 따르는 무임승차 심리를 배제하고 노동생산성을 높이기 위해 이른바 '사회주의적 분배 원칙'이라고 일컬어진 도급제와 함께 작업반별 경쟁 시스템이 적용되었다. 작업 외 시간도 회의와 총화, 학습 등으로 촘촘하게 짜였다. 농업협동조합은 하나의 기업체와 같이 운영되었으며, 조합의 농민들은 전통적인 삶의 방식에서 보다 합리적이고 규율화된, 그러면서 집단주의적인 삶의 방식에 점차 적응해 갔다.

물론 이처럼 달라진 삶의 방식에 농민들이 적응하기는 쉽지 않았을 것이다. 특히 농업생산뿐만 아니라 관개시설이나 학교, 유치원 등 공동시설의

▌황해남도 신천군 새날협동조합에 건설된 문화주택

건설과 유지 또한 조합원들의 노력동원에 의존해야 했기 때문에 협동화 이전에 비해 노동시간이 크게 늘었다. "일이 고되어서 조합을 탈퇴하겠다."는 말이 나올 정도였다. 하지만 노동자들과 마찬가지로 농민들 또한《로동신문》에서 연일 전하는 생산계획의 초과 달성, '사회주의 선진국' 소련의 눈부신 발전상, 새로 건설된 현대적 건축물과 공장의 생산품을 접하며 공산주의의 이상이 곧 발전과 풍요를 의미하는 것으로 믿게 되었다.

특히 농민들에게는 조합마다 건설된 '문화주택'과 관개시설, 농기계임경소에서 대여하는 트랙터 등이 농촌의 발전상을 보여 주는 상징들이었다. 1960년대 중반에 이미 전체 리의 98퍼센트 이상에 공급된 전기 또한 마찬가지였다. 비록 이 대부분은 '자력갱생'이라는 슬로건 아래 조합의 자체 자원과 비용, 그리고 조합원의 노력동원을 통해 이루어진 것이었지만 전쟁 이후 반토굴에서 지내던 농민들은 현대적인 물질문화를 영위할 수 있게 되었다. 이외에도 조선로동당과 북한 정부는 구락부에서의 문화 활동, 출판물과 영화의 보급 등을 통해 농민들이 문화적 소양 또한 갖출 수 있도록 노력하였다. 하지만 이들이 내세운 기술·문화 혁명의 비전을 가장 직관적으로 보여 줄 수 있는 상징이자 선전물은 바로 이와 같은 물질문화의 발전상이었다고 할 수 있다.

조수룡 _국사편찬위원회 편사연구사

4부 서울과 지방, 지역

광화문 수난사

사이-공간, 청소년 통행금지구역의 역사

지역감정은 언제부터

광화문 수난사

홍순민

광화문의 등장

광화문은 경복궁의 남쪽 대문이다. 경복궁은 조선 태조 초년에 한양에 지은 조선왕조의 첫 궁궐이었다. 왕국 경영의 실제적 중심 공간이자 상징인 궁궐은 아무나 마음대로 들어가 볼 수 있는 공간이 아니었다. 임금이 살며 활동하는 곳이요, 왕실 가족과 그들을 가까이서 시중드는 사람들의 생활공간이었다. 외부에서는 임금을 보필하여 국정을 수행하는 관원들, 그들을 뒷받침하는 실무자들, 임금과 왕실 가족의 생활을 돕는 일꾼들, 궁궐을 지키는 군인들 정도만 드나들 수 있었다. 일반 백성들은 궁궐을 둘러싼 높은 궁성(宮城) 밖에서 바라볼 수 있을 뿐이었다. 궁성 안의 전각들은 겨우 지붕이나 보였을 것이다. 그런 상황에서 경복궁을 밖으로 드러내는 대표적 표상은 광화문이었다.

개경에서 고려 왕조를 무너뜨리고 새 왕조를 개창한 태조는 천도를 적극적으로 추진하였다. 1394년(태조 3) 8월 태조가 몸소 옛 고려의 남경(南京) 행궁(行宮)이 있었던 한양(漢陽)을 새 터전으로 정하였다. 아직 필요한 건물들이 완성되기도 전인 10월 28일 임금과 조정 일행이 한양으로 천도하여 한양부의 객사(客舍)를 이궁(離宮)으로 삼아 임시로 자리를 잡았다. 종묘와 궁궐 공사는 12월 4일에야 착공하여 1395년(태조 4) 9월 29일에 일차 완공을 보았으나 보완을 거쳐 12월 28일에 태조와 왕실이 경복궁으로 임어하였다. 대단히 급하게 추진한 사업이었다.

태조 4년에 처음 지어진 경복궁은 중심부 주요 전각만을 겨우 갖춘 미완의 모습이었다. 그 이후에도 외곽으로 보완하는 공사를 계속해 나갔다.《정종실록》정종 1년 1월 19일조에 "이때 새 도읍의 궁성(宮城)과 외성(外城)을 새로 지었다."는 기록으로 보아 그때 가서야 경복궁이 궁성을 갖춤으로써 비로소 외관을 완성하게 되었다. 정종 1년은 1399년, 태조가 경복궁으로 임어한 때로부터 4년 뒤이다.

그런데《태조실록》에는 태조 4년(1395) 9월 마지막 날인 29일(경신)조에 광화문을 지었다는 기사가 실려 있다. 궁성이 없는 상태에서 광화문만 지었다는 말인가? 그럴 수는 없는 일이다. 1399년 1월 19일에 궁성을 새로 지었다는《정종실록》의 기사와 1395년 9월 29일조에 광화문을 지었다는《태조실록》의 기사는 서로 어긋난다. 둘 가운데 하나는 사실과 맞지 않는 것으로 볼 수밖에 없다. 광화문이 언제 처음 지어졌는지 정확히 알기 위해서는 두 실록의 기사가 이렇게 어긋나는 연유를 면밀히 살펴볼 필요가 있다.

위《태조실록》의 기사 첫 문장은 "이 달에 태묘 및 새 궁궐이 완성되었음을 고하였다."고 되어 있다. "이 달(是月)"이라는 표현으로 보아 이 기사 전체가 9월 29일 당일의 기사가 아니라 후대에 9월 한 달 치 기사를 종합하면서 삽입한 기사임을 알 수 있다. 기사는 이어서 경복궁에 새로 지은 주요 건물과 그 규모를 기술하였는데, 정면 중앙축에 있는 문으로는 근정전의 문, 곧 후일의 근정문(勤政門) 세 칸과 그 앞에 오문(午門) 세 칸을 지었다고 나온다. 오문은 오늘날의 흥례문(興禮門)에 해당한다. 그리고 기사 마지막 부분에 "뒤에 궁성을 축조하였다[後築宮城]. 동문을 건춘(建春), 서문을 영추(迎秋), 남문을 광화(光化)라고 하였다."는 내용이 이어진다.

"뒤에 궁성을 축조하였다."고 할 때 "뒤"란 근정문과 오문을 지은 시점보다 뒤란 뜻이다. 그때가 언제인가? 이를 밝히기 위해서는 《태조실록》의 편찬 경위를 살펴볼 필요가 있다. 1408년(태종 8)에 태조가 죽자 이듬해 태종이 《태조실록》을 편찬하라고 명하였다. 사초(史草)를 수집하는 데 시간이 걸려 1410년(태종 10) 1월부터 편찬에 착수해 3년이 넘은 1413년(태종 13) 3월에 일차 완성하였다. 그러나 의정부에서 내용이 번잡하며 어지럽고 중복이 많다는 이유로 개수(改修)를 주장하여 간행하지 않았다. 1438년(세종 20)에 가서 또 사실과 어긋난 내용이 있다는 논의가 제기되자 세종은 이를 고쳐 작성하게 하였다. 1442년(세종 24)과 1448년(세종 30)에도 내용을 더 고쳤다. 1451년(문종 1)에는 고려의 폐왕 우(禑)를 신우(辛禑)로 고쳤다. 이런 우여곡절 끝에 완성된 것이 현재 전하여지는 《태조실록》이다. 그러므로 《태조실록》에는 태조 당대의 사실만 수록되지 않고 후대, 곧 세종 대의 사실까지 추가로 기재되었다.

이렇게 볼 때 위 《태조실록》 태조 4년(1395) 9월 29일의 기사에서 말하는 "뒤"는 《정종실록》 정종 1년 1월 19일조 기사의 "이때 새 도읍의 궁성(宮城)을 새로 지었다."는 "이때", 곧 정종 1년 1월 어간을 가리킨다고 보아야 할 것이다. 그런데 이 내용은 "뒤에 궁성을 축조하였다."는 부분, 곧 궁성과 광화문을 지은 사실만 포함한다. 광화문이라는 이름은 그보다 더 뒤에 가서야 등장한다.

정종 대에는 임금과 조정이 개경으로 되돌아가 경복궁 궁성의 문들에 이름을 지을 경황이 없었다. 태종 대에 개경에서 한양으로 다시 돌아왔지만 태종은 경복궁이 아니라 창덕궁을 새로 짓고 그리로 임어하였다. 경복궁 궁성문들은 세종 8년(1426) 10월 26일에 가서야 이름을 얻게 되었다. 세종이 집현전 수찬(修撰) 김빈(金鑌)에게 명하여 이름을 짓게 하였다. 그 결과 근정전 앞 두 번째 문, 이전에 오문(午門)이라고 부르던 문은 홍례문(弘禮門), 세 번째 문은 광화문(光化門)이라는 이름을 얻게 되었다. 《태조실록》 태조 4년(1395) 9월 29일 기사의 "동문을 건춘(建春), 서문을 영추(迎秋), 남문을 광화(光化)라고 하였다."는 내용은 실은 세종 8년 10월의 사실을 소급해서 적은 것이다. 태조 대로부터 세종 대까지 30여 년 한 세대가 흐른 뒤에야 광화문은 비로소 경복궁의 남쪽 대문으로 외모에 더하여 이름까지 번듯하게 갖추게 되었던 것이다.

광화문의 구조와 위상

1592년 임진왜란으로 서울이 파괴되었다. 왜군들이 종묘 궁궐 관아를 비롯하여 서울의 주요 건물들은 거의 모두 불태워 버렸다. 광화문도 사라졌다. 경복궁 중건 공사는 1865년(고종 2) 4월 시작되어 3년 3개월이 지난 1868년(고종 5) 7월에 마무리되었다. 이때 광화문도 다시 모습을 갖추었다. 사라진 지 276년 만의 일이다.

경복궁 전체가 그렇지만 광화문은 북쪽이 살짝 높고 남쪽이 낮은 경사지에 앉아 있다. 전면부 곧 바깥쪽은 지표면보다 높게 기단을 쌓았고, 후면부 곧 안쪽은 지표면과 거의 같은 높이가 되었다. 바깥쪽은 기단을 너비가 약 30미터, 길이가 52미터 되게 앞으로 돌출되게 쌓았다. 이를 월대(越臺, 月臺)라고 한다. 월대 끝에는 5단의 층계를 두고, 월대 둘레에는 돌로 난간을 둘렀다. 광화문은 그 월대 위에 육축(陸築)이라 하여 겉면을 기다란 돌로 마감한 축대를 높이 쌓고 육축 위에는 2층으로 된 문루(門樓)를 지었다. 육축에 홍예문(虹霓門) 셋을 내었다. 가운데 문을 정문(正門), 좌우의 문을 협문(夾門)이라고 하는데, 정문이 협문보다 폭과 높이가 더 크다.

월대 앞 약 20미터 전방 좌우에 하나씩 동물상을 배치하였다. 높은 기단 위에 앉아 있는 이 동물은 다리가 넷에 발은 범의 발, 몸은 양털로 덮여 있

❘ 광화문 앞 해태와 노둣돌

다는 등 여러 동물들의 특성을 조합하여 구성한 해태(獬駄), 혹은 해치(獬豸)라고 하는 상상의 동물이다. 이 동물의 특성을 가장 잘 드러내는 부분이 뿔이다. 현재 광화문 앞 해태에는 목덜미 뒤에 돌을새김으로 표시되어 있어서 겉으로는 드러나지 않으나, 원래는 서양의 유니콘처럼 끝이 날카로운 외뿔을 갖고 있다. 이 뿔로 송사(訟事)를 벌이는 사람 가운데 잘못된 주장을 하는 사람을 들이받았다고 한다. 해태는 법을 상징하는 동물이었다. 광화문 월대 앞에 해태를 배치한 의도는 이곳을 드나드는 사람들에게 법을 엄정하게 준수하고 집행하라는 뜻을 전달하려는 데 있다고 하겠다.

해태의 좀더 구체적인 의미는 이곳부터 경복궁의 영역임을 표시하는 경계 표지다. 그러니 이 앞을 지나 경복궁으로 들어오는 사람은 임금이 아닌 한 모두 말에서 내리라는 표지, 곧 하마석(下馬石)인 셈이다. 해태 앞에는 노둣돌이 있었다. 말이나 가마에서 내릴 때 딛는 계단 모양의 돌이다. 해태와 노둣돌은 탈것에서 내려 경의를 표시하라는 표지였다.

조선의 문들 가운데 월대를 갖춘 것은 궁궐 정문뿐이었다. 도성이나 산성 등 성문은 보통 육축 위에 문루를 지었다. 그에 비해 궁성(宮城)의 문들 가운데는 경복궁의 문들만 그러하였다. 육축에는 홍예문을 내게 마련이다. 그 홍예문이 보통 하나인데, 셋을 낸 예는 광화문이 유일하였다. 월대와 문루와 홍예문 셋을 동시에 갖춘 광화문은 형태로 보자면 조선의 문들 가운데 가장 격이 높은 문이라고 할 수 있다.

그 광화문을 들어가는 것은 곧 높은 곳, 궁궐로 올라가는 것이었다. 아무나 이 문을 들어갈 수 없었다. 홍예문 셋 가운데 중앙의 정문이 어문(御門)으로, 임금이 드나드는 문이었다. 고종 4년 경복궁을 다시 지으면서 일반 관원들은 동서 협문으로 드나들되, 문관은 동쪽, 무관은 서쪽 협문으로 드나드는 것을 규례로 정하였다. 임금만이 탈것을 타고 어문을 드나들었다. 임금을 제외한 관원들은 모두 탈것에서 미리 내려서 걸어감으로써 경의를 표해야 하였다. 광화문은 경복궁의 얼굴이요, 임금의 존재를 상징하는 조형물이었다.

광화문 앞길

문은 안과 밖을 나누는 시설물이다. 문은 열면 통로가 되고 닫으면 담이 된다. 광화문은 경복궁과 그 밖을 잇는 문이다. 경복궁의 주요 건물들, 중궁전인 교태전, 양의문, 대전인 강녕전, 향오문, 편전인 사정전, 사정문, 외전의 정전인 근정전, 근정문, 영제교, 홍례문은 정확하게 일직선상에 놓여 있다. 광화문을 들어서면 이 중심축을 따라 바로 동선이 연결되지는 않지만, 개념상으로는 동선도 직선으로 이어진다고 볼 수 있다. 이 동선이 광화문 밖으로 연장되어 광화문을 나서면 넓고 큰 길이 연결된다.

광화문 밖 길 좌우에는 국가의 중추적인 고위 관서들이 배치되어 있었다. 광화문 동편에 의정부, 이조, 한성부, 호조, 기로소가 있었고, 서편에 예조, 중추부, 사헌부, 병조, 형조가 있었다. 조선왕조의 임금은 중앙집권적 관료제의 정점에 있는 존재였다. 임금을 측근에서 보필하기 위한 관서들이 궁궐 안에 배치되어 있었는데 이를 궐내각사(闕內各司)라 하였다. 궐내각사는 궁궐 밖의 관서들을 임금에게 연결하는 구실을 하였다. 궐내각사와 연결되어 있는 궁궐 밖의 관서들을 통틀어 궐외각사(闕外各司)라 하였다. 광화문 앞길

일대는 서울의 궐외각사 구역, 대표적인 관청가였다.

　이 길의 주인은 광화문이다. 광화문은 좌우로 궁성이 막아 주는 가운데 임금이 늘 그러하듯 남면(南面)──북에서 남쪽을 바라보며 앉아 있다. 궐외각 사 관서들은 동에서 서로, 서에서 동으로 마주보고 있었다. 마치 임금 앞에 신하들이 시립(侍立)하고 있는 모습이다. 그 관서들의 행각(行閣)이 이 길의 동편과 서편에 잇대어 이 공간을 옹위(擁衛)하고 있었다. 그 행각에는 간간 이 2층 솟을대문이 솟아 있어서 각 관서로 드나드는 출입구가 되었다. 이 길 의 남쪽 끝에서 서서 북으로 바라보면 좌우로는 시야가 막혀 있고, 전면이 훤하게 뚫려서 정면에 광화문, 광화문 안에 경복궁, 경복궁 뒤에 살짝 서편 으로 기운 자리에 백악, 그 뒤에 북한산의 보현봉, 보현봉 위에 하늘이 잇대 어 있었다. 이 길은 길이면서 큰 마당이요, 막힌 듯 열린 공간이었다.

　조선왕조 내내 주로 불리던 이 길의 이름은 "광화문 앞길[光化門前路]" 또 는 "경복궁 앞길[景福宮前路]"이었다. 조선 후기에 가서 혹 "육조거리[六曹街,

六曹大街, 六曹路, 六曹大路, 六曹大路街"로 불리기도 하였다.

이 길은 경복궁으로 들어가는 길이요, 경복궁에서 나오는 길이다. 길이지만 통행만을 위한 길이 아니었다. 임금이 임어하여 백성들을 만나거나 군인들에게서 출정(出征)의 예를 받거나 군인들에게 음식을 내리는 행사인 호궤(犒饋)를 하는 등 이런저런 행사를 하는 광장으로 쓰였다. 군영에서 진을 치는 훈련을 하기도 하였고, 백성들이 엎드려 임금에게 억울한 일을 호소하기도 하였다. 이 길은 임금의 교화(敎化)와 정령(政令)이 나가는 길이요, 백성들의 원망(願望)과 호소(呼訴)가 들어가는 접점이기도 하였다.

광화문 앞길의 변동

임진왜란 이후 경복궁은 빈터로 버려져 있고 광화문은 사라진 상태였다. 경복궁과 광화문이 없는 그 길은 주인 없이 객들만 모인 자리처럼 허전하였다. 그렇지만 270여 년 동안에도 광화문 앞길은 여전히 관서들이 즐비하게 늘어서 있는 궐외각사 관청가였다. 임금이 동궐—창덕궁·창경궁이나 서궐—경희궁에 임어하고 있어도 관서들은 광화문 앞에 있었다. 관원들이 임금이 부르거나 아니면 임금을 만나 뵙고자 할 때 바로 궁궐에 들어가기 위해서 궁궐 근처에 조방(朝房) 또는 직방(直房)을 두어 활용하였다.

경복궁이 중건되면서 이러한 관서 배치와 관원들의 활동은 다시 광화문 앞길로 집중되었다. 조선 후기 이래 최고 관부로서 실권은 비변사(備邊司)로 집중되어 있었고, 비변사는 각 궁궐 대문 앞에 있었다. 의정부는 상징적 존재로서 의례적 역할만 하고 있었다. 그러던 것을 고종 초년에 비변사를 의

정부로 합설(合設)하면서 1865년(고종 2) 퇴락하였던 의정부 청사를 중수(重修)하였다. 이로써 의정부는 최고 관부로서 권한과 위상을 회복하였다.

의정부의 복설과 함께 문(文)을 대표하는 관서인 의정부에 짝을 맞추어 무(武)를 대표하는 관서로서 삼군부(三軍府)를 설치하자는 논의가 1865년(고종 2) 5월에 제기되었다. 그로부터 1년쯤 지난 1866년(고종 3) 5월에는 의정부에서 광화문 앞길 건너 서편 예조 자리에 삼군부가 설치되었다. 예조는 이전의 한성부 자리로, 한성부는 광화문 앞길을 벗어나 훈련도감의 신영으로 옮겨 갔다. 삼군부는 실질적인 권한은 거의 없었지만 문과 무의 균형을 관념적으로 잡아 주는 관서였다.

의정부가 중수되고 삼군부가 들어서고 경복궁이 중건되면서 광화문 앞길 일대는 다시 명실상부한 서울의 관청가, 조선의 수도 서울의 정치와 행정의 중심 공간이 되었다. 그러한 경복궁과 광화문은 고종이 이곳에 임어하며 활동하는 기간에는 제 기능을 발휘하며 나름의 영화를 누렸다. 고종이 창덕궁으로 이어한 기간에도 그 기능과 위상은 변함이 없었다. 하지만 조선의 국권과 고종의 왕권이 외세로부터 침해받으면서 그 기능과 위상은 근본적으로 위협을 받고 변동을 겪게 되었다.

1876년 개항이 일본을 첨병으로 하는 자본주의와 본격적인 첫 만남이라고 할 수 있다. 1880년대에는 서양 각국과 통상조약을 핵심으로 하는 외교관계를 수립하였다. 외세의 침탈 경쟁은 일차적으로 청나라와 일본의 전쟁으로 발전하였다. 1894년 동학농민운동이 일어나자 조선 정부는 청나라에 진압을 위한 군대 파병을 요청하여 6월 6일 청나라 군대가 조선에 들어왔고, 이를 빌미로 일본군도 6월 8일 군대를 파병하였다. 1894년 7월 23일 일본군은 경복궁을 침탈하여 친일 내각을 구성하였다. 청일전쟁에서 승리한 일본은 조선의 내정에 더 깊이 간섭하였다.

1895년 음력 8월 20일(양력 10월 8일)에는 일본 군대가 경복궁 건청궁(乾淸宮)에 난입하여 왕비를 척살하는 이른바 을미사변(乙未事變)을 일으켰다. 1896년 2월 20일 새벽 고종은 정동의 러시아 공사관으로 이어하였다. 이른바 아관파천(俄館播遷)이다. 1년 뒤인 1897년 2월 고종은 경운궁(慶運宮)으로 환궁하여, 10월 대한제국을 선포하고 황제로 즉위하였다. 고종은 1919년 승하할 때까지 그곳에서 기거하였다. 이러한 임금 고종의 기거 공간, 내외 권력의 이동, 제도 개편에 따라 광화문 앞길 관서 배치도 변하였다.

1894년 일본의 영향 아래 제도 개편이 이루어져 육조가 8개 아문(衙門)으로 바뀌었다. 광화문 앞길 동편의 의정부는 그대로 유지되었지만, 그 남쪽으로 내무(內務)아문, 학무(學務)아문, 탁지(度支)아문 한성부, 기로소가 이어졌다. 서편에는 장위영(壯衛營), 중추원(中樞院), 농상(農桑)아문, 군무(軍務)아문, 법무(法務)아문, 공무(公務)아문이 들어섰다. 1894년 12월 의정부가 내각으로 이름이 바뀌어 경복궁 수정전으로 옮겨 가고 그 터에는 내무아문이 자리잡았다가 1895년 3월에 내부(內部)로 이름이 바뀌었다.

대한제국기에는 동쪽에 내부(內部), 외부(外部), 학부(學部), 탁지부(度支部), 양지아문(量地衙門), 농부(農部), 서쪽에는 시위대(侍衛隊), 헌병부(憲兵部), 경부(警部), 군부(軍部), 법부(法部), 통신부(通信部)가 자리 잡았다.

1905년 을사조약으로 외교권을 잃으면서 외부는 의정부 외사국(外事局)으로 격하되고 그 자리에 통감부(統監府)가 들어섰다.

광화문통, 식민통치의 중심 거리

대한제국이 멸망하면서 궁궐은 주인인 임금을 잃고 그 기능도 잃었다. 궁궐은 더 이상 궁궐이 아니게 되었다. 경운궁은 1907년 순종에게 황제위를 넘겨주고 태상황으로 물러난 고종의 거처가 되어 이름이 덕수궁으로 바뀌었다. 창덕궁은 나라 잃은 마지막 황제 순종과 구황실의 거처가 되었다. 경복궁이라고 이 격랑을 피해갈 수 없었다. 일제는 경복궁을 전면 철거하고 공원으로 만들기로 결정하고 전각들을 경매하기로 하여 일본인들이 낙찰받기도 하였다. 광화문 월대도 이때 파괴되었다. 경복궁은 외국인의 관광 대상이 되었다. 광화문은 그 자리에 있었지만 대체로 잠겨 있는 문 아닌 문, 구경거리일 뿐이었다.

1910년 일본의 식민지가 되면서 광화문 앞길 좌우에 있던 대한제국의 중추 관서들은 사라지고 일제의 식민 통치 기구들이 들어섰다. 동쪽에 경기도청·학부·건축소·토지조사국이, 서쪽에 근위보병대·헌병제이분대·친위청·한성부·통신국이 자리 잡았다. 1914년부터 길 이름도 광화문 토오리[光化門通]이라고 바꿔 부르기 시작하였다. 1917년에는 이 길을 따라 전차가 놓였다. 광화문 앞길 구역만 이렇게 크게 변한 것이 아니라 경복궁도 일제의 수중으로 떨어져 궁궐의 면모를 잃어 갔다.

일제는 1911년에 경복궁 부지를 조선총독부로 인도하였고, 이어 1915년 9월 11일부터 10월 30일까지 50일간 경복궁에서 이른바 시정5년기념조선물산공진회(始政五年記念朝鮮物産共進會)를 열었다. 시정, 곧 새로운 정치를 시작한 지 5년이 되는 것을 기념하기 위하여 '개선되고 진보한 상업 기타 문물을 한곳에 모아' 보여 줌으로써 '일본인 당국자들을 고무 진작시키는 한편

시정오년기념조선물산공진회 광화문통 장식

조선 민중에게 신정(新政)의 혜택을 자각시키기 위한' 자리였다. 그러나 그보다 더 깊은 속내는 경복궁의 전각들을 헐어 없애고 그 자리에 조선총독부를 짓기 위한 정지 작업을 하는 데 있었다. 경복궁의 전각 4,000여 칸이 헐리고그 자리에 연면적 5,200평에 이르는 건물 18채가 전시관으로 만들어졌다.

일제는 공진회가 끝나고 1916년에 그 자리에 조선총독부 청사를 짓기 시작하였다. 1910년 통감부를 총독부로 개편하면서 이미 남산에 있던 통감부청사가 비좁아 옮길 계획을 세웠으나 바로 착수하지는 못하다가 1915년에와서야 사업을 확정지었다. 그 부지로서 '시가 중요 위치에 있는 광대한 면적'을 찾다가 경복궁 근정전 앞 약 3만 평에 눈독을 들였으며 공진회가 끝나자 바로 공사에 착수한 것이었다. 조선총독부 청사는 그렇게 해서 공사에 착수한 지 10년 만인 1926년에 건평 2,115평, 연건평 9,604평 5층짜리 화려한 르네상스식 석조 건물로 완공되었다. 그 폭은 근정전 회랑보다 더 넓었으며 그 높이는 4층으로 정면에서 보면 경복궁을 완벽하게 가리는 크기였다. 이제 광화문 앞길에서 보면 경복궁은 찾을 수 없고 조선총독부 청사만 보이게 되었다. 조선총독부가 이 공간의 주인이 되었다. 조선총독부로 들어가는 광화문통은 일제 식민통치의 중심 가로가 되었다.

조선총독부 청사가 완공되면서 일제는 그 앞에 있는 광화문은 헐어 없애려 하였다. 그러나 야나기 무네요시[柳宗悅]라는 일본인 민예 운동가가 1922년 9월호 《개조》라는 잡지에 글을 실어 반대 여론을 불러일으켰다.

> 광화문이여, 광화문이여, 너의 목숨이 이제 경각에 달려 있다. …… 정치는 예술에 대해서까지 무례해서는 안 된다. 예술을 침해하는 따위의 힘을 삼가라. 자진해서 예술을 옹호하는 것이 위대한 정치가 행할 바 아닌가. 우방을 위해서, 예술을 위해서, 역사를 위해서, 도시를 위해서, 특히 그 민족을 위해서 저 경복궁을 건져 일으켜라. 그것이 우리들의 우의가 해야 할 정당한 행위가 아니겠는가.

야나기의 글은 커다란 반향을 얻었고 그 덕분에 광화문은 헐려 없어지는 대신 옮겨지게 되었다. 1926년 7월 22일 해체되기 시작하여 9월 15일에는 경복궁 동쪽 궁성의 북쪽 편으로 자리가 옮겨졌다. 그 무렵 《동아일보》에 실린 설의식의 〈헐려 다시 짓는 광화문〉이라는 글은 그때의 정황을 절절하게 전해 준다.

헐린다 헐린다 하는 광화문이 마침내 헐리기 시작한다. 총독부 청사 까닭에 헐리고 총독부 청사 덕택으로 다시 지어지리라 한다. …… 그러나 다시 짓는 그 사람은 상투 튼 옛날의 그 사람이 아니며 다시 짓는 그 솜씨는 피 묻은 옛날의 그 솜씨가 아니다. 다시 옮기는 그 자리는 북악을 등진 옛날의 그곳이 아니며 다시 옮기는 그 방향은 구중궁궐을 정면으로 한 옛날의 그 방향이 아니다. 광화문 지붕에서 뚝딱이는 망치소리는 조선민족의 가슴에 부딪쳐 구슬피 울리고 있다.

광화문은 중건된 지 60년 만에 경복궁의 남쪽 대문 자리에서 밀려났다. 1592년 임진왜란 이후 330여 년이 지나 일본인이 광화문에 가한 두 번째 만행이었다.

돌아온 광화문

1945년 8월 15일 해방이 되면서 조선총독부는 미군정청 중앙 청사가 되었다. 경복궁 후원의 경무대에 있던 총독관저는 미군정장관의 관저가 되었다. 1948년 8월 15일 대한민국 정부가 수립되면서 미군정청사는 대한민국 정부 중앙 청사, 곧 '중앙청'이 되었다. 미군정장관 관저는 대통령 관저 '경무대'가 되었다. 일제하 '경성부(京城府)'는 경기도의 일부에서 '서울특별자유시'가 되었다. '광화문통'은 '세종로(世宗路)'로 이름이 바뀌었다.

한국전쟁 와중에 세종로 일대는 거의 폐허가 되어 버렸다. 전쟁이 끝나고 이 폐허 위에 새로운 건물들이 들어서기 시작했다. 1956년에 거리 서편 옛

병조 형조가 있던 자리에 이승만의 호를 딴 우남회관(雩南會館)이 건립되었다. 우남회관은 4·19혁명으로 이승만이 쫓겨난 후에 시민회관이 되었다가 그 자리에 오늘날의 세종문화회관이 들어섰다. 동편 경기도청사 남쪽, 원래 이조와 한성부가 있던 자리에 미국의 원조를 받아 두 동의 건물을 지었다. 이 건물들은 1960년 2월에 착공하여 1961년 9월에 완공하였는데, 오늘날의 대한민국역사박물관과 미대사관 건물로 남아 있다.

1961년 5·16군사정변 후 박정희정권 시기에 세종로 일대에는 정권의 의도가 더 강하게 반영되었다. 서편 첫 자리, 곧 옛 삼군부 자리에 1970년에 정부종합청사가 들어섰다. 1972년 시민회관이 불탄 자리에 1978년에 세종문화회관이 들어섰다. 1970년대에 이 세종로 일대 공간의 성격에 근본적인 변화가 나타났는 바 공공건물만 있던 공간에 사적인 건물, 곧 상업적 건물이 들어섰다. 기념비전 바로 뒤편에 1980년에 교보빌딩이 들어서고, 그 바로 북쪽에 1981년에 KT빌딩이 들어섰다. 세종로 서편, 세종문화회관 남쪽도 사기업 건물이 들어섰다.

자본의 침투와 함께 이 거리에 정권의 의도를 투사하는 작업도 이루어졌다. 1966년 애국선열조상건립위원회가 조직되어 1968년 세종로 초입에 이순신 동상을 세웠다. 위기에서 나라를 구한 군인 이순신을 부각시키려는 의도라고 하겠다. 그리하여 이 거리는 정권이 자신의 존재와 의도를 드러내는 국가상징거리가 되었다.

이러한 흐름에서 1968년 당시 대통령의 특명에 따라 광화문이 제자리로 돌아왔다. 경복궁 동쪽 궁성으로 옮겨져 있던 광화문은 한국전쟁 당시 미군의 폭격을 맞아 문루는 사라지고 석축만 남은 상태였다. 그러나 이때 광화문이 제자리에 복원되었다고는 하지만 경복궁의 정문이 아닌 중앙청 정문으로 돌아온 것이었다. 중심축을 중앙청 곧 과거 조선총독부 청사에 맞추었고, 그 높이도 당시 지표면 그대로, 재질은 철근콘크리트로 하였으며 한글로 '광화문'이라는 편액을 당시 대통령의 친필로 써 달았다. 그 결과 앞에 광화문이 있고 그 뒤에 조선총독부 청사가 있으며 경복궁 전각들은 전혀 보이지 않고 그 너머로 백악이 보이는 풍경은 30년 동안 사람들의 머리와 마음속에 굳게 새겨졌다.

　1996년 11월 격렬한 논란 끝에 구 조선총독부 청사를 철거하였다. 경복궁을 가로막고 있던 그 건물이 사라지자 광화문만 어울리지 않게 남게 되었다. 광화문 터를 발굴하여 보니 고종 대 광화문 흔적 밑에 조선 초기 광화문 흔적이 나왔다. 고종 대 광화문을 복원하기로 하여 좌향을 맞추고 목조 건

▌광화문 앞 사직로

물로 다시 지어 2010년 8월 15일에 공개하였다.

하지만 다시 지은 광화문도 온전하다고는 할 수 없다. 지표면의 높이가 변하여 발굴 흔적대로 맞추지 못하고 1미터 가까이 높게 지었다. 편액은 제작 당시 자료를 찾지 못하여 묵질금자(墨質金字), 곧 바탕색을 검게 하고 동으로 글자 자획을 잘라 만든 뒤에 금으로 도금하는 방식을 온전히 구현하지 못하였다. 광화문 바로 앞으로 넓은 사직로가 지나가는 까닭에 월대를 복원하지 못하였고, 따라서 월대 앞의 해태는 제자리를 찾지 못하고 궁성 가까운 자리에 놓여 있다.

광화문 앞길의 단절과 연결

세종로는 폭이 100미터로 우리나라에서 가장 넓은 길이었다. 그 길 한가운데 6개 차로에 광화문광장을 조성하였다. 이 공사는 2008년 5월 27일에 착공하여 2009년 8월 1일 광장이 개방되었다. 2009년 6월에는 광화문광장 중앙부에 거대한 세종대왕 동상도 앉혔다. 2010년 광화문에서 광화문 네거리까지의 세종로와 광화문 네거리에서 숭례문까지의 태평로, 숭례문에서 서울역까지의 남대문로를 합쳐서 세종대로로 이름을 바꾸었다.

세종로가 세종대로가 되고, 그 안에 광장을 조성했지만 지금 이 공간은 여러 면에서 막혀 있고 단절되어 있다. 우선 시야가 단절되어 있다. 좌우로는 높은 빌딩들이 가로막고 있어서 경복궁을 감싸고 있는 주위 산들을 보기 어렵다. 남에서 북으로 보면 이순신장군 동상과 세종대왕 동상이 정면을 가로막고 있어 광화문을 보기 어렵다. 도로의 차들도 시야를 상당히 가리며 지나간다. 두 번째로 동선이 단절되어 있다. 옆으로 횡단보도 몇 개가 인도로 연결되어 있을 뿐이어서 억지로 걸어갈 수는 있지만 정면을 바라보면서 곧바로 걸어가 광화문에 도달할 수 없다.

조선에서 대한제국으로, 일제 식민지로, 해방 이후 오늘날까지 얼마나 많은 일들이 이곳에서 벌어졌던가? 그러나 지금의 세종대로와 광화문광장에서 이곳에서 이루어져 온 역사와 문화를 찾아보기는 참 어렵다. 인도 바닥에 이곳에 있었던 관서들 표지를 박아 놓았지만 굳이 찾아보지 않는 한 그런 것이 있는지 인지하기 어렵다. 또 굳이 찾아본다 해도 그 의미가 잘 다가오지 않는다.

1960년 4·19혁명 당시 학생들 시위 대열은 이 길로 모여들어 경무대로 향하였다. 권력이 진행하는 퍼레이드 행렬도 거의 이 길을 지나갔다. 1987년 6월 항쟁의 물결도 이 길을 지나갔다. 이 길에서는 2002년 월드컵 등 대규모 응원도 이루어졌다. 그 해 미군 장갑차에 깔려 죽은 여중생들을 추모하는 모임 그리고 2004년 노무현 전 대통령 탄핵 반대 촛불집회, 2008년 미국산 쇠고기 수입 반대 촛불집회를 거쳐 2016년 가을에서 2017년 봄까지 이어진 박근혜 대통령 탄핵 촉구 촛불집회가 이 공간에서 열렸다. 이 공간은 국가 권력의 공간에서 점차 시민들의 민의가 모이는 중심으로 바뀌어 갔다.

광화문이 제 모습을 온전히 회복하고 시야와 동선이 연결되고 이 공간에서 왕국에서 민주공화국으로 이어지는 역사의 굴곡과 흐름을 엿볼 수 있다면 광화문과 광화문 앞길은 역사적 문화적 가치를 더욱 무겁게 갖게 될 것이다.

홍순민 _명지대 교수

사이-공간, 청소년 통행금지구역의 역사

김희식

　우리가 사는 도시는 기나긴 세월 동안 여러 번 공간이 창출되는 경험을 해 왔다. 일제강점기와 해방을 거치면서 스콰 1세대들이 쪽방촌, 집결지, 기지촌, 상이군경촌이라는 이름으로 도심에 자리를 잡게 되었다. 영등포 타임스퀘어와 문래동 철재상가 사이에 집결지라고 불리는 공간이 자리 잡고 있다. 사람들은 이곳을 '사창가', '윤락가', '청소년 통행금지구역', '집결지'라고 불러 왔다. 사이-공간이 '예외공간'으로 유지될 수 있었던 공간의 역사를 로컬의 관점으로 살펴보고자 한다.

　최근 여의도에 백화점이 개장하면서 롯데백화점 영등포점과 신세계백화점 타임스퀘어점과 함께 백화점 삼인방이 경쟁 체제에 들어갔다. 영등포역 상권은 대형 유통 업체와 크고 작은 기업들이 있어서 하루 25만 명이 이동하고 있다. 이곳 타임스퀘어와 문래 철재상가 사이에는 집결지가 있다. 집결지의 유리방과 백화점의 진열장은 사람의 신체와 물건을 사고파는 공간으로 보인다. 전면 유리창에 전신을 드러내며 서 있는 유리방 성매매는 성산업의 '맥도널드화'의 한 형태다.

대한민국에서는 성을 파는 것 자체를 명백한 불법으로 규정하고 있다. 비범죄화되지 못한 상황에서 성매매가 도덕적으로 불쾌한 행위라고 생각하기 때문에 특정 장소 내에서만 이루어지도록 제한하고 있다. 성매매 행위가 주로 뒷골목, 사창가, 거리 성매매가 이루어지고 있는 자체가 성매매 여성들의 사회적 위치를 보여 준다.

집결지는 대한민국 성산업에서 명백한 가시적인 장소로 기능해 왔다. 2007년 인천 남구 학익동(끽동) 집결지 폐쇄를 시작으로 2004년 35개이던 집결지는 2019년에는 13개로 줄었다. 집결지는 업주, 성매매 여성, 지역 주민, 지방자치단체, 부동산 개발업자 등 다양한 이해관계가 얽혀 있는 공간이다. 집결지 폐쇄가 진행되면서 개발 이익의 대부분이 부동산 소유자에게 돌아갈 뿐 그 속에서 일했던 성매매 여성들의 목소리는 구조적으로 반영되

❶ 영등포 집결지(영등포구청 제공)

지 못하고 있다.

2011년 영등포 집결지 폐쇄 시도가 지속되자 성매매 여성들은 소복 차림과 보디페인팅만 한 채로 시위를 벌여 사람들의 이목을 집중시켰다. 이 시위 소식은 미국 타임지 온라인판에 실릴 정도로 반향이 컸다. 이후 지방자치단체와 개발업자들은 '집결지 고사작전'에 돌입한 상태다. 전국의 집결지가 폐쇄되면서 물리적인 공간과 성매매 여성에 대한 삶은 삭제되거나 기록되지 못했다. 성매매가 가지고 있는 복합성을 밝혀 내기 위해서 장소나 공간에 대한 고려가 필요하다. 사람이 살았던 공간은 혐오와 낙인 여부를 떠나서 기록되어야 한다. 정부와 반성매매주의자들은 성매매 공간이 '반인권적'인 공간이므로 당장이라도 폐쇄해야 한다고 주장한다.

신자유주의 정책 추진과 성매매방지법을 둘러싼 갈등은 여성계 내부에서 격한 논쟁을 불러일으켰다. 이주 노동자, 쪽방촌 주민, 노숙인, 장애인, 노점상 등에 대한 차별과 배제는 더욱 심화하고 있다. 이들의 공통점은 자신들이 점유해 온 공간에서 추방의 위협을 당하고 있다는 것이다. 부르디외는 공간은 권력이 확고하게 서고 행사되는 곳이며, 상징적인 폭력의 형태로 구현된다고 보았다. 즉 인간의 삶을 영위하고 또 여러 가지 규범과 압력을 받는 정치·경제·사회적인 공간을 의미한다. 쪽방촌과 집결지의 복합 개발이 거론되고 있는 현실을 고려하더라도 다른 공간보다 더 심하게 위협받고 있다.

영등포 집결지의 태동

영등포는 일제강점기 공업지역으로 기능하기 위한 조건을 갖추고 있었다. 경인선과 경부선 개통으로 인한 교통의 편리함과 한강이 있어서 풍부한 공업용수를 공급받을 수 있다는 점 때문이다. 1907년 대한제국 토관공장이 세워졌고, 1911년 당산동에 조선피혁주식회사가 건설되었다. 공장 내부까지 이어지는 철도 인입선이 가설되어 영등포역에서 당산동까지 제품 운반이 가능해졌고, 철도 인입선을 중심으로 공장이 들어서게 되었다.

1928년 영등포동, 당산동, 도림동, 양평동이 경성부의 공업지대가 되었다. 공업지대 선정 직전 영등포에는 조선피혁, 경성방직주식회사, 용산공작소 영등포공장, 동양축산회사 영등포종축장을 제외하고는 요업공장이 대부분이어서 공업지대라고 호칭하기에는 부족했었다. 1931년 만주사변 이후 일본 대자본 진출이 본격화되었다. 1933년 조선맥주와 기린소화맥주회사가 문을 열게 되었고, 곧이어 가네가후치방적[鐘淵紡績]·도요방적[東洋紡績]·다이니혼방적[大日本紡績] 등 3대 일본 방적회사가 진출하게 되었다. 1937년 중일전쟁 이후에는 착암기(鑿巖機)를 생산하는 일본정공주식회사(日本精工株式會社), 군수용 중요 자재인 탄닌제(劑) 및 아교, 감초엑기스, 젤라틴 등을 생산하는 조선탄닌공업주식회사 등 군수 관련 공장이 있었다. 1943년에는 60여 개소의 공장이 설립되었을 정도로 서울의 중심공업지대로 성장하였다.

영등포에 언제부터 성매매 공간이 있었는지는 알기 어렵다. 〈영등포구지〉에서는 경부선 공사가 시작되면서 기술자, 사무원, 감독·인부가 일본에서 들어왔고 그들을 따라 상인, 여관·요식업자, 매춘부들도 따라 들어왔다고 기록하고 있을 뿐이다. 영등포 역전에 조선 여자들이 있었다는 증언도 있다. '다시함께상담센터'에서는 영등포 집결지는 1940년대 일제 말기에 영등포 역전을 중심으로 시작되었다고 추정하고 있다. 유곽이라는 공인된 형태가 아니라 소위 '사창(私娼)' 형태로 존재했을 것으로 보인다. 지금의 영등포 쪽방촌은 과거 철도 사택이었기 때문에 소규모 형태로 운영되었을 개연성이 크다.

해방 이후 미군이 진주하면서 전국의 초기 기지촌이 자리를 잡았다. 부평, 부산, 용산, 군산에 주둔하면서 과거 일본군 시설이 있던 곳에 자리를 잡으면서 미군 기지촌은 일본 유곽 시설을 그대로 이어받았다. 공창제 폐지 문제가 대두되면서 중구 신정 유곽, 용산 미생정 유곽에서 나온 성매매 여성들이 각지로 흩어졌다. 미군 및 군속들의 성적 배출구가 필요한 미군정으로서는 공창제 폐지를 최대한 늦춘 결과 사창이 팽창했다.

해방 이후 한국인 소유 공장은 그대로 조업을 진행했고, 일본인 소유의 적산 기업은 미군정청이 관리하다가 민간에 매각되었다. 미군정기 종연방적(방림방적)에는 캠프 로버츠(Camp Roberts)가 주둔하고 있었다. 이곳은 1947년 7월 미군정 방직공장운영부가 운영되었다가 해체되었고, 이후 캠프 로버츠는 1949년에 주한 미군사고문단과 미국 민간 근로자를 위한 가족 주택 단지로 설립되었다. 한국전쟁 이후 귀환 동포들이 영등포에 밀집하였다. 한강을 도하해서 내려갈 수가 없는 사람들은 판잣집을 짓고 살면서 공장 노동자로 흡수될 수 있었다. 인천상륙작전에 이은 서울수복 이후 전선이 안정화되면서 영등포는 활기를 띠어 갔다. 우선 전쟁 기간 대규모 적산 시설은 미군기지로 사용되고 있었다.

〈그림 ❷〉는 1950년대 중반 미육군 극동지도국에서 만든 지도이다. 지도에는 캠프 로버츠(Camp Roberts), 캠프 스페이스(Camp Space), 캠프 월슨

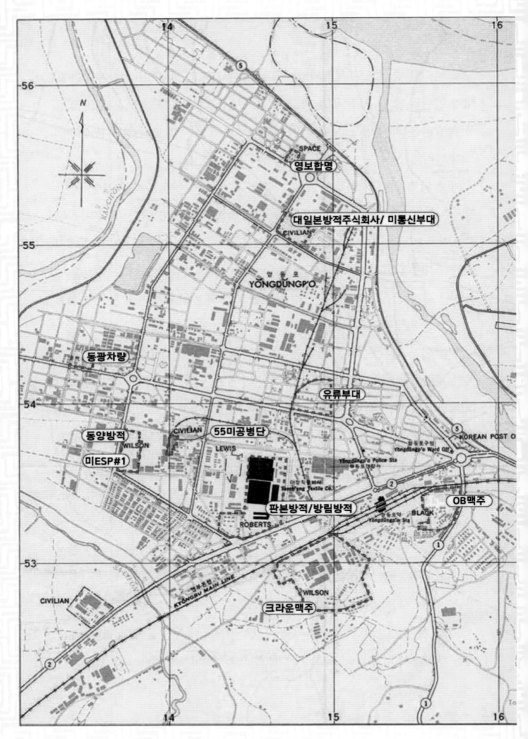

❷ 1950년대 영등포 미군 부대
(출처: 서울역사박물관, 〈서울지도〉 2006, 94쪽.)

(Camp Wilson, Ⅰ, Ⅱ), 캠프 루이스(Camp Lewis), 캠프 블랙(Camp Black) 등의 이름을 붙인 시설이 다수 보인다. 미군기지는 적산 기업을 차지하면서 대부분 1970년까지 주둔했는데 영등포기지는 대부분이 미군과 그 가족들을 위한 지원 시설이 밀집해 있었다.

영등포에 주둔한 미군 부대의 부지 이력을 살펴보면, 그 면면을 파악할 수 있다. 먼저 앞서 언급했던 캠프 로버츠(Camp Roberts)는 1949년에 문을 연 육군 공병대의 가족 주택이었고, 1970년 문을 닫았다. 이곳은 방림방적이 자리 잡고 있었고, 지금은 문래 자이아파트가 들어서 있다. 캠프 스페이스(Camp Space)는 일제강점기 민영휘의 아들 민규식이 운영했던 영보합명의 부지에 자리했는데, 지금은 그랜드컨벤션이 자리하고 있다. 지번으로는 당산동 6가 337번지로 1957년 지어졌고, 역시 1970년 문을 닫았다.

캠프 윌슨(Camp Wilson) 역시 가족 주택으로 운영되었는데, 크라운 맥주 공장이 자리이다. 영등포 푸르지오 아파트 그 일대를 말한다. 작은 윌슨으로도 불렸던 캠프 윌슨(Ⅱ)은 지금은 사라진 동양 방적의 일부를 차지하고 있었다. 캠프 로버츠와 인접해 있었던 캠프 루이스(Camp Lewis)는 캠프 로버츠의 사무실과 지원 시설이 있었고, 1970년 본국으로 돌아갔다. 캠프 블랙(Camp Black)도 택지 중 하나인데, 현재 영등포공원이 과거 OB맥주 공장 자리이다. 미 8군의 우유 공장으로 출발한 캠프 베이커(Camp Baker)는 1952년 지어진 후 1985년 문을 닫은 후 K-16으로 옮겨 갔다. 캠프 베이커는 OB 맥주 공장과 크라운 맥주 공장 사이에 자리 잡고 있었다.

지도에서 보이는 'Civilian'은 미국 육군 민간인력지원단(U.S. Army Civilian Human Resources Agency)로 보이는데, 주로 창고로 많이 사용되었다.

캠프 스페이스(Camp Space) 아래에 있는 'Civilian'은 대일본방적주식회사 공장이었고, 미군 통신부대가 자리 잡고 있었고, 경기염직(현 영등포 유통상가) 공장에는 미군 부대와 국군이 함께 사용한 바 있다. 이곳에서 서북청년회 1,800여 명(포병 6개 대대)을 한 번에 모집해 육군 야전포병단을 창설한 적도 있다.

경성방직에도 영국군 공병 중대가 1951년 11월 28일까지 주둔하기도 하였다. 작은 윌슨(Ⅱ)의 'Civilian'은 55 미공병단이 주둔했었다. 영중초등학교 아래 영등포동 136~140번지, 146~147번지 일대는 해방 전부터 다량의 철재 야적장이었고, 미군이 주둔하면서 유류부대로 사용되어 오다가 1955년 8월에 이전하였고, 동광 차량 인근에는 미군 중기폐차부대도 있었다. 문래동의 현 문래공원 자리에는 제6군단과 산하 영등포 포병사령부 등이 있었고, 양평동에는 소화제강소(昭和製鋼所)에도 미군이 창고로 사용하고 있었다. 이러한 미군기지적 성격으로 인하여 1947년에는 원래 영등포역에 정차하지 않았던 해방자호(解放者號)가 영등포역에 3분간 정차하기도 하였다.

1952년 전쟁으로 끊어졌던 신용산과 영등포 사이에 버스가 다시 운행되기 시작했고, 이듬해 노량진에서 영등포로 이어지는 영로선(永鷺線)이 개통되었다. 강북과 강남 사이에 자유로운 왕래가 가능해졌다. 〈그림 ❸〉의 네모난 곳이 당시 집결지인데 전차가 다니던 길목을 중심으로 형성되기 시작하였다. 1·4 후퇴 이후 경성방직에 영국군 공병 중대가 주둔하면서 퍼지기 시작하였고, 철도 인입선을 중심으로 경인로 양편으로 미군위안부를 비롯하여 '밀창(密昌)'이나 사창들이 운집했었다. 유엔 당국의 지시 때문에 성병 진료소가 원남동과 영등포에 세워졌다.

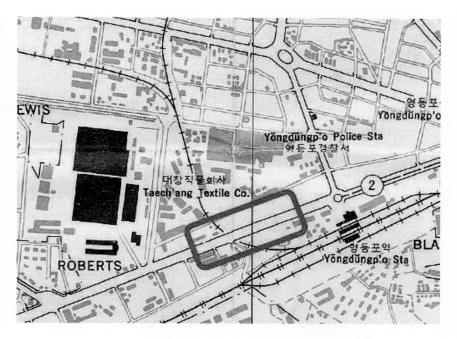

❸ 1950년대 영등포 집결지
(출처: 서울특별시립 다시함께센터 홍보물(2020.7.20.))

1950년대 사창에 대한 단속 중에 체계적으로 이루어진 것은 1955년 단속이었다. 당시 내무부는 "사창 행위단속강화에 대한 계획서"를 작성하고 이를 전국 시도지사와 경찰책임자에게 하달했다. 이에 따라 각시도 책임자를 위원장으로 하는 '대책위원회'를 구성하고, "1956년 1월을 기준으로 시내에 여하한 지역도 사창은 존재할 수 없는 것으로 소임을 완수치 못하면 경찰서장 이하 호구 담당 순경에게까지 정도에 따라 문책할 것"이라는 강력한 방침을 지시하였다. 단속에 적발되면 자매원으로 인계되거나 집으로 돌아가는 것이 대책이 전부여서 효과적이지 못했다. 간헐적인 단속만 하는 사이 사창은 확산하였다. 사창이 확산하면서 영등포는 '사창 도시'라는 오명을 듣게 되었다.

1950년대 성매매 여성들과 그들의 공간은 모든 범죄의 대상이자 온상지로 지목되었다. 성매매 여성들을 분리 내지 추방해야 한다는 위협이 본격적으로 제기되었다.

청소년 통행금지구역 지정

정부는 1962년 내무부·보건사회부·법무부 합동으로 전국 104개 특정구역 설치를 발표했다. 설치 목적은 "윤락녀의 자립 갱생", "외국 군인 주둔으

로부터 발생하는 국내 특수사정을 해결하는 방편"이라고 밝히고 있다. 예외 공간의 설치는 '윤락'행위를 금지하는 법과 금지주의를 정면으로 위반한 것이다. 기본적으로 일제가 시행한 집창화 정책을 계승하고 있는데 형식적으로는 위생 담론, 도덕 담론을 토대로 예외 공간 입지를 선정한 것으로 보인다.

❹ 청소년 통행금지구역 안내판

〈그림 ❺〉를 보면 서울에 설정한 특정지역은 모두 10개소다. 영등포 역전, 공항동, 신길동, 시흥, 양동, 도동, 이태원, 창신동, 전농동, 모진동 등인데, 특정구역 안에서의 성매매 행위는 인정해주고, 나머지 지역은 비선도지역으로 설정해서 성매매 행위를 금지하도록 했다. 1950년대부터 알려져 있던 집결지인 양동, 도동, 창신동, 묵정동 등

은 설정된 선도구역 내로 옮기려고
시도했다.

1960년대 군사정권은 크리스마스
와 연말연시 야간통금이 해제되는
기간 동안 시내 25개 지역에 미성년
자 출입금지지역을 설정하기 시작
했다. 1964년 영등포 우체국 뒤편을
시작으로 1966년에는 영등포 우체
국과 영등포 역전이 추가로 지정되
었다. 매년 반복되다가 1974년에는

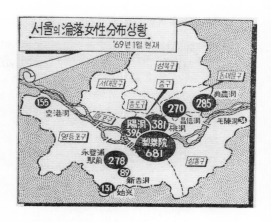

❺ 1960년대 특정 구역
《선데이서울》, 1969년 1/19 제2권 제3호 통권 17호)

청소년 선도 및 보호라는 이유로 연중 운영하기 시작했다. 이 지역을 배회
하는 청소년을 선도하기 위해 해당 지역 입구에 출입제한지역 안내판을 세
우기 시작했다. 집결지는 그동안 비가시적인 공간이었으나, 언론에 의해 반
복적으로 노출되면서 가시적인 공간으로 드러나는 계기가 되었다. 또한 성
인은 출입할 수 있으나 청소년에게는 유해한 환경으로 출입을 금하였다. 현
재까지도 청소년 통행금지구역으로 설정되어 운영되고 있다.

다음 〈표1〉은 서울시가 파악하고 있는 집결지이다. 집결지를 전면화한
지 3년이 지나지 않아 증감이 확인된다. 먼저 새로 설정한 공간은 수구문,
공항, 관악, 당산동 등이다. 애초 선정한 신길동과 문래동은 빠지고 당산동
이 추가되었다. 당산동에는 캠프 스페이스(camp space)가 있었고, 김포공항
캠프 에일러(k-14)에는 '공항동 텍사스'가 있었다. 수구문은 알려진 사창 지
역이었지만, 관악은 안양의 만안구 석수1동 미83 병기대대를 말한다. 삼성

지역	선도지역	비선도지역	거리유객
공항	224	–	–
관악	249	–	–
역전(영등포)	365	–	–
대방	208	–	–
당산	94	–	–
계	1,140		

(출처: 서울시, 〈시정개요〉 1965, 175쪽.)

천 옆에 자리했던 대규모 부대는 특수탄약을 관리하던 부대로 전술 핵탄두와 로켓을 관리·운영하다가 1975년 이전한 것으로 보인다. 〈표1〉에서 빠진 문래동 집결지는 문래동 1가 7번지 일대를 말한다. 영등포 집결지 맞은편 공간으로 이곳은 1990년 중반까지 운영되었는데 유리방 형태가 아니라 벌집 형태로 운영되었다. 2003년 영등포 1동 618-5 일대 쪽방촌 200여 동이 철거되자 일부가 이곳에 들어와 살고 있다. 속칭 '신길동 텍사스촌'은 1950년대 미10 보급부대가 주둔하면서 생겨났고, 주소는 신길3동 261번지 일대인데 50여 개 업소가 일반음식점 허가를 받은 후 성매매를 병행하는 형태였고, 1997년 10월 30일 폐쇄되었으나 이후 청소년 통행금지구역으로 지정되었다가 2014년 폐쇄되었다. 정부의 특정공간 운영은 원칙과 기준을 가지고 공간을 구획한 것이 아니라 행정편의주의적으로 공간을 재편한 것으로 보인다.

1971년 서울시 부녀과에서 파악하고 있는 성매매 공간은 중구 태평로 1가, 2가, 회현동, 인현동, 소서문동, 동대문구 숭인2동, 신설동, 성동구 신당1동, 신당 8동, 천호동, 성북구 하월곡동, 종암1동, 2동, 서대문구 홍제2동, 영등포구 시흥동 등인데 새롭게 성매매 공간으로 인지된 곳이다. 이들 공간은 단속을 피하고자 옮겨 가는 경우가 대부분이었고, 자연발생적으로 생겨나는 공간도 있었다. 1974년 정부는 경방 입구를 청소년 출입제한구역으로 선정할 만큼 예외 공간은 확대되었고 그동안 역전 광장 내에서만 행해졌던 호객 행위는 주택가 거리 성판매로 확산하였다.

〈그림 ❻〉은 1980년대 초까지 '사창가'였다. 이곳은 일명 '환락가'라고 불릴 만큼 유흥업소 밀집 지역인데 현재 영등포 구 금강제화 옆 골목이다. 이 골목으로 들어가면 중년 대상의 나이트클럽과 모텔과 여인숙 밀집촌이 나온다. 1980년대 초 전두환정권은 '윤락여성 집중존치구역'을 설정하여 서울 시내 5개 지역을 지정하고 관리했다. 영등포 지역은 영1동과 문래 1·2동이 지정되면서 이곳은 집중적인 단속으로 사라진 것으로 보인다.

1969년 7월 25 닉슨 독트린을 전후하여 미군이 이전하거나 통합하게 되었다. 캠프 윌슨(Camp Wilson)이 1971년 6월 영등포를 떠나가면서 주요 미군 부대는 떠났다. 현 문래공원에 주둔했던 제6군관구 사령부와 수도군사령부가 주둔했지만 1978년에 제52보병사단 사단본부도 인천으로 떠났다. 성구매자들이 미군 군속 및 가족에서 내국인으로 바뀌었다.

영등포역 부근에서 시작해 넓게 펼쳐진 문래동 철강 골목이 시작되는데 문래동 철강단지는 에이스타워 뒤의 영화길 주변은 주로 대형 철공소, 길 건너 맞은편에는 소규모 자영

❙ ❻ 속칭 '사창가'

업자들이 밀집해 있다. 철 관련 업자들이 이곳에 많이 모인 이유는 이전의 영등포가 주로 공장 밀집 지역이었기 때문이다. 초기에 자연발생적인 필요로 상가가 형성되었기에 동선이 자유롭고, 도심지 접근이 쉽다는 장점이 있다. 1955년 설립된 삼창철강(三昌鐵鋼)이 있었고, 삼창에 이어 영흥철강과 현 동일강재(주)의 전신인 영등포철강이 설립되었다. 3개사를 제외하면 나머지 업체는 고물상이었으며, 1967년 현 경인강재(주)의 경인철강이 문을 열고, 1973년 포항종합제철이 가동되면서 문래동의 모습은 눈에 띄게 달라졌다. 1976년 영등포지구 철강연합회가 형성되었으며 국군영화촬영부지가 철재상들에게 매각되어 도로를 따라 형성돼 있던 업체들이 후면까지 자리 잡기 시작했다.

1980년대 들어 봉래동과 산림동에 밀접해 있던 철재상가들이 도심부 적격업종으로 지정되어 대규모로 밀려 나오며 오늘의 철강 골목이 형성되었는데 경인로 좌우편에 철재상가들이 자리 잡게 되었다.

완충녹지에 밀려난 집결지

영등포지역 쪽방의 기원은 해방 이후 형성된 '창녀촌'이라고 할 수 있다. 당시 영등포 1동과 2동에 걸쳐 형성되어 있던 '사창가'는 고도성장기를 거치며 함께 전성기를 누렸다. 그러나 1970년대 중반 이후 영등포 주변에 상업시설과 주거시설이 늘어나면서 '창녀촌'은 철거되기 시작하였다. 특히 1978년 일부 지역이 시설녹지로 묶이게 되면서 이 지역 '창녀촌'의 모습은 점차 사라져 갔다.

1977년 정부는 도시계획에 관한 결정 사항을 시도지사에게 위임하는 정책을 추진하였다. 애초 건설부고시 제41호(77.3.18.)에는 시설녹지 분야는 빠져 있었으나, 1978년 3월 24일 대통령 지시로 건설부고시 제71호(78.4.3.)에 시설 중 녹지(철도 연변녹지에 한한다.)가 추가되었다.

철도 연변 시설녹지는 철도로 여행하는 외국 손님이나 관광객들이 볼 때 초라하게 느껴지는 촌락들을 정비하기 위하여 대통령의 지시에 따라 30내지 50미터 폭으로 결정했다. 전두환정권 역시 86·88 올림픽 등 각종 국제대회에 대비하여 철도 연변의 불량 주택을 일소하여 쾌적한 환경 조성을 하기 위함이라고 밝혔다. 한국을 방문하는 외국인들에게 좋은 인상을 심어 주기 위한 방책으로 시작된 도시 정비 사업은 88올림픽까지 이어졌다. 수많은 도시 빈민들의 강제 퇴거의 시작이었다. 건설부로부터 도시계획시설에 위임을 받은 서울시는 고시 429호 녹지 결정시설을 발표했는데 영등포역 일대는 제4 녹지구역으로 지정되었다.

〈그림 ❼〉은 1979년 영등포역에서 도림천 간 철도 연변 정비계획에 따라 공사를 시행한 구간이다. 시설녹지로 지정되면 어떠한 건축행위를 할 수 없으므로 철거와 보상을 둘러싸고 주민과 마찰이 빚어졌다. "공사 기간은 1979년 4월에서 12월까지였고, 토지는 231필지 5,995평, 건물은 313동 중에 허가건물 198동, 무허가건물 115동이었다. 허가 토지와 허가 건물에 대해서는 보상이 진행되었고, 무허가 건물은 1979년 5월 20일에서 22일까지 철거를 단행했는데 50만 원의 철거 보조금과 시영 아파트 입주권을 배정한 것으로 보인다." "수목 식재는 은수원 사시나무, 버즘나무, 쥐똥나무, 등나무, 선향, 무궁화, 개나리, 산철쭉, 영산홍, 회양목, 옥향, 은행나무, 느티나

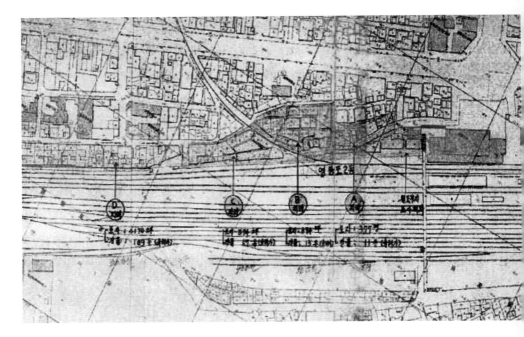

❼ 영등포역~도림동 완충녹지 공사 구간
(출처: 〈철도 연변 기초 자료 조사〉《철도연변토지수용관계철》(관리번호: BA0582910), 54쪽.)

무, 잔디를 심었다."

A지역은 영등포역 옆 여인숙 밀집 지역으로 영등포역 광장에서 호객 행위로 성매매가 이루어지는 지역이다. 지금도 일부 여인숙에서 이루어지고 있다. B지역은 4곳 중 인구밀도가 높은 상가 지역으로 과거 집결지 중심지역이었다. 일제강점기에 건설된 철도 인입선이 지나가는 중심지역으로 기능하고 있다. C지역은 현재 육교가 가설되는 구간인데, 당시 시장과 상점이 밀집한 지역으로 이곳은 다른 곳에 비해 3~10평 정도의 방이 밀집해 있었다. D지역은 도림 육교에서 도림천 간의 주택과 상가 지역으로 길 건너편에는 철물공장이 밀집해 있었다.

당시 작성한 철도 연변가옥 현황을 보면 영등포역과 경인로에 위치하여 교통조건은 좋으나 과소 면적으로 불규칙하게 분할되어 있고, 국유지와 시유지 및 종교 용지와 철도 용지에도 주택, 점포, 여관, 공장 등으로 이용되고 있는 것으로 나타났다. 영등포동 618번지 및 423번지와 도림동의 주택 구조는 대부분이 목조로 된 기와지붕 형태가 대부분이었고, 시멘트 블록과 콘크리트조 슬래브지붕이 4곳, 벽돌로 만든 시멘트 기와지붕 2곳만 있을 뿐이다. 대부분 단층인데 618번지의 경우 2층 구조는 2곳뿐이고, 423번지는 2층 5곳, 3층은 2곳이나 된다. 618번지는 평균 3~4평 정도, 423번지 일대는 평균 5~6평이 대부분이었는데 이는 법적 기준에도 미치지 못하는 열악한 현실이었다. 도림동의 경우는 영등포 공작창 직원들의 관사로 쓰이는 건물이 있어서 영등포동보다는 상대적으로 여건이 좋은 편이었다.

1978년 완충녹지 공사로 추방당한 성매매 여성들은 길 건너 문래동과 영등포로 이전하게 되었다. 〈그림 ❽〉의 안산 방면 버스 주차장 아래로 옮겨가게 되었다. 엎친 데 덮친다고 1980년 영등포 철도공작창이 폐쇄되고 대전

❽ 영등포 쪽방촌 완충녹지(1989)

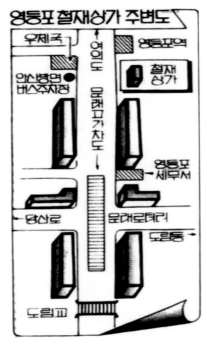

⑨ 영등포 철재상가(1988)
(출처: 《경향신문》 1988년 6월 13일)

으로 옮겨 가게 되었다. 기존의 20여 집에 불과했지만, 30여 집으로 확대되었다고 알려졌다. 전두환정권 당시 1981년 철도 연변 건폭 규제 완화 정책이 발표되었는데, 철도 시설의 외곽지점으로부터 양측 30~50미터에서 2월부터 10~20미터로 완화되었다.

1986년 경인로가 성화 봉송로가 되면서 인도 위 물품 적재, 작업을 금지하는 철재상가 정비 계획이 세워졌다. 경인로 양편으로 1킬로미터 되는 구간에 철근·철봉·철판·철관 관련 300여 개 업체가 밀집되어 있었다. "경인로 양편의 철재상가는 수도권의 철재 수요의 90퍼센트를 공급하고 있었다." 공장 이전 부지에 대규모 아파트가 건설되면서 소음·진동·악취·용접 섬광과 관련된 민원이 제기되었다. 소규모 업체들이 이전한 자리에 영등포 집창촌은 유리방으로 리모델링을 시작하면서 현재의 모습을 갖추게 되었다.

1992년 과거 철도 인입선 구간에 고가도로가 건설되기 시작했다. 연결구간은 영등포역의 철길 위를 가로질러서 경성방직 앞으로 진출하도록 설계되었다. 문제는 이 구간을 공사하면서 쪽방촌 일부가 헐리게 되었는데 여인숙과 몇 집이 철거되면서 성매매 여성이 문래동으로 이전하게 되었다. 도시계획시설이 들어서면서 영등포역 옆 골목 집결지는 퇴색하게 되었다. 지금 현재는 거의 영업을 하지 않는 것으로 파악하고 있다.

2003년 10월 27일 새벽 6시, 영등포 쪽방 50년 역사에서 가장 충격적인 사건이 있었다. 이날 서울시와 영등포구는 영등포 1동 618-5 일대 쪽방 200여동(1,545㎡)에 철거반을 투입해 건물을 허물었다. 영등포역으로 향하는 철로변은 70년대 중반 '시설녹지'로 지정된 시유지로, 쪽방을 허물고 남은 터에 나무와 풀을 심기 위해서였다. 공사는 2004년 1월에 끝났고, 쫓겨난 사람들은 3개월치 생활비로 계산된 주거 이전비(420만여 원)나 임대아파트 입주권 가운데 하나를 받고 뿔뿔이 흩어졌다. 40년 전의 철거 방식이나 보상 방식은 달라진 게 없이 쫓고 쫓기는 도시 빈민의 역사는 반복되고 있다.

영등포3가 411~435번지의 집결지는 타임스퀘어의 경계를 가르는 벽과 경인로쪽의 문래동 철재상가로 인해 유지될 수 있었다. 미아리텍사스촌이 내부순환도로 고가도로 아래 자리하게 되면서 온존하였듯이, 경인로변에 위치한 소규모 철재 관련 공장들이 엄폐와 은폐하는 가림막 역할을 해 주었기 때문에 유지할 수 있었다. 사이-공간은 낮에는 공장과 타임스퀘어나 백화점을 이용하는 사람들이 점유하지만, 밤이 되면 성판매자와 성구매자의 공간으로 변신한다.

1980년대 초 '윤락'여성 집중존치구역 설정 당시 업소에 번호를 부여했는데 이때 (가),(나),(다) 기호를 부여받았다. 영등포 4가 435번지 일대는 가-00호가 되었고, 영등포 4가 423~428번지 일대는 나-00호, 영등포 4가 411~415번지 일대는 다-00호로 명명된 채 관리를 받았다. 2011년 투쟁 이후 낮 영업은 중지되었다. 코로나19 상황 속에서 신세계백화점 옆 골목에서는 낮 영업을 위한 호객 행위가 이루어지고 있다. 몇 번의 재편 과정 끝에 자리 잡은 쪽방촌과 집결지는 지금도 개발업자들에 의해 또 다른 공간 재편 압박을 받고 있다.

김희식 _ 서울시립대 도시사회연구센터 연구원

지역감정은 언제부터

김상태

21세기가 한창 진행 중인 지금 우리 사회가 하루빨리 해결해야 할 현안 가운데 하나가 지역감정과 지역갈등이다. 각종 선거철만 되면 지역감정은 어김없이 그 선거결과를 좌우하는 대세가 된다. 이에 따라 지역감정에 대한 우려와 비판의 목소리가 높아지지만 뾰족한 해결책은 마련되지 않은 채 악순환이 거듭되고 있다. 박정희정권 출범 이후 경상도와 전라도를 대립축으로 하여 시작된 지역감정과 지역갈등은 충청도까지 확산되었고, 경상도마저도 대구 경북과 부산 경남이 다소 다른 양상을 드러내고 있다. 시간이 갈수록 지역감정은 양적, 질적으로 증폭되고 있는 것이다.

대체 왜 이런 현상이 나타나게 되었을까? 언제부터 지역감정이 나타났을까? 그것은 지금처럼 경상도와 전라도를 대립축으로 한 것이었을까? 혹시 다른 대립구도가 형성되었던 것은 아닐까? 그렇다면 그 원인은 무엇일까? 우리는 격변의 근대사를 바라보면서 이러한 궁금증을 갖게 된다. 바로 이러한 궁금증을 풀기 위해 일제강점기 지역감정의 양상에 대해서 기독교계 지식인층을 통해 살펴보자.

70대 때의 윤치호와 그의 일기 원본

윤치호는 일제강점기의 대표적인 지식인이자 원로인데, 평생에 걸쳐 영어로 일기를 썼다. 그의 일기에는 일제강점기의 지역감정에 대한 정보가 상당히 많다.

윤치호가 본 지역감정

대한제국기 독립협회의 최고 지도자였고 일제강점기 기독교계의 '대부'이기도 했던 윤치호는 일기에 대한 애착이 남달리 강하여 평생 거의 빠짐없이 일기를 썼다. 그의 일기에는 일제강점기 지역감정의 양상에 대한 기록이 상당히 많은데, 그중에서 몇 가지 중요한 내용을 살펴보도록 하자. 먼저 1929년 3월 12일의 일기이다.

내 딸 문희의 결혼식이 있었다. 이 결혼이 서울의 명문가에서 평양 출신을 사위로 맞는 첫 번째 사례이므로, 난 조롱과 비난의 표적이 될 것이다. 그러나 시간은 내가 현명하다는 것을 증명해 줄 것이다.

이때 문제가 된 윤치호의 사위 정광현은 도쿄제대 법학과를 졸업한 당대 최고의 엘리트였다. 그의 형 정두현 역시 일본 유학을 거쳐 숭실학교 교장을 지냈다는 점을 고려한다면 집안도 꽤 괜찮은 편이라고 추측할 수 있다. 따라서 평양 출신이라는 점이 그의 '유일한', 그러나 대단히 '중요한' 단점이었다는 것을 확인할 수 있다.

두 번째로 1931년 1월 8일의 일기를 살펴보자.

서북파와 기호파의 대립이 좀 더 심각한 양상을 띠어 가고 있다. 서북파의 지도자 안창호가 "독립 이전에 먼저 기호지역 한국인들을 죽여야 한다."고 말했단다. 믿을 수 없는 얘기다. 난 항상 지역감정과 분파주의에 휘말리지 않으려고 조심해 왔다. 그러나 난 신흥우, 유억겸과 함께 기호파의 지도자로 지목을 받고 있다.

윤치호는 안창호가 그런 망언을 했다고는 도저히 믿을 수가 없었다. 그러나 그는 안창호의 망언이 사실이냐 아니냐 하는 것보다 그런 유언비어가 유포되고 있는 사실 그 자체의 심각성을 잘 알고 있었다. 특히 자신의 측근인 신흥우와 유억겸에 대한 우려는 컸다. 배재학당 교장을 지낸 신흥우는 당시 YMCA의 '총무(오늘날의 회장)'로서 이승만계의 국내 실세로 활동하고 있었

고, 유억겸은 '개화의 선각자'로 일컬어지는 유길준의 아들로서 당시 연희전
문학교(지금의 연세대학교)의 교수였다. 두 사람 모두 서울 지역 기독교계 및
학계에서 상당한 비중을 차지하고 있었다. 그리고 윤치호는 이 두 사람의
'대부'나 다름이 없었다.

세 번째는 1932년 7월 15일의 일기이다.

> 안창호가 오늘 오후에 수감되었다. 나는 이광수의 간청을 받아들여 안창
> 호를 면회했다. 그런데 내가 총독부 측에 안창호의 석방을 청탁하느라 바
> 쁘다는 소식에 김활란이 화가 난 모양이다. 안창호와 이광수에 대한 나의

흥사단 원동위원부 단원들의 기념촬영
안창호(뒷줄 가운데)와 이광수(앞줄 가운데)(1920년경)

진솔한 우정 때문에 신흥우, 유억겸, 김활란 등이 화가 난 것이 틀림없다.

안창호는 1932년 윤봉길 의거 직후 중국 상하이에서 일본 경찰에 체포되었으며, 국내로 이송되어 경찰과 검찰의 취조를 받고 있었다. 이때 그의 수제자인 이광수는 스승의 건강을 염려하여 총독부 고위층과 가까운 윤치호를 통해 선처를 호소했다. 이에 대해 신흥우, 유억겸, 김활란 등 이른바 기호파는 윤치호가 괜히 상대편을 도와주고 있다고 불만을 표출한 것이다.

마지막으로 1935년 3월 24일의 일기 내용이다.

> 오후에 중앙여관에 머물고 있는 안창호를 방문했다. 그는 자신이 반남(反南)지역 지도자라는 세간의 비난을 반박했다. 그는 오히려 이승만이 지역감정을 조장하고 있으며, 한국인의 지역감정을 부추기느니 차라리 죽음을 택하겠다고 단호하게 말했다.

안창호가 가석방으로 출감하자, 윤치호는 그의 숙소에 찾아가 지역감정에 관해 대화를 나누었다. 안창호의 발언 내용이 당시 지역감정의 심각성을 극명하게 보여 주고 있다.

요약하면 윤치호의 일기를 통해 일제강점기 기독교계 지식인들의 지역갈등 구도는 서북지역(좁게는 평안도를 지칭하며, 넓게는 황해도와 함경도도 포함된다.)과 기호지역(서울, 경기도, 충청도)을 중심으로 나타났으며(이하 '남북감정'이라 표현한다.), 그 정점에 안창호와 이승만이라는 당대 최고의 두 거물이 있었다는 사실을 확인했다.

반면 그의 방대한 일기(1916~1943) 어디에도 오늘날과 같은 경상도, 전라도의 지역감정에 관한 이야기는 보이지 않는다. 물론 윤치호 개인의 입장이나 주관이 지나치게 개입된 탓에 남북감정에만 주목하고, 현실적으로 존재하는 경상도, 전라도의 지역감정을 외면했을 가능성도 있다. 그러나 실제로 일제강점기에 경상도, 전라도 간의 지역감정이 심각했다는 징후는 거의 찾아볼 수 없다. 반면 서북지역 출신 인사들의 지역의식에 기초한 응집력, 그에 대한 기호지역 출신 인사들의 반감이 전통사회의 신분적 우열의식과 맞물리면서 많은 부작용을 초래한 것이 엄연한 사실이었다.

예를 들어 구한말 신지식인들이 지역기반을 바탕으로 각종 학회를 결성하여 계몽운동을 벌였는데, 이때 서북학회는 강렬한 지역의식을 발휘하곤

▌ 1900년경의 평양 대동문 모습

해서 지식인 사회에 부정적인 영향을 끼쳤다. 일제강점기 서북학회가 운영하던 협성학교가 경영난에 빠졌을 때도 서북지역 출신 인사들은 '남쪽' 출신 인사의 인수를 꺼렸으며, 결국 평안도 출신의 박흥식(화신백화점 사주)에게 경영권을 넘겼다.

문단을 보더라도 김동인, 주요한, 전영택, 오천석, 이광수, 김억, 김소월 등 평안도 출신 문학가들은 동인지 《창조》와 《영대》를 중심으로 활동했다. 언론계를 보더라도 10년 남짓 동아일보사의 '간판스타'로 활약해 오던 이광수는 평안도 출신의 방응모가 조선일보사를 인수하여 운영하기 시작하자 조선일보사 부사장으로 전격 이적했다. 해방 직후 미군정청의 주요 관직에 등용된 평안도 출신 인사들은 '통역정치'를 통해 평안도 출신 인사들을 지나치게 감싸고돌아 잡음이 끊이지 않았다.

그렇다면 우리 근대사에서는 왜 하필 평안도가 지역감정의 진원지가 되었을까?

근대화의 선진 지역, 평안도

평안도는 조선 중기부터 조선 사회의 성리학적 기준에 의해 '학문도 없고 예의도 모르는' 지역으로 인식되어 정치적으로 차별대우를 받았다. 평안도 출신의 과거 급제자들은 개인의 능력에 관계없이 고위 관직에 오를 수 없었다. 또한 평안도는 삼남 지방과는 달리 사족(士族) 세력의 형성이 미약해 향촌의 지배질서도 비교적 느슨한 편이었고, 신분적 질곡도 상대적으로 약했다. 이러한 상황에서 평안도는 국제 교역과 국내 상업분야에서 괄목할 만한

▎ 신의주교회(1915)

성장을 보여 18세기에는 전국에서 상업이 가장 번성한 지역으로 떠올랐다. 여기에 평북 정주군 납청 고을의 유기공업과 평북 운산 등의 금광업 발전이 어우러져 평안도는 극심한 경제적 변화를 겪으면서 점차 부(富)를 축적했다. '평양 감사도 제 싫으면 그만'이라는 말은 이와 같은 평안도의 상황을 반영하고 있다. 요약하면 평안도는 정치적 소외, 성리학적 질서의 이완, 상공업의 발전 등을 통해 홍경래의 난에서 나타난 바와 같이 반정부적 성향을 강하게 띠었고, 궁극적으로는 다른 어느 지역보다도 한 발 앞서 근대화를 지향한 '선진지역'이었다.

그런데 1890년대부터 기독교가 평안도에 보급되기 시작한 것은 대단히 중요한 역사적 의미를 지닌다. 이 무렵 미국북장로회 소속의 선교사들은 한국 전역을 여행하며 선교사업의 가능성과 효율적인 방안을 모색했다. 그들

은 평안도가 자립적 중산층이 상대적으로 많고 중앙 정부나 성리학적 질서에 대한 반감이 높아 선교사업을 벌이는 데 가장 알맞은 지역이라는 결론을 내리고, 평남 평양과 평북 선천을 중심으로 선교사업을 적극 추진했다. 이에 따라 성리학적 질서의 붕괴와 새로운 사회체제의 수립을 갈망하던 평안도는 기독교의 '세례'를 받으면서 미국식 문명개화를 추구하게 되었다. 평안도에서는 '근대화=미국화=기독교화'라는 등식이 성립되었으며, 미국인 선교사들은 단순히 '복음'의 전도사가 아니라 '근대'와 '미국'의 전도사로서 활동했다.

이러한 상황에서 외국인 선교사들은 각 교단 사이의 불필요한 경쟁을 막기 위한 조처로서 1909년에 선교지역 분할협정을 체결했다. 서울, 평양 등 대도시는 공동 선교구역으로 정해졌고, 미국북장로회는 평안도의, 미국감리회는 경기도 남부와 충남의, 미국남감리회는 경기도 북부와 강원도의 선교사업을 독점하게 되었다. 이때 이들 교단의 신학이 서로 달랐기 때문에 기독교계의 지역갈등 구도는 한층 더 심화될 수밖에 없었다.

우선 평안도를 본거지로 하여 한국 기독교계의 주류로 발돋움한 미국북장로회의 신학은 정교분리의 원칙하에 순수 영적 신앙을 강조하는 근본주의신학으로서 보수적 경향이 강했다. 특히 1920년대 이후 미국 교단에서는 자유주의신학이 대세였지만 평안도의 미국북장로회는 계속해서 근본주의신학을 고수했고, 미국인 원로 선교사들의 권위는 여전히 막강했다. 반면 서울 지역 미국북장로회는 자유주의신학에 대해 거부감이 적었다. 또한 서울, 경기도, 충청도 일원에서 선교사업을 펼친 미국감리회는 대체로 내세 못지않게 현실세계 속에서의 인간 구원을 중시하여 사회경제적 문제나 민족문제에 깊은 관심을 갖는 사회복음주의의 성향이 강했다.

대한민국임시정부 시절의 안창호
(앞줄, 1920년경, 중국 상하이)

그런데 1930년대에는 서울 지역의 장로교, 감리교 인사들이 '조선적 기독교'를 제창하며 미국인 선교사들의 권위에 도전하기 시작했다. 이에 따라 기독교계의 '주류=평안도 지역=근본주의=친선교사', '비주류=기호지역=사회복음주의=반선교사'라는 등식이 성립되었으며, 이러한 양상이 1930년대 기독교계 지식인들의 지역감정을 더욱 증폭시켰다.

더욱이 지역의식에 기초한 평안도 사람들의 응집력과 권력 지향적 성향은 대단히 강했다. 서북학회는 전통적인 지역차별로 인한 피해를 만회하고자 대표적 친일단체인 일진회와 통합을 추진하여 권력을 잡으려다가 실패했다. 평안도 출신의 미국 이주민이나 선교사들의 지원 아래 일찌감치 미국으로 유학을 떠난 신진 엘리트들도 평안도 사람이라는 유대감이 대단히 강했다.

특히 평안도 사람들의 단합에는 두 인물이 많은 영향을 미쳤다. 해외에 있는 안창호는 '어버이'와 같은 존재로서 평안도 사람들의 '가슴'속에 늘 간직되어 있었고, 국내에 있는 조만식은 '맏형'과 같은 존재로서 평안도 사람들의 '눈' 앞에서 많은 활동을 주도했다. 평안도 사람들의 활동조직으로서 해외에는 안창호의 흥사단이, 국내에는 흥사단의 국내 지부인 수양동우회가 있었으며, 토착자본과 기독교가 든든한 배경이 되어 주었다. 당시 평양은 '공장 굴뚝의 도시' 또는 '한국의 예루살렘'이라고 불렸으며, 물산장려운동이 이 도시에서 처음 시작된 것도 조선 후기부터 축적되어 온 경제력과 함께 교회라는 조직적 기반이 뒷받침된 데서 비롯된 것이었다.

기독교계의 '남북감정'

1920년대에 접어들면서 국내에서 서북세력과 기호세력의 지역갈등 구도가 본격화했다. 안창호와 이승만 모두 국내에 자기 세력을 확대하기 위해 심혈을 기울였는데, 이광수와 신흥우가 일종의 '대리전'을 벌이기 시작했다.

1922년 2월 이광수는 서울에서 수양동맹회라는 이름의 흥사단 조직을 결성하고 〈민족개조론〉을 발표하여 인격수양과 민족성 개조를 골자로 하는 비정치적 수양운동을 시작했다. 1926년 1월 수양동맹회는 평안도의 안창호계 인사들의 모임인 동우구락부를 흡수 통합하여 수양동우회로 세력을 키웠다. 이 단체의 핵심인물은 이광수, 주요한, 김동원(김동인의 형), 조병옥, 장리욱, 정인과 등이었다. 훗날 동우회사건이 발생했을 때 핵심인물로 지목된 41명의 회원 가운데 평안도와 황해도 출신이 36명이었고 나머지 5명 가운데 4명도 이 지역과 이런저런 연고가 있었던 것만 봐도 수양동우회는 서북지역 출신 인사들의 정치결사였음을 확인할 수 있다.

이러한 움직임에 대해 미국의 이승만과 국내의 기호지역 인사들이 손놓

흥사단 국내 조직인 수양동우회 회원들(1935, 서울 용봉정)
가운데가 안창호, 왼쪽 끝부터 백인제, 주요한이다.

고 있을 리가 없었다. 1925년 3월 YMCA의 지도자인 신흥우의 주도하에 이상재, 윤치호, 유억겸, 안재홍, 이갑성 등이 흥업구락부를 결성한 것이다. 이 단체는 이승만이 하와이에서 결성한 동지회의 자매단체로서, 미국을 상대로 하는 외교운동과 실력양성운동을 병행하면서 세력 확대를 꾀했다. 그런데 출신지역을 확인할 수 있는 35명의 회원 가운데 기호지역 출신은 29명이었고, 서북지역 출신은 단 1명에 불과했다. 흥업구락부는 기호지역 출신 인사들의 정치결사였던 것이다.

수양동우회와 흥업구락부는 같은 민족주의 진영 안에서도 동아일보계열이나 천도교계열과 구별되는 공통점을 갖고 있었다. 이 두 단체는 각각 미국에 본부를 두고 있는 흥사단과 동지회의 관련 단체였고, 기독교 세력을 주요 배경으로 했다. 구성원들은 미국 유학을 통해 미국적 생활양식과 가치관을 피부로 접했고, 자유민주주의, 자본주의 및 미국에 친화력을 가졌던 반면 사회주의나 민중운동에 대해서는 거부감이 있었다. 그러나 이 두 단체는 각각 안창호와 이승만을 정점으로 서북지역과 기호지역을 지역 기반으로 하고 있다는 점 때문에 사회 전 부문에서 치열한 경쟁을 벌였고, 특히 기독교계 내부에서 많은 잡음을 일으켰다.

우선 일제강점기 기독교계 최대의 사회운동단체인 YMCA가 한때 남북감정의 과열로 인해 내분 일보 직전까지 간 적이 있었다. 1929년 YMCA 국제위원회가 재정상의 이유를 들어 미국인 간사 한 명을 본국으로 소환하기로 결정했다. 이때 YMCA 총무 신흥우와 평양 YMCA의 핵심 인물인 조만식, 김동원이 각각 자파 인사를 보호하기 위해 충돌하면서 오랫동안 잠재되어 있던 남북감정이 폭발했다. 사태가 심각해지자 YMCA 국제위원회는 진상 조사단을 파견했는데, 그들은 이 사건이 "과거 500년간 서북 사람들이 서울 사람들에게 푸대접을 받아온 데 대한 반발"에서 비롯되었다고 결론을 내렸다. 외국인들도 당시 우리 사회의 남북감정을 손쉽게 포착할 수 있었던 것이다. 결국 이 사건은 YMCA 국제위원회의 중재로 마무리되었지만, 기독교계의 남북감정의 실체를 여실히 증명했을 뿐만 아니라 지역갈등의 수준을 양적, 질적으로 증폭시켰다.

일제강점기 한국 기독교계에 최대의 파란을 일으켰던 적극신앙단사건의 주요 원인도 남북감정이었다. 1932년 신흥우는 함태영, 전필순, 박용희, 정춘수, 심명섭 등 서울, 경기지역의 장로교, 감리교, YMCA의 중심인물들과 함께 적극신앙단이라는 단체를 결성했다. 이들은 모두 사회복음주의와 조선적 기독교를 적극 주장하며 기독교계 주류의 근본주의신학과 친미적 성향을 비판하던 인사들이었다. 그런데 앞서 설명한 바와 같이 당시 한국 기독교계의 교권을 장악한 지역은 평안도였다. 1932년의 한 통계자료에 따르면 서북지역의 기독교인은 한국 전체 장로교인의 약 55퍼센트, 감리교인의 약 33퍼센트나 되었다. 이로써 평안도 지역 기독교 지도자들의 지위와 권력을 쉽게 짐작할 수 있는데, 바로 그들의 대부분이 수양동우회의 핵심 회원들이거나 수양동우회와 가까운 인사들이었다. 이러한 상황에서 적극신앙단 활동이 평안도에 대한 도전으로 비치는 것은 당연한 일이었다. 서북지역 대 기호지역, 안창호계열 대 이승만계열의 갈등구도가 기독교계 내부의 핵심 영역으로 확대된 것이다.

결국 적극신앙단은 교회 안팎의 많은 논쟁 속에서 이렇다 할 활동 한 번 펴 보지 못한 채 1935년에 해체되었다. 당시 기독교계 주류는 "교회(성직자)

의 정치단체 참여를 불허한다."는 결의로써 적극신앙단을 이단시하는 한편, 수양동우회는 순수 수양단체 즉 비정치적 단체이므로 기존 회원이 탈퇴할 필요가 없다는 '편파 판정'을 내렸다. 수양동우회 중심의 서북지역 기독교계가 적극신앙단 중심의 기호 지역 기독교계를 상대로 완승을 거둔 것이다. 그러나 이 사건이 여기서 완전히 종결된 것은 아니었다. 이 사건은 일제강점기 말 서울, 경기 지역 기독교 세력의 친일노선과 해방 이후 장로교의 분열에 결정적인 계기가 되었다.

평안도, 보수화의 길로

적극신앙단사건의 이면에는 1930년대 이후 두드러지게 나타나기 시작한 평안도의 보수화 경향이 깔려 있었다. 앞서 설명한 바대로 조선 후기 이후 평안도는 근대화의 측면에서 선진적인 지역이었으나, 어느덧 자본주의의 성장 과정 속에서 기득권 지역으로 변모했다. 즉 1930년대에 일제가 조선공업화정책을 추진하고 만주 침략에 성공함으로써 경기가 호전되었는데, 이 과정에서 평안도의 자본가 상층은 사업 확장과 함께 만주 진출에 대한 환상에 빠졌고, 총독부의 공권력에 의존해 노동운동을 탄압하면서 빠른 속도로 정경유착의 길로 들어서게 되었다.

그 대표적인 예가 사업가 김동원이다. 그는 1930년 평양 고무공업 노동자들의 총파업 당시 평안고무공업사의 사주이자 평양고무공업조합의 이사장으로서 총독부 경찰의 도움으로 위기를 모면했다. 또한 만주에 대한 자본투자와 문어발식 확대로 사업 확장을 꾀하는 한편, 평양부회에 진출하여 자

신의 정치적 영향력을 확대했다. 일제강점기 말 그는 급기야 적극적인 친일
활동을 벌였다.

평안도 지역 기독교계도 1930년대에 접어들면서 더욱더 보수화되었다.
1932년 장로교와 감리교의 양대 교파로 구성된 조선예수교연합공의회가
'사회신조'의 전문에 "일체의 유물교육, 유물사상, 계급적 투쟁, 혁명 수단
에 의한 사회개조에 반대"한다고 명시하여 반공을 교리 수준으로 설정했다.
이어서 수양동우회 회원인 정인과가 이끄는 장로교단은 1930년대 기독교계
의 일련의 사건, 즉 '아빙돈성경 주석사건', '신편 찬송가사건', '기독신보사
건' 등에서 보수적 성향을 노골적으로 드러냈다.

요약하면 평안도는 원래 자본주의적 성향이 강해 사회주의운동이나 노동
운동에 거부감이 심했으며, 1930년대 초반에 경제대공황과 신간회의 해산
속에 좌우 이념 대립이 치열해지자 반공 성향이 더욱 강화되었다. 평안도가
학계, 문화계, 언론계, 종교계, 실업계 등 거의 모든 분야에서 다수의 선구
적 인물을 배출한 반면, 이 지역의 사회주의세력이 양적, 질적으로 미약했
던 것은 널리 알려진 사실이다.

해방 직후 아이러니컬하게도 평안도에는 미군이 아닌 소련군이 진주했
고, 소련군정 아래에서 토지개혁을 비롯한 사회주의 개혁이 진행되었다. 이
과정에서 상당수 평안도 사람들이 월남한 것은 지극히 당연한 일이었다. 특
히 함경도 사람들의 월남이 대체로 한국전쟁 중의 1·4후퇴 때 본격화된 반
면, 평안도 사람들의 월남은 한국전쟁 발발 이전부터 적극적으로 진행되었
다는 점을 주목할 필요가 있다.

남한으로 건너온 평안도 출신의 지식인층, 특히 미국 유학 출신 엘리트들

은 미군정청의 한국인 관료로 등용되어 제반 행정실무를 담당하면서 좌익세력과 대결했고, 기독교인들은 서울의 교단과 거리를 두며 별도의 교회세력을 형성했다. 청년층은 서북청년회를 결성하여 '공격적 반공주의'의 핵심세력으로서 정력적인 활동을 펼쳤다. 평안도 출신 인사들은 대부분 정치적으로 이승만 세력과 한민당을 추종하여 단정노선을 지향했다. 그들의 정신적 지주인 안창호는 1938년에 이미 세상을 떠났고, 조만식은 평안도에서 소련군정에 연금되었다. 더욱이 해방 직후 남한에서 좌익세력의 조직과 활동이 우익진영에 비해 앞서 있던 상황에서 그들은 이승만을 지지하며 우익진영의 대동단결에 주력할 수밖에 없었다. 그만큼 평안도 출신의 월남민들은 남한 내에서 가장 강력한 반공세력이었다.

그러나 정부수립 후 이승만은 점차 정치권력 내부에서 평안도 출신의 흥사단 인맥을 제거하기 시작했다. 이에 따라 평안도 출신 인사들은 1950년대에 접어들면서 평안도 출신의 '미국통'이었던 장면을 지도자로 하여 민주당 신파를 형성했고, 이승만의 장기 집권을 저지하기 위한 반독재 투쟁 대열에 나섰다.

지금까지 기독교를 중심으로 일제강점기 지역감정의 양상을 살펴보았다. 당시에는 서북지역과 기호지역을 중심으로 한 지역갈등이 아주 심했다. 이는 전통사회의 평안도 차별과 근대화 과정에서 나타난 평안도 지역의 선진성, 그리고 기독교 선교 과정에서 나타난 지역 분할 등에서 비롯된 역사적, 사회적 현상이었다. 아울러 평안도는 1930년대 이후 이념적으로 보수화 경향이 강화되었고, 해방 직후 평안도 출신 월남민들은 좌익세력 제거와 분단체제 수립에 중요한 역할을 했다. 요약하면 일제강점기의 지역갈등은 우리 민족의 '원초적 본능'이 아니라 역사적 연원을 갖는 사회현상이었다.

한국 현대사회의 지역감정

현재의 경상도, 전라도 지역갈등의 연원을 삼국시대 백제와 신라의 갈등 및 고려 태조 때 '훈요십조'에 나타난 지역 차별까지 거슬러 올라가 설명하는 경향이 있다. 그런데 이러한 추론은 일제강점기 지역갈등의 실상과 부합되지 않는다. 아울러 경상도, 전라도를 중심으로 한 지역감정이 삼국시대부터 오늘날까지 '면면히' 지속되어 온 한국인 고유의 속성이라는 자괴적 역사인식을 조장할 가능성이 있으며, 박정희정권 이후 경상도, 전라도 지역갈등 구도를 통하여 지역패권을 유지해 온 정치세력에 대한 '면죄부'로 이용될 수 있다는 점에서 주의할 필요가 있다.

현재의 경상도, 전라도 중심의 지역갈등 구도는 박정희정권 이후에 형성되었다. 단적인 예로 1956년과 1963년 대통령선거 당시 경상도와 전라도의 투표성향은 별로 차이가 없었다. 1963년 대통령선거에서 전라도민들은 경상도민만큼은 아니지만 박정희 후보를 더 많이 찍었다. 군부의 경우도 1950년대에는 평안도 인맥과 함경도 인맥이 중심세력을 형성하고 경쟁을 벌였다. 즉 경상도와 전라도 출신 군인들 모두 소외되어 있었다. 경상도 인맥이 군부를 장악한 것은 5·16군사쿠데타 이후의 일이었다. 1960~1970년대 경제성장 과정에서 전라도가 경상도에 비해 소외되었고, 1980년 5·18민주화운동으로 전라도민들에게 지우기 힘든 한이 생긴 것도 엄연한 사실이다. 1980년대 후반부터 이른바 3김씨를 중심으로 한 정치구도가 지역갈등을 증폭시킨 것도 틀림없다. 2020년 오늘까지도 그 정치적 유산이 거의 모든 선거를 지배하고 있는 것도 누구나 아는 사실이다.

합리적, 균형적인 지역개발, 완성도 높은 지방자치를 통한 지역민주주의의 발전, 그리고 특정지역이 아닌 전국적인 관심과 지지를 받는 새로운 정치세력의 등장 등이 지역감정과 지역갈등 해소의 지름길이 아닐까 생각해 본다.

김상태 _서울대학교병원 의학역사문화원 교수